SUSANNE MIERAU
FREI UND UNVERBOGEN

SUSANNE MIERAU

FREI UND UNVERBOGEN

Kinder ohne Druck begleiten und
bedingungslos annehmen

BELTZ

Das Werk einschließlich aller seiner Teile ist urheberrechtlich geschützt. Jede Verwertung ist ohne Zustimmung des Verlags unzulässig. Das gilt insbesondere für Vervielfältigungen, Übersetzungen, Mikroverfilmungen und die Einspeicherung und Verarbeitung in elektronische Systeme.

Die im Buch veröffentlichten Hinweise wurden mit größter Sorgfalt und nach bestem Gewissen von der Autorin erarbeitet und geprüft. Eine Garantie kann jedoch weder vom Verlag noch von der Verfasserin übernommen werden. Trotz sorgfältiger inhaltlicher Kontrolle können wir auch für den Inhalt externer Links keine Haftung übernehmen. Für den Inhalt der verlinkten Seiten sind ausschließlich deren Betreiber verantwortlich. Die Haftung der Autorin bzw. des Verlages und seiner Beauftragten für Personen-, Sach- oder Vermögensschäden ist ausgeschlossen.

MIX
Papier aus verantwortungsvollen Quellen
FSC
www.fsc.org   FSC® C089473

Dieses Buch ist erhältlich als:
ISBN 978-3-407-86656-1 Print
ISBN 978-3-407-86668-4 E-Book (EPUB)

4. Auflage 2021

© 2021 im Beltz Verlag
in der Verlagsgruppe Beltz • Weinheim Basel
Werderstraße 10, 69469 Weinheim
Alle Rechte vorbehalten
© Susanne Mierau

Illustrationen: Nadine Roßa
Lektorat: Katharina Theml, Büro-Z
Umschlaggestaltung: www.anjagrimmgestaltung.de
Bildnachweis: Junge: © hannahargyle via Getty Images;
Button: © Miloje / Shutterstock.com

Herstellung und Layout: Sarah Veith
Satz: Publikations Atelier, Dreieich
Druck und Bindung: Beltz Grafische Betriebe, Bad Langensalza
Printed in Germany

Weitere Informationen zu unseren Autor_innen und Titeln finden Sie unter: www.beltz.de

Inhalt

Einleitung 9

EINS
Wie funktioniert Erziehung heute? 21
Unterschiedliche Erziehungsstile
und was sie bedeuten 24
Wie wir werden, was wir sind, und wie wir fühlen 30
Hilft eine neue Methode, um es anders zu machen? 34
Warum erziehen wir überhaupt? 39
Am Kipppunkt der Gesellschaft
Erziehung neu denken 41
Im Gesetz verankert – aber ohne Anleitung 51
Kinder haben Rechte! 54
Wie kann ich dem Kind zu seinem Recht verhelfen? 58
Wenn Kinder nicht so wollen,
wie wir es uns vorstellen 61
Unklare Vorbilder 67
Wie Kinder an unsere Vergangenheit rühren 68
Auch eine schöne Kindheit hat ihre Tücken 74
Die Wurzeln der Erziehungsprobleme 80

ZWEI

Der lange Schatten von Erziehung 85

Kindheit und Erziehung im Wandel der Zeit 86
Wie sich die Welt um unsere Kinder verändert hat 96
Gewalt gegen Kinder findet auch heute noch statt 103
    Auch psychische Gewalt ist Gewalt 106
    Strukturelle Gewalt: Wenn ungleiche
    Machtverhältnisse Kinder benachteiligen 108
    Institutionelle Gewalt in Kita und Schule 114
Bedürfnisorientierte Familien und Gewalt 123

DREI

Wo überall Gewalt enthalten ist und wie wir es anders machen können 129

Angst als Erziehungsmittel 132
Lügen, flunkern, tricksen 138
»Weil ich das so will!« 140
»Ich weiß besser, was du brauchst!« 142
Beschämung und Entwürdigung 143
Überwachung 144
Vergleiche mit anderen und Ausschluss
aus Gruppen 147
Bevorzugung und Vernachlässigung 149
Schutzverweigerung und Abhärtung 151
Diskriminierung 154
Logische Konsequenzen 156
Belohnung 160
»Alles nur für dich!« 163
Das besondere Kind 166

VIER
Die Aufgaben der Eltern   171

Eine neue Fehlertoleranz entwickeln   173
Fehler und Unsicherheit sind normal   176
Du musst nicht sofort reagieren!   178
Sich entschuldigen   181
Auch Eltern haben Grenzen   183
Natürlich haben wir Eltern mehr Macht   185
Sechs L für eine friedvolle Elternschaft   189
    1. Lerne deine Problemsituationen kennen   189
    2. Lerne, dein eigenes Denken und Fühlen zu ändern   190
    3. Lerne, dass du als erwachsene Person
       die Beziehung ändern kannst   191
    4. Lerne, dass deine Sprache viel bewirkt   191
    5. Lerne, dass du deine Rituale ändern kannst   192
    6. Lerne, dass kindlicher Widerstand gut ist   192
Ist das überhaupt noch Erziehung?   194

FÜNF
Wie Kinder wirklich sind und was sie brauchen   199

Von Anfang an verschieden: Der Zusammenhang
von Genen, Verhalten und Temperament   204
Gefühle wahrnehmen, ernst nehmen und
mit ihnen umgehen   216
Bindung, Bildung, Lernen – und warum das Spiel
die Schule des Lebens ist   224
Geige, Ballett, Programmieren, Schlagzeug –
Talente und Hobbys   232
Kinder dürfen ihre Wege wählen – Religion   235

Von schönen Kindern und Geschlechtern   237
Miteinander reden – Diskussionskultur
in der Familie   248

Schlusswort   251

Ein Dank und eine Entschuldigung   255
Anmerkungen   257
Ausgewählte Literatur   269

Einleitung

Die Beziehung von Eltern und Kind beeinflusst das gesamte Leben eines Kindes. Als Eltern legen wir einen Samen dafür an, wie unser Kind seelisch, emotional und körperlich wächst. Deswegen ist es das Anliegen der meisten Eltern, ihren Kindern gute Startmöglichkeiten mitzugeben, die sie durchs Leben tragen. Wie genau dieser Start in Hinblick auf unser Erziehungsverhalten aussieht, ist dabei aktuell noch sehr unterschiedlich. Es gibt nicht *die* Kindheit. Doch es gibt Forschungen, die ziemlich genau zeigen, was Kinder sowohl in der Gegenwart für ein körperlich und seelisch gutes Aufwachsen brauchen als auch für die Zukunft benötigen, um den großen Herausforderungen begegnen zu können, die durch Klimawandel und gesellschaftliche Veränderungen auf sie warten. Unser Erziehungsverhalten ist allerdings an vielen Stellen noch recht weit davon entfernt, sie wirklich für diese Zukunft zu stärken und ihnen in der Gegenwart mit dem Respekt zu begegnen, den sie als Menschen verdient haben und für eine gesunde Entwicklung brauchen. Zwar verfügen Kinder über das Recht auf gewaltfreie Erziehung, das sie sowohl vor körperlicher als auch psychischer Gewaltanwendung schützen soll, aber in der Praxis sind wir – besonders im Hinblick auf Druckausübung, Demütigung, Liebesentzug, Drohung und Entwertung – noch ziemlich weit weg vom Ziel, obwohl wir es wollen und uns darum bemühen. Aber es ist schwer. Und oft sehen wir nicht einmal, an welchen Stellen wir Kinder und Jugendliche respektlos behandeln, sie verbiegen und gegen ihr Wesen formen wollen. Trotz unserer eigentlich guten Absichten sind Jugendliche eben »PuberTIERE«, noch nicht zum Lesen fähige Mädchen bekommen T-Shirts mit der Aufschrift »Kleine Zicke« angezogen, und wir alle kennen Sätze aus dem Alltag, die mit »Wenn« anfangen und mit »dann« weitergehen. Gar nicht zu sprechen von »stillen Stühlen und Bänken« oder der beliebten Auszeit in Haushalten und Kindergärten.

Und selbst dort, wo wir uns der »Beziehung statt Erziehung« verschrieben haben, dem bindungs- und bedürfnisorientierten Aufwachsen, merken wir, dass wir immer wieder an Punkte kommen, an denen wir nicht weiterwissen, anders handeln, als wir eigentlich wollen, und uns als Eltern hilflos fühlen. Denn der neue Blick auf das Kind als individuelles Wesen, das in seinem persönlichen Sein geschützt und unterstützt werden muss, und modernes, bedürfnisorientiertes Aufwachsen sind keine Methoden, sondern eine Haltung, die wir von Grund auf verstehen und verinnerlichen müssen. Dafür müssen wir uns all dem stellen, was uns davon abhält, unser eigenes Kind und andere Kinder wirklich als Persönlichkeiten anzuerkennen, die respektvoll und ohne Druck und Machtverhalten behandelt werden wollen. Kinder sind keine Erwachsenen, und zusätzlich zu all den Rechten auf Individualität und Entfaltung, die wir Erwachsene auch für uns beanspruchen, haben sie besondere Bedürfnisse, die sich aus ihrem Kindsein ergeben. Kinder brauchen für eine gesunde Gegenwart und Zukunft eine konsequent kindgerechte Denkweise, echte Rechte und Umgebungsfaktoren, die sie heute schützen und für morgen stärken. Eine emotional gesunde Gemeinschaft, die sie stützt und trägt. Doch wir leben heute in einer Welt, in der Schutz nicht mehr durch gute Beziehungen gewährleistet wird, sondern Technik, Distanz und künstliche Überwachung an ihre Stelle getreten sind. Aber Kinder brauchen für ein gesundes Aufwachsen ein emotionales und persönliches Netz. Und wir als Eltern brauchen dies ebenso: ein wertfreies, unterstützendes Familiennetz.

Das *können* wir als Eltern ermöglichen, das *sollten* wir als Eltern ermöglichen. Für das Kind, aber auch für uns selbst, weil es das Zusammenleben mit Kindern erleichtert. Wir sind erschöpft von dem Versuch, kindgerecht zu handeln und dennoch an unsere eigenen Grenzen zu stoßen. Erschöpft davon, dass Kinder nicht »funktionieren« und Erziehung oft so anstrengend ist. Erschöpft davon, dass Kinder nun mal oft nicht das tun, was wir wollen. Erschöpft davon, uns rechtfertigen zu müssen, warum unser Kind ist, wie es ist. Und wir sind erschöpft davon, dass wir manchmal selbst nicht so genau wissen, wer wir eigentlich sind, wie wir auf unsere Bedürfnisse hören und welche Eltern wir sein wollen oder müssen, weil wir selbst an der Last unserer eigenen Erziehung tragen. Wir sind erschöpft davon, früher nicht gesehen worden zu sein und heute auch nicht gesehen zu werden mit dem Problem, das Elternsein für uns mit sich bringt. »Erziehung ist doch ganz einfach!« oder »Wenn du mit deinen Kindern nicht umgehen kannst, hättest du keine bekommen sollen!«, bekommen wir manchmal entgegengeworfen, wenn wir über das Leid klagen, Kinder in eine ungewisse Zukunft begleiten zu müssen, ohne passende Unterstützung und fehlende Vorbilder. Wir scheinen keine Fehler machen zu dürfen und trauen uns kaum, sie zuzugeben. Auch das Aufrechterhalten einer perfekten Maske ist erschöpfend.

Aber diesen Problemen können wir begegnen: Wir können den Menschen hinter dem Kind erkennen und so annehmen, wie er ist, um ihn mit seinen individuellen Bedürfnissen und Fähigkeiten zu begleiten. Doch die Schatten unserer eigenen und der gesellschaftlichen Vergangenheit überdecken noch immer an vielen Stellen unser

Handeln – manches davon ist uns bewusst, vieles unbewusst. Diesen Schatten müssen wir uns stellen, sie überwinden, und erst dann haben wir einen freien Blick auf unsere Kinder, der es uns erleichtert, den Weg, den sie gehen wollen und müssen, mit ihnen zu gehen. Der Familientherapeut Jesper Juul schrieb dazu sehr passend: »Die meisten Eltern sind immer noch nicht daran interessiert, was Kinder wirklich denken und was sie fühlen. Sie sind mehr daran interessiert, wie Kinder zu denken und zu fühlen haben.«[1] Wir blicken auf unsere Kinder, haben eine Vorstellung davon, wie sie sein sollen, was wir ihnen wünschen, und verlieren – oft aus eigentlich gutem Ansinnen heraus – aus dem Blick, wer sich da vor uns befindet. Wir versuchen, sie zu etwas zu machen, sie zu formen, und bemerken dabei nicht, dass sie ja schon sind. Kinder müssen nicht geformt werden, sondern sich entfalten. Sie sind weder Lehmklumpen, die wir formen können, noch Spiegel, an denen wir unsere eigenen Empfindungen, Versäumnisse und Kränkungen abarbeiten sollten. Die Frage ist weniger, wie wir mit Schimpfen, Geschrei und Grenzverletzungen umgehen sollen, sondern warum wir überhaupt denken, dass wir Kinder formen sollten.

Kinder müssen frei, bedingungslos und liebevoll wachsen können. Nur so haben sie eine Chance, mit den Herausforderungen der Gegenwart und Zukunft umzugehen. Unser Leben hat sich durch die europäische Migrationskrise, den Klimawandel mit seinen Naturkatastrophen, durch Pandemien und den technologischen Fortschritt in den vergangenen Jahren so sehr gewandelt, dass wir Erwachsenen mit unseren althergebrachten Denkweisen und dem Beharren auf alten Lösungen nicht mehr mithalten können. Wir brauchen einen gesellschaftlichen Wandel. Und diesen Wandel können nur die heutigen Kinder hervorbringen, die nicht in unseren alten (Erziehungs-)Strukturen von Macht, Gewalt und Anpassung aufwachsen, sondern die Chance haben, emotional und seelisch gesund groß zu werden, um die Werte, die sie dadurch verinnerlicht haben, in die Welt hinauszutragen. Werte wie Agilität, Achtsamkeit, Empathie, Gerechtigkeit, Toleranz, Hilfsbereitschaft, Humor, Nachhaltigkeit und Weitsicht. Astrid Lindgren hat bereits vor über 40 Jahren in ihrer Rede in der Frankfurter Paulskirche erklärt: »Ein Kind, das von seinen Eltern liebevoll behandelt wird und das seine Eltern liebt, gewinnt dadurch ein liebevolles Verhältnis zu seiner Umwelt und bewahrt diese Grundeinstellung sein Leben lang. Und das ist auch dann gut, wenn das Kind später nicht zu denen gehört, die das Schicksal der Welt lenken. Sollte das Kind aber wider Erwarten eines Tages doch zu diesen Mächtigen gehören, dann ist es für uns alle ein Glück, wenn seine Grundhaltung durch Liebe geprägt worden ist und nicht durch Gewalt.«[2] Wir können unsere Gesellschaft nur dann positiv und nachhaltig in eine gesunde, überlebensfähige Richtung bewegen, wenn wir das Denken in ungleichen Machtverhältnissen beenden und unseren Kindern auf Augenhöhe einen gesunden und liebevollen Grundstock mitgeben, durch den sie sozial, kreativ, gemeinschaftlich und deswegen ressourcenschonend leben.

Das klingt nach einer großen Aufgabe, die uns auch ängstigen kann. Aber wir dürfen nicht verzagen, denn gerade jetzt ist es wichtig, dass wir als Eltern handeln, etwas ändern und uns dazu selbst ermächtigen, neue und andere Wege zu gehen. Erich Fromm schrieb schon 1976 in seinem berühmten Werk *Haben oder Sein*: »Zum ersten Mal in der Geschichte hängt das physische Überleben der Menschheit von einer radikalen seelischen Veränderung des Menschen ab.«[3] Über die Jahre hinweg haben wir uns auf diesen Punkt zubewegt, und die aktuellen Krisen weltweit zeigen uns, dass wir ihn erreicht haben und so nicht weitermachen können. Kurz und plakativ: *Wir müssen unser Erziehungsdenken ändern, um die Welt zu retten.* Wir müssen Kindern und ihrem Aufwachsen den

Wert beimessen, den sie tatsächlich verdienen, und die Bedeutung der Kindheit für unser aller Wohlergehen anerkennen. Wenn wir unser Denken über Erziehung nicht überarbeiten, verspielen wir die Chance, gesund und nachhaltig in der Zukunft leben zu können. Um den notwendigen Wandel der Erziehung und um den dazugehörigen anderen Blick auf das Kind in unserem Alltag geht es in diesem Buch.

Als Eltern fällt es uns nicht immer leicht, uns an dieser »neuen Erziehung« zu orientieren. Tief verankert in unserer Kultur und persönlichen Geschichte sind Erziehungsmethoden, die auf Druck, Macht und Gewalt aufbauen. An einigen Stellen sind wir uns dessen bewusst, an anderen nicht. Während eigene Gewalterfahrungen durch Schläge, ständige Demütigung oder sexuellen Missbrauch für uns heute meist offenkundig falsch sind, gibt es auch die Verletzungen, die unsichtbar und unterschwellig in uns verankert sind. Als Eltern sehen wir dies nicht, aber vielleicht spüren wir, dass wir gemeinsame Aktivitäten oder Gefühle eher vermeiden oder dass wir besonders große Angst um unsere Kinder haben. Neben unseren Geschichten und Erziehungsweisen treffen Kinder auch in anderen Familien, in Kita und Schule auf Erziehungshaltungen und Bilder von Kindheit, die nicht immer bedürfnisorientiert sind, denn die Geschichte der Kindheit hat sich in wenig kinderfreundlichen Strukturen manifestiert, denen wir an vielen Stellen begegnen und die es aufzuweichen gilt.

Natürlich können wir nicht immer alles richtig machen und müssen es auch nicht, aber wir sollten es schaffen, unsere Kinder mit genügend Liebe, Respekt und Verständnis wachsen zu lassen, damit sie ohne große Belastungen oder gar Schäden ihr Leben und die Welt gestalten können. Wir sollten wissen, was die großen Pakete sind, die wir unseren Kindern mitgeben, und was kleinere Päckchen sind, die eben normal zu schultern sind. Und auf der anderen Seite sollten wir wissen, was wir unseren Kindern unbedingt mitgeben wollen und wie wir das ermöglichen können, auch wenn wir selbst belastet sind. Denn es ist möglich, anders zu handeln, als wir es gelernt haben. Vor allem aber kann ein veränderter Blick nicht nur an unserer eigenen Haltung etwas ändern, sondern auch an den Gegebenheiten in unserer Gesellschaft: Wenn wir wissen, was Kinder wirklich brauchen und was wir unbedingt vermeiden sollten, können wir uns nicht nur bei uns zu Hause, sondern auch in Kitas und Schulen dafür einsetzen, eine konsequent kindgerechte Umgebung zu schaffen.

Nicht immer sind uns unsere eigenen Verletzungen bewusst, und anfangs haben wir in der Erziehung oft das Gefühl, alles würde gut laufen. Erst nach und nach ergeben sich mit dem Älterwerden der Kinder Probleme, weil wir uns oft erst dann der eigenen Last bewusst werden – dann nämlich, wenn die Kinder in dem Alter sind, in dem wir selbst schmerzhafte Erinnerungen mit unseren eigenen Eltern gemacht haben.

Deshalb habe ich einige Fragen an dich, damit du einschätzen kannst, ob dieses Buch dich gut begleiten kann, damit du eigene Gedanken loslassen und dein Kind in seiner Gesamtheit gut sehen kannst – und damit du auch späteren Problemen mit »Erziehung« vorbeugen kannst. Wir werden uns später noch intensiver mit einigen Aspekten, die hier anklingen, beschäftigen. Zunächst geht es nur um ein »Ja« oder »Nein«.

Fragen zu deiner eigenen Kindheit

* Haben deine Eltern körperliche (Schlagen, grobes Anfassen, Schubsen, »Klaps«) oder emotionale (ängstigende Geschichten, Drohungen, Beschimpfungen, Abwertungen) Erziehungsmaßnahmen angewendet?
* Hattest du das Gefühl, bestimmte Hobbys nicht deinetwegen zu machen, sondern weil deine Eltern wollten, dass du sie (weiter)machst?
* Musstest du dich emotional um deine Eltern oder ein Elternteil kümmern? Es trösten, besonders lieb sein, Nähe geben?
* Wurdest du dazu überredet oder gedrängt, mit anderen Menschen mehr körperliche Nähe einzugehen, als du wolltest (»Gib der Oma ein Küsschen«, »Gib die Hand zur Begrüßung!« oder sogar mehr)?
* Gibt es Gefühle, die in deiner Kindheit nicht erlaubt waren (Wut, Traurigkeit, Ablehnung)?
* Wurdest du bestraft oder beschimpft, wenn du deinen Eltern Gefühle wie Wut oder Ablehnung gezeigt hast?
* Hattest du (gelegentlich) Angst vor deinen Eltern?
* Wünschst du dir manchmal, deine Kindheit wäre anders gewesen?
* Ist dein Verhältnis heute zu deinen eigenen Eltern eher angespannt?
* Sehnst du dich danach, dass deine Eltern sich noch ändern?

Fragen zum Familienalltag

* Gibt es oft Punkte, an denen du nicht weiterweißt und das Gefühl hast, deine Erziehung »funktioniert« einfach nicht?
* Hast du den Wunsch, dein Kind bedingungslos aufwachsen zu lassen, weißt aber nicht, wie das genau gehen soll?
* Glaubst du, dass sich das Leben aktuell wandelt und Kinder für die Zukunft Fähigkeiten benötigen, die wir heute in unserer Gesellschaft zu wenig berücksichtigen, wie kreatives Lernen, Flexibilität, Miteinander statt Wettbewerb?
* Denkst du oft: So wollte ich doch eigentlich überhaupt nicht handeln?
* Fällt es dir schwer, dein Kind in seinen Gefühlen zu begleiten?
* Fällt es dir schwer zuzulassen, wenn dein Kind anders ist, als du es willst?
* Ist euer Familienalltag oft durch Streit gekennzeichnet?
* Machst du dir Sorgen darum, was »mal aus deinem Kind werden soll«?
* Leidest du unter Ängsten und Sorgen, die sich auf deinen Familienalltag auswirken?
* Machst du dir Sorgen um die Betreuung deines Kindes außerhalb der Kernfamilie im weiteren Familienkreis, in Kita oder Schule?

Wenn du einige oder sogar die Mehrheit dieser Fragen mit »Ja« beantwortest, kann dir dieses Buch wahrscheinlich helfen, die Beziehung und das Zusammensein mit deinem Kind zu reflektieren und an den Punkten, an denen es für euch wichtig ist, zu verändern.

Dieses Buch wird dich auf verschiedenen Ebenen begleiten und unterstützen: Im ersten Teil des Buches werden wir uns damit beschäftigen, was Erziehung eigentlich ist und welchen Zweck wir meinen, damit zu verfolgen – und was wir wirklich bewirken. Dann werden wir uns im zweiten und dritten Teil der Vergangenheit widmen, um zu verstehen, woher viele Probleme im Zusammensein mit unseren Kindern kommen und dass sie auf einem über Generationen mit falschen Vorstellungen und Erziehungsmaßnahmen vergifteten Boden genährt werden, zu dem wir Handlungsalternativen in konkreten Situationen nennen werden. Die Erkenntnis falscher Maßnahmen ist oft schmerzhaft und belastend, und es können schnell Schuldgefühle entstehen, weshalb wir uns im vierten Teil des Buches damit beschäftigen, warum Eltern immer auch Fehler machen, machen dürfen und dass wir auch hier einen neuen, toleranten Blick auf Fehler brauchen. Wenn du dich in den anderen Teilen des Buches emotional berührt fühlst, Ängste oder Sorgen hast, kannst du hier immer wieder nachlesen, vor- oder zurückspringen, um dich stärken zu lassen. Wenn wir unsere Rolle und die der Gesellschaft geklärt haben, können wir uns im fünften Teil des Buches dem widmen, was Kinder wirklich brauchen, und sie nicht mehr durch die eigene, beschlagene Brille sehen, sondern in ihrem individuellen Wesen mit ihren Bedürfnissen und Fähigkeiten. Wir werden uns anschauen, wie wir die Reise durch die Kindheit individuell gut begleiten können – mit all ihren Herausforderungen und Überlastungen. Und wir werden sehen, welche Hilfsmittel dabei wirklich hilfreich sind. Dabei ist dieses Buch keine Gebrauchsanweisung: Es soll dich nicht belehren und kann dir nicht die richtige Erziehung oder einen konkreten Weg vorgeben. Es zeigt dir Beispiele von anderen Eltern, die mir in den vielen Jahren Elternberatung und -begleitung begegnet sind und die oft durchaus ähnliche Fragen hatten. Dieses Buch lädt dich ein, dein Kind wirklich kennenzulernen und dadurch den für euch richtigen Weg einzuschlagen. Mit euren Möglichkeiten, nach euren Bedürfnissen.

Vielleicht gibt es Aspekte in diesem Buch, mit denen du gut umgehen kannst, und solche, die dir schwerer fallen. An einigen Punkten wirst du dich eventuell stoßen und sie werden vielleicht auch schmerzen, wenn du über sie nachdenkst. Wenn du merkst, dass es zu viel ist, leg das Buch zur Seite. Manchmal reicht unsere Kraft nur, um den Alltag stabil zu halten und nicht für die Auseinandersetzung mit der Vergangenheit. Nach dem, wie sich unsere Kultur entwickelt hat, sind wir alle zusammen auf dem Weg, Erziehung neu zu lernen und zu leben. Wir sind alle Lernende. Du kannst mir gern schreiben, was dir besonders geholfen hat, und auch das, was dir nicht geholfen hat. Wir können nicht von heute auf morgen unser Denken umkrempeln und unser Verhalten ändern – auch wenn das schön wäre. Deswegen: Lies dieses Buch langsam, mach dir zu jedem Kapitel deine Gedanken. Schreibe sie vielleicht in ein Notizbuch und reflektiere darüber, was dies mit dir macht, was sich an deinem Blick auf dein Kind ändert und auch, was sich an deinem Blick auf dich selbst ändert. Zur Unterstützung befinden sich in diesem Buch Reflexionseinheiten. Wenn wir uns mit dem beschäftigen, was unsere *Kinder* wirklich brauchen, kommt auch das in den Blick, was *wir* brauchen oder gebraucht hätten.

»Kinder zu lieben
bedeutet, sie
so sein zu lassen,
wie sie sind.«

Remo Largo

EINS

Wie funktioniert Erziehung heute?

Das Leben mit unseren Kindern kann so schön sein: nasse Küsse, ein kleiner, warmer, weicher Körper, der sich an uns schmiegt, eine kleine Hand in einer großen Erwachsenenhand, gemeinsames Lachen, Ähnlichkeiten beim Kind erkennen und darüber schmunzeln, das Gefühl, das Kind nach der ersten Klassenfahrt wieder in die Arme zu nehmen, gemeinsame Fernsehabende. Und das Leben mit Kindern kann auch so schwierig sein: große Gefühle begleiten, die Wut eines Kleinkindes aushalten, eigene Bedürfnisse wahren und gegenüber denen des Kindes abwägen, sich hilflos fühlen, von anderen bevormundet werden, miteinander streiten und Dinge sagen, die man nicht sagen wollte, Entscheidungen treffen müssen und sich um die Zukunft sorgen.

Das Leben und Wachsen mit einem Kind ist nicht einfach, denn als Eltern haben wir die Verantwortung für diesen Menschen. In dem Moment, in dem wir ihn zum ersten Mal in den Arm nehmen, ist auf einmal diese Gewissheit da: Ich bin für dich verantwortlich, ich muss für dich sorgen. Und auch die Fragen: Wie mache ich das? Mache ich es richtig? Mit dem Älterwerden der Kinder werden diese Fragen nicht weniger. Im Gegenteil: Je mehr sich unsere Kinder mitteilen, je mehr wir in einigen Punkten voneinander abweichen, desto größer wird oft auch die Unsicherheit in Bezug darauf, was getan werden muss, sollte oder könnte und wer hier wem folgt: das Kind den Eltern, die Eltern dem Kind, oder ob immer ein Konsens gefunden werden muss. Wie nur funktioniert dieses gemeinsame Leben, und wie gebe ich meinem Kind das mit, was es für sein Leben braucht? Woher weiß ich überhaupt, was es jetzt und später brauchen wird? Und was ist, wenn ich etwas an diesem kleinen Menschen »kaputt« mache?

Als ich noch Kurse für Gebärende und Eltern mit Babys und Kleinkindern gab, wurde ich oft nach »Erziehungsratgebern« gefragt – von den Eltern, die sich auf das Leben mit Kind vorbereiten wollten, ebenso wie von jenen, die schon drinsteckten und nach Anleitungen für die Einführung von Beikost oder den Umgang mit einem Kind fragten, das mehr und mehr seine Autonomie entdeckt. Zu jedem Zeitpunkt stellten sich viele Fragen: in der Schwangerschaft ebenso wie in der Baby- oder Kleinkindzeit, in der Vorschul- und Schulzeit und in den Teenagerjahren. Immer wieder geht es darum, wie wir mit den Bedürfnissen unserer Kinder umgehen können, wie wir sie vereinbaren mit unseren, wo der Unterschied zwischen Wünschen und Bedürfnissen liegt und wie wir die Kinder eben auf den vermeintlich richtigen Weg bringen. Wir wollen ja nur das Beste für sie! Und das fängt bereits in der Schwangerschaft an, wenn wir überlegen, ob wir unseren Bäuchen Mozart vorspielen sollten, geht nach der Geburt mit der Frage weiter, wie oft es eigentlich in Ordnung ist, das Baby hoch zu nehmen, um es nicht sofort zu verwöhnen, und erstreckt sich über tausend Fragen in der gesamten Elternschaft. Bei all dem geht es um Erziehung.

Ich habe eine Vorstellung von meinem Kind und davon, wie es in der Zukunft sein soll, und helfe ihm, den Weg zu diesem Ziel zu gehen – das ist, was wir normalerweise unter Erziehung verstehen. Der Gedanke von Erziehung auf ein Ziel hin ist tief in uns verankert und beinhaltet sowohl eine kümmernde (»Ich bereite mein Kind auf das Leben vor«) als auch eine mahnende Perspektive (»Ohne Erziehung werden Kinder keine wertvollen Bestandteile unserer Gesellschaft«). Beiden zugrunde liegt die Annahme, dass Kinder in einer bestimmten Weise unfertig sind, nicht wissen, was für sie gut ist, und durch eine bestimmte Art der Behandlung zu einem gesellschaftsfähigen Mensch werden können in Anlehnung daran, was wir als Eltern aktuell als gesellschaftsfähig betrachten. Wie genau nun aber die »richtige« Erziehung aussieht, ist dabei nicht so klar – schon gar nicht im Wirrwarr all der unterschiedlichen Erziehungskonzepte, Namen und Handlungsanweisungen: Autoritär ist passé, antiautoritär ebenso. Aber ist unser Erziehungsstil nun autoritativ, egalitär, permissiv, flexibel – oder ordnen wir uns der »Unerzogen«-Bewegung zu? Müssen wir uns überhaupt zuordnen, oder reicht es, einen Leitstern zu haben? Müssen Kinder erzogen werden, können wir überhaupt nichterziehen, und was müssen Eltern tun (oder nur sein?), um ihre Kinder gut zu begleiten? Welche Methode ist richtig, um Kinder zu wertvollen Menschen werden zu lassen?

Unterschiedliche Erziehungsstile und was sie bedeuten

Erziehungsstile umschreiben »ein charakteristisches Bündel grundlegender Verhaltensweisen und Einstellungen«[1], die über verschiedene Situationen hinweg im Verhalten der Eltern zu erkennen sind. Dabei ist wichtig, dass sich diese Beschreibung rein auf die Eltern bezieht und nicht auf ihren »Erfolg«, denn *Erziehung ist ein Versuch* der Einflussnahme, der aber auch ohne den von den Eltern gewünschten Erfolg bleiben kann, wenn elterliche Kommunikation und kindliche Informationsaufnahme nicht passen. Oft wird dann entweder dem Kind das Problem zugewiesen (»kindliche Verhaltensauffälligkeit«) oder den Eltern (»elterliches Versagen«).

| Autokratischer Erziehungsstil[2] | Die Grundannahme des autokratischen Erziehungsstils ist, dass Autorität gegenüber Kindern dringend notwendig ist und Kinder Regeln brauchen, von denen nicht abgewichen werden darf. Das Kind ist eher ein Objekt als ein Subjekt und wird in seinem individuellen Wesen nicht wahrgenommen. Die Meinung des Kindes hat keinen Wert, es muss sich anpassen und von starker Hand geführt werden. |

Autoritärer Erziehungsstil	Der autoritäre Erziehungsstil ist ähnlich hierarchisch ausgerichtet wie der autokratische Erziehungsstil: Eltern haben die Macht und das Bestimmungsrecht und bestimmen in der Mehrheit der Fälle. Es wird mit Regeln und Strenge erzogen sowie mit Belohnung und Bestrafung zur Verhaltensbeeinflussung gearbeitet. Anordnungen sollen befolgt, nicht diskutiert werden.
Autoritativer Erziehungsstil / Demokratischer Erziehungsstil	Der autoritative Erziehungsstil nimmt durch Regeln und Standards Einfluss auf das kindliche Verhalten. Wird von diesen abgewichen, reagieren Eltern berechenbar und konsequent. Sie sind den Kindern emotional zugewandt und fördern gleichzeitig auch die Selbständigkeit des Kindes. Vorschläge und Bedürfnisse des Kindes werden angehört, und gegebenenfalls wird zugunsten dieser die eigene Meinung revidiert. Die Bezeichnung »demokratischer Erziehungsstil« stammt von dem Sozialpsychologen Kurt Lewin, der diesen Begriff als Mittelweg zwischen autoritärer Erziehung und Laissez-faire wählte, jedoch eher in Bezug auf die Jugendarbeit. Er wird heute oft alternativ zu »autoritativ« genutzt.

Egalitärer Erziehungsstil	Dieser Erziehungsstil ist auf Gleichheit ausgerichtet: Eltern und Kinder befinden sich auf einer Ebene mit gleichen Rechten und Pflichten. Die Meinung der Kinder wird ebenso berücksichtigt wie die der Eltern.
Permissiver Erziehungsstil	Beim permissiven Erziehungsstil halten sich die Eltern eher zurück. Es ist eine gemäßigte Form des Laisser-faire. Das Kind übernimmt die Verantwortung für seine Bedürfnisse, die Eltern sind passiv, und es gibt wenige Vorgaben und Hilfe auf Nachfrage.
Laisser-faire-Erziehungsstil	Die Eltern sind passiv, geben keinen Rahmen und keine Orientierung vor. Die Eltern sind dem Verhalten der Kinder gegenüber eher gleichgültig und übernehmen nur die notwendigsten Dinge, wodurch es zu einer Vernachlässigung kommen kann.
Negierender Erziehungsstil	Es findet keine Erziehung statt, und die Eltern haben auch kein Interesse am Kind oder dessen Aufwachsen. Es gibt weder Regeln noch Rahmen noch Sicherheiten für das Kind und auch keine Beziehungsangebote. Das Kind wird emotional und körperlich vernachlässigt, was bis hin zu Misshandlung durch Vernachlässigung gehen kann.

Unerzogen	Das Konzept »unerzogen« wendet sich von Erziehung ab, die als bewusste Formung eines Menschen »in eine von jemand anderem als das Selbst für richtig befundene Richtung«[3] definiert wird.
Beziehung statt Erziehung	Auch der von Katharina Saalfrank proklamierte Ansatz »Beziehung statt Erziehung« wendet sich vom klassischen Erziehungsbegriff ab und stellt die von Dialog, Offenheit und Toleranz gekennzeichnete Beziehung in den Mittelpunkt.[4]

Während einige Eltern den Familientraditionen folgen und am Umgang mit ihren Kindern im Vergleich zu ihrem eigenen Aufwachsen nicht viel ändern, ist es vielen Eltern wichtig, es anders zu machen als die eigenen Eltern. Beispielsweise wenn wir fühlen, dass unsere eigene Erziehung es uns nicht leicht gemacht oder an einigen Stellen sogar zu erheblichen Schwierigkeiten geführt hat. Manche kritisieren die zu strengen Erziehungskonzepte ihrer Eltern, andere die zu lockeren. Bei einigen geht es um psychische, bei anderen um physische Gewalt. Einige bemängeln, zu sehr behütet worden zu sein, während andere das Gefühl hatten, zu viel auf sich gestellt gewesen zu sein. Manche kritisieren, dass sie nur mit Belohnungssystemen und Konsum aufgewachsen sind, andere hatten zu strenge Öko-Eltern, bei denen Plastik verboten war. Wir alle haben unsere Erfahrungen mit Erziehung gemacht, haben unsere persönlichen Geschichten und unsere Meinungen. Vielleicht hast auch du dir schon einmal die Frage gestellt: »Was wäre eigentlich aus mir geworden, wenn meine Eltern es anders gemacht hätten?« Und immer wieder haben die meisten von uns das unangenehme Gefühl, ge- oder sogar verformt worden zu sein. Nicht so angenommen worden zu sein, wie sie eigentlich waren: Ob das nun der Zwang zum Cellounterricht war, das Verbot von »Jungenspielzeug« für Mädchen oder von Röcken für Jungen oder auch das Gefühl, nie genug zu sein, nicht erfolgreich genug in der Schule oder nicht »schön« genug fürs Familienbild.

Reflexion: Mitbestimmungsbarometer

Es ist schwer, sich einem einzigen dieser Erziehungsstile zuzuordnen, denn die Übergänge zwischen den einzelnen Stilen sind fließend. Für den Alltag ist es auch nicht notwendig, sich derart festzulegen. Für die weitere Arbeit mit diesem Buch und die Bewusstmachung der eigenen Einstellung ist es aber sinnvoll, wenn du dir grundlegend überlegst, wie du das Mitbestimmungsrecht in deiner Familie gewichtest: Bist du/seid ihr als Eltern eher die tonangebenden Personen, ist es ausgeglichen, oder richtet ihr euch besonders nach eurem Kind/euren Kindern? Und wie war das in deiner Kindheit?

Trage auf dem Barometer ein, wo du eure Familie siehst. Im Laufe der Zeit verändern sich bei vielen Familien auch die Positionen: Während in der Babyzeit viel Orientierung am Kind erfolgt, ändert sich das im Kleinkindalter oft in die andere Richtung und pendelt sich später in der Mitte ein. Auch eine solche Beobachtung über die Zeit kann hilfreich für den Alltag sein.

Wie wir werden, was wir sind, und wie wir fühlen

Erziehung hinterlässt Spuren in uns. Sie bestimmt, ob wir uns als Menschen sicher fühlen, ein gutes Bild von uns selbst und unseren Fähigkeiten ausbilden und uns als selbstwirksam erfahren, sodass wir auch in späteren Jahren mit schwierigen und belastenden Situationen gut umgehen können. Wesentlich beteiligt an einem Aufbau eines sicheren Bildes von uns selbst ist die Bindungsbeziehung, die wir zu unseren nahen Bezugspersonen eingehen. Im Laufe der Menschheitsgeschichte hat sich daher das Bindungssystem ausgebildet: Ein Verhaltenssystem, das dafür sorgt, dass Kinder sich in den ersten Jahren an mindestens eine schutzgebende Person[5] binden und mit ihrem Verhalten dafür sorgen, dass sich diese Person um sie kümmert. Die Signale des Babys sorgen dafür, dass es im Idealfall Nahrung erhält, geschützt und gepflegt wird und auch die emotionalen Bedürfnisse für eine gesunde psychische Entwicklung erfüllt werden. In der ersten Zeit nach der Geburt verfügt das Baby über vergleichsweise wenige Signale, um Nähe und Schutz einzufordern: es schreit oder weint. Später kann es die Nähe aktiv aufsuchen durch Hinterherrollen, -krabbeln, -laufen und das Festhalten an den Bezugspersonen, und auch andere Möglichkeiten werden eingesetzt, beispielsweise das Brabbeln und später die Sprache, Mimik und Gestik. Durch die Reaktion der Bezugspersonen auf die Signale des Babys entsteht im Alltag langsam die Bindung zwischen Eltern und Kind, sie bildet sich innerhalb der ersten drei Lebensjahre aus. Dieses Bindungssystem ist so wichtig für das Kind, dass es allen anderen (Entwicklungs-)aufgaben vorgelagert wird.[6] Aus Sicht des Kindes sind diese schützenden Bezugspersonen das Wichtigste, denn sie ermöglichen dem Kind das Überleben. Das bedeutet aber auch, dass das Kind in diesen ersten Jahren nichts an den Handlungen der Bezugspersonen infrage stellt: Sie sind richtig. Erfährt das

Kind Gewalt in irgendeiner Form durch sie (körperlich oder emotional durch Liebesentzug, Beleidigung etc.), ergibt das nur Sinn für das Kind, wenn es die Schuld bei sich selbst sucht und die Verantwortung für das Verhalten der Eltern übernimmt:[7] »Ich bin selbst schuld, dass ich so behandelt werde, weil ich immer zu laut/energievoll/dumm ... war.« Es bildet ein Bild davon aus, wie es ist und wie es sein soll. Wenn es erfährt, dass es nur in einer bestimmten Weise sein darf, versucht es, sich dahingehend anzupassen: »Jungs dürfen nicht mit Puppen spielen und sind immer wild und mutig« kann ein solches Bild sein, ebenso wie »Mädchen spielen nur mit Puppen, mögen Rosa und sind empathisch«.

Nur durch die Sicherheit dieser Bindungsbeziehung beginnt das Kind mit der Erkundung der Umwelt und bildet nach und nach Fertigkeiten aus, um mehr und mehr selbst wirksam zu sein und für das eigene Überleben sorgen zu können. Auch das Verständnis der eigenen Gefühle spielt dabei eine wichtige Rolle, und das Kind ist auch hier zunächst auf die Bezugsperson(en) angewiesen, um eine Kompetenz im Umgang damit zu erwerben, die es später in der Gesellschaft benötigt. Das Kind lernt, sich als eigenständige Person wahrzunehmen und auf Basis all dieser Erfahrungen zu agieren. Daher sind die ersten Jahre von großer Bedeutung für das Selbstbild und weitere Bindungsbeziehungen. Je nachdem, wie die Bezugsperson(en) auf die kindlichen Signale reagieren, bildet sich eine unterschiedliche Qualität der Bindung aus. Kinder, deren Signale wahrgenommen, richtig interpretiert und beantwortet werden, machen die Erfahrung, dass sie gut umsorgt sind, und lernen im Wechselspiel mit der erwachsenen Person, ihre Bedürfnisse immer klarer auszudrücken. Es bildet sich eine sichere Bindungsbeziehung aus mit einem guten Selbstbild und dem Wissen, dass andere Personen das Kind stützen und bei Bedarf hilfreich zur Verfügung stehen. Das Kind weiß nach und nach, mit welchem Verhalten der Eltern es rechnen kann, und passt das eigene Verhalten daran an: Es weiß, dass es sicher umsorgt wird, auch wenn es mit zunehmendem Alter vielleicht länger auf seine Bedürfnisbefriedigung warten muss. Erfährt das Kind hingegen, dass die Signale oft ins Leere laufen, unzuverlässig beantwortet oder bewusst abgewiesen werden, bildet sich keine sichere Beziehung aus, da das Kind kein Vertrauen ausbilden kann. Auch das Selbstbild des Kindes entwickelt sich aufgrund dieser Erfahrungen anders, und das Kind verinnerlicht, nicht selbstverständlich Hilfe, Schutz und Unterstützung zu bekommen. Es erfährt nicht, dass einzelne Bedürfnisse sicher versorgt werden, und muss immer wieder neu darum kämpfen oder resignieren.

Nur etwa 50 bis 60 Prozent aller Kinder hierzulande sind sicher gebunden,[8] der Rest weist andere Bindungsqualitäten auf. Und auch in unserer Erwachsenengeneration ist es nicht viel anders. Viele von uns haben keine sichere Bindungsbeziehung, fühlen sich immer mal wieder unsicher, inkompetent oder eben irgendwie »verbogen« durch das, was sie erlebt haben. Wie wir leben und reagieren, ist nach der (frühen) Kindheit nicht in Stein gemeißelt, aber die Kindheit bildet die wesentliche Basis für unser Leben. Eine unsichere Bindung muss nicht zu späteren Störungen führen, kann aber Probleme hinsichtlich der Verhaltenskontrolle, die Neigung zu Wutausbrüchen und Schwierigkeiten in Beziehungen zu Gleichaltrigen in den Vorschuljahren und später zur Folge haben. Eine desorganisierte Bindung (die nach Gewalterfahrungen, Deprivation oder bei Eltern mit unverarbeitetem Trauma entstehen kann) wird hingegen mit psychopathologischen Konsequenzen wie verstärkten Aggressionsproblemen, Beruhigungsproblemen, Problemen der Emotionsregulation, Schulproblemen, geringem Selbstwertgefühl und Ablehnung durch Gleichaltrige in Verbindung gebracht.[9] Laut Deutscher Gesellschaft für Psychiatrie und Psychotherapie, Psychosomatik und Nervenheilkunde e. V. sind in Deutschland 27,8 Prozent der erwachsenen Bevölkerung von einer psychischen Erkrankung betroffen, das entspricht 17,8 Millionen Menschen.[10] Nicht alle dieser psychischen Erkrankungen gehen auf Belastungen in der frühen Kindheit zurück, aber frühkindliche Belastungen erhöhen die Wahrscheinlichkeit des Auftretens einer psychischen Störung wie Depression und Angsterkrankungen um das Doppelte, Essstörungen treten drei- bis fünfmal so oft auf, die Suizidrate ist erhöht, und auch die Wahrscheinlichkeit für körperliche Beschwerden, die nicht oder nicht nur auf organische Ursachen zurückgeführt werden können, wie Fatigue-Syndrom, Fibromyalgie und das Reizdarmsyndrom steigt, wie auch die Wahrscheinlichkeit für körperliche Erkrankungen wie Diabetes Typ 2, Schlaganfall und koronare Herzerkrankungen. Durch die frühkindlichen Belastungen wird die Stressreaktion des Körpers verändert, was zu einer ganzen Reihe von körperlichen Belastungen und Veränderungen führen kann, selbst zu Veränderungen im Gehirn: Hippocampus und Präfrontaler Cortex schrumpfen, was kognitive Einbußen nach sich ziehen kann, während die Amygdala, die unter anderem für die Furchtkoordination zuständig ist, wächst und somit Angsterkrankungen befördern kann.[11]

Die Art, wie wir mit unseren Kindern umgehen, ist also tatsächlich wichtig für ihre weitere Entwicklung und kann das ganze Leben beeinflussen. Wie wir im zweiten Teil dieses Buches noch sehen werden, ist die Geschichte der Kindheit – unserer und der vorangehenden Generationen – von sehr viel Stress geprägt, und viele von uns tragen die Folgen auf körperlicher oder psychischer Ebene in sich. Wenn wir unsere eigene Kindheit ein wenig reflektiert haben und wissen, dass das eine oder andere Problem daher rührt, oder wir zumindest spüren, wie unglücklich wir selbst als Kind waren, dann wollen wir es als Eltern anders machen.

Hilft eine neue Methode, um es anders zu machen?

Es gibt zahlreiche Ratgeber auf dem Markt, die uns Antworten darauf geben wollen, mit welchen Methoden Kinder besser schlafen, weniger »trotzig« sind oder wie wir unsere erwachsene, innere Wut besser beherrschen, wenn Kinder einfach nicht das tun, was wir wollen. »Mach nicht dieses, das schadet, sondern mach das!« Frustriert lesen wir Konzept um Konzept, aber es funktioniert einfach nicht wie gedacht. Vielleicht merken wir sogar – gerade bei größeren Kindern –, wie mit jedem weiteren Konzept und mit jeder weiteren Methode, die wir ausprobieren, die Entfremdung zwischen unserem Kind und uns wächst: Wir finden nicht mehr zusammen bei dem Versuch, das Kind oder uns an etwas Neues anzupassen. Und gleichzeitig wird sich das Kind (oder werden wir uns) selbst fremd in dem Versuch, all den Änderungswünschen nachzukommen.

Dies führt uns zu einem Punkt, der eigentlich in der Erziehungswissenschaft weit bekannt ist und in der Ratgeberforschung immer wieder diskutiert wird: Ratgeber erzeugen oft neue Ratlosigkeit, weil sie Eltern einen sicheren Erfolg versprechen, den es so sicher gar nicht geben kann oder weil sie die für Erziehung so notwendige Reflexionsarbeit zwar aufgreifen, aber inmitten von Schuldzuweisungen und pauschalen Problemlösungsstrategien vergraben.[12] Am Ende ist man im Glücksfall so schlau wie vorher, oft hat man aber weitere Fragen und neue Schuldgefühle.

Tatsache ist: Kinder sind nicht alle gleich, Eltern sind nicht alle gleich, unsere Probleme sind komplex und lassen sich nicht mit trivialen, pauschalen Anleitungen lösen. Erziehung ist, wie schon erwähnt, immer ein Versuch, und die Passung ist wichtig. Die Frage nach dem passenden Vorgehen kann nicht pauschal beantwortet werden. Kinder sind keine Maschinen, an denen wir Knöpfe drücken können und die dann ein Ergebnis liefern. Kinder sind Menschen mit unterschiedlicher Reizwahrnehmung, unterschiedlicher Reizverarbeitung, unterschiedlichen Temperamenten und Fähigkeiten. Und deswegen wirken sich unterschiedliche Handlungen und Handlungsweisen auch unterschiedlich auf unsere Kinder aus. Beispielsweise unterscheiden sich Babys und Kleinkinder in der Fähigkeit, sich trösten oder beruhigen zu lassen: Während sich einige durch Ansprache, Wiegen oder Einkuscheln schnell besänftigen lassen, ist das bei anderen nicht so. Die »Methode« Trösten in Form von »Du musst dein Kind eben nur auf den Arm nehmen und wiegen« funktioniert daher nicht bei allen Kindern. Wir müssen für jedes Kind individuell erkennen, was es braucht. Und so verhält es sich nicht nur beim Trösten, sondern auch in Bezug auf Erregbarkeit, das Ausmaß an Aktivität von Kindern, ihre Ablenkbarkeit und auch den Ausdruck innerer Zustände: Kinder sind sehr, sehr unterschiedlich.[13]

Meistens liegt die Lösung eines Problems ohnehin nicht in einer konkreten Anleitung oder Methode, sondern findet sich im Erkennen des Problems, das dahintersteht. Es geht um unseren Blick auf das Kind, dessen Bedürfnisse und unsere Beziehung. Es geht darum, wer wir als Eltern sind, wie wir handeln. Die Frage nach den Methoden ist zweitrangig – und stellt sich manchmal nicht einmal mehr, wenn wir uns einmal klargemacht haben, ob das Konzept »Erziehung« und unser Bild vom zu erziehenden Kind überhaupt stimmig sind.

Katrin und Thomas haben mit ihrer Tochter Mia (4) unter der Woche abends ein immer wieder gleiches Problem: Mia ist anscheinend müde, schläft aber nicht ein. Nach dem anstrengenden Arbeitstag möchte Katrin, dass Mia um 19 Uhr schläft, damit sie auch noch Zeit für sich hat. Katrin und Thomas haben verschie-

dene Methoden ausprobiert, um Mia zum Schlafen »zu überreden«: verschiedene Bücher vorgelesen, ihr beruhigende Massagen vor dem Schlafen gegeben, lange bei Mia im Bett gelegen – mal Katrin, mal Thomas, mal beide –, mit ihr Hörspiele gehört und versucht, den Nachmittag nach der Kita ruhig zu gestalten, damit Mia sanft in die Schlafenszeit geleitet wird. Nichts davon hilft: Mia steht immer wieder auf und will spielen, reibt sich aber die Augen und ist müde. Der Kinderarzt hat ihnen geraten, sich an festen Uhrzeiten zu orientieren, die Mia schon irgendwann übernehmen wird. Nur so könnte sie die Menge an Schlaf bekommen, die Kinder in ihrem Alter benötigen. Katrin ist so erschöpft, dass sie versucht hat, Mia gegen ihren Willen im Bett festzuhalten, aber schließlich haben beide geweint, und Mia ist aus Erschöpfung eingeschlafen. Damit war das Konzept des Arztes für Katrin und Thomas erledigt. Die Lösung ergab sich schließlich aus einem Gespräch mit Mia, in dem ihre Eltern versuchten, herauszufinden, warum sie abends immer noch spielen will: Mit vier Jahren ist Mia in einer Phase, in der sie mehr und mehr mitbestimmen möchte, was um sie herum und mit ihr passiert. Wir nennen diese Phase auch Autonomiephase. Der Ablauf des Nachmittags und der »Zwang« zum Schlafen waren für sie zu einschränkend. Sie hatte keine Möglichkeit der Selbstbestimmung und Selbstwirksamkeit nach dem Kindergartentag. Zudem wollte sie einfach noch einmal in Ruhe mit ihren Eltern spielen. Die Lösung war, Mia mehr in den Ablauf des Nachmittags aktiv einzubinden und eine Spielphase vor dem Abendessen zuzulassen, bei der Mia das Spiel bestimmen konnte und Thomas nach ihrem Wunsch mitgespielt hat. Katrin hat in der Zwischenzeit in Ruhe das Abendessen gemacht und hatte danach genug Energie, um Mia ins Bett zu bringen.

Viele Probleme ergeben sich daraus, dass wir unsere Kinder nicht wirklich sehen und verstehen, sondern nur unserer Vorstellung davon, wie *ein Kind* sein soll, nachgehen, nicht aber dem, wie *mein Kind* ist. Es geht nicht um Fragen wie »Familienbett oder Babybay«, »Hausarrest oder Standpauke«, sondern es geht um die Frage: Warum sehe ich mein Kind eigentlich nicht bedingungslos als individuellen Menschen an, an dem ich mein Verhalten ausrichte? Warum denke ich, dass das Kind immer meinen Vorstellungen folgen muss – selbst wenn sich manchmal das leise Gefühl einschleicht, gar nicht genau zu wissen, warum »das denn jetzt so und so gemacht« werden muss, nur »weil Kinder schließlich erzogen werden müssen«?

Wenn ich das eigene »Verbogenwerden« so negativ in Erinnerung habe und nicht nur ich, sondern ziemlich viele Menschen vergleichbare Erfahrungen gemacht haben, sind vielleicht nicht *nur* die Maßnahmen das Problem, sondern auch der Umstand, überhaupt verboten worden zu sein – egal, in welche Richtung. Die Frage wäre dann nicht: Was muss ich konkret *tun*? Sondern: Wie lerne ich, mein Kind wirklich zu erkennen? Wie kann ich mich von bestimmten Gedanken und Erwartungen frei machen? Warum wird Erziehung mit bestimmten Mitteln noch immer propagiert? Wie muss ich *sein*, damit mein Kind und ich auf respektvolle Weise miteinander umgehen und wir auch die schwierigen Momente des Familienlebens gut meistern, ohne dass sich mein Kind oder ich danach bedrängt, erschöpft und falsch verstanden fühlen?

Reflexion: Den eigenen Verbiegungen nachspüren

Erinnerst du dich noch an deine Wünsche und Ziele als Kind? Welchem Hobby wolltest du unbedingt nachgehen und hast es nicht getan? Was wolltest du werden? Wohin wolltest du reisen als Jugendliche*r?

Und auf der anderen Seite: Was solltest du tun/lernen/besuchen, was du eigentlich nicht wolltest? Überlege: Gibt es drei Dinge, die du nicht umsetzen konntest? Und drei, die du tun musstest? Welche Gefühle hast du heute in Bezug darauf?

Warum erziehen wir überhaupt?

Wir sehen also: Methoden und pauschale Empfehlungen für den Umgang mit Kindern passen in vielen Fällen nicht. Dennoch richten wir uns im Umgang mit unseren Kindern oft nach Richtlinien, Plänen, Methoden. Sei es in Bezug auf feste Schlafzeiten und -regeln, Beikostpläne, Medienzeiten etc. Wir erziehen nicht »nach Gefühl«, sondern an vielen Stellen nach Plan, der aber oft nicht so richtig funktioniert. Denn was passiert, wenn der Plan nicht eingehalten wird? In Ermangelung besseren Wissens und im Glauben an diese Pläne halten wir daran fest und versuchen, sie – komme, was wolle – durchzusetzen. Das stresst uns zusätzlich, aber wir finden aus dem Verhalten nicht heraus, weil wir keine andere Methode haben, keine andere Möglichkeit sehen.

Um den Begriff der Erziehung gibt es wegen dieser Probleme eine große Diskussion: unter Eltern, aber auch in der pädagogischen Welt. Während Pädagogin Katharina Saalfrank schreibt: »Erziehung ist nicht nur überflüssig, sie richtet häufig auch Schaden an«[14], erklärt der verstorbene dänische Familientherapeut Jesper Juul: »Erziehung ist nicht nur anstrengend – sie funktioniert auch nicht.«[15] Sie stehen damit in einer Tradition der Auseinandersetzung mit dem Erziehungsbegriff, der schon von Ekkehard von Braunmühl in den 1970er-Jahren unter dem Begriff der »Antipädagogik« eingeführt wurde und von Alice Miller unter psychoanalytischer Sicht fortgeführt wurde. Schon Braunmühl erklärte Erziehung als falschen Ansatz, der »Kinder als Menschenmaterial ansieht, dem irgendwelche Qualitäten reingejubelt werden sollen«[16]. Erziehung übt über pädagogische Maßnahmen Einfluss auf die Entwicklung und das Verhalten von Kindern aus.

Auch in der Soziologie wird gelehrt, dass Erziehung den Schwerpunkt auf die Veränderung der Person und der Gesellschaft legt.

Der Soziologe und Gesellschaftstheoretiker Niklas Luhmann führte 1991 dazu aus: »Die Welt ist nicht so, wie sie sein sollte, also muss man erziehen.«[17] Das Kind wird laut Luhmann durch Sozialisation und Erziehung von einem Menschen zu einer Person. In seinem berühmten Werk *Überwachen und Strafen* hat der Philosoph Michel Foucault den Bestrafungs- und Machtstrukturen in unserer Gesellschaft nachgespürt und Parallelen zwischen Schule und Gefängnis gezogen. Foucault verdeutlicht, dass die Erziehung durch die Schule zu Gehorsam, Angst, Demütigung und Abstumpfung führt, Eigenschaften und Gefühlszustände, die kreatives, eigenständiges Handeln nicht zulassen, ganz im Sinne der Gesellschaft aber konforme und unkreative Menschen hervorbringen. Und auch wenn wir erziehen, bedeutet das, dass wir Kinder durch unser Verhalten beeinflussen und im Sinne unserer Gesellschaft formen wollen. Da diese Formung am lebenden Subjekt aber – wie wir auch alle wissen – gar nicht so einfach ist, weil es sich wehrt und nicht bei allen Angeboten immer kooperiert, müssen Erziehungsmaßnahmen eingesetzt werden. Und diese waren über Jahrhunderte Maßnahmen der körperlichen und seelischen Gewalt.

Am Kipppunkt der Gesellschaft
Erziehung neu denken

Um zu verstehen, warum sich das Problem der Erziehung mit seinen negativen Konsequenzen für Kinder und die Gesellschaft immer weiter zuspitzt, müssen wir etwas weiter ausholen: Anpassung an die Gesellschaft – das war im letzten Jahrhundert der Fahrplan für das Aufwachsen von Kindern. Kinder müssen sich in die Gesellschaft einpassen und deren Werte übernehmen, damit ihr Bestand gesichert ist. Kinder hatten auch einen wirtschaftlichen Wert, da sie schon in jungen Jahren als Arbeitskräfte für das Familieneinkommen herangezogen wurden und so Wohlstand beziehungsweise die blanke Existenz der Familie ermöglichten. Dafür wurde ihnen früh alles »Kindliche« ausgetrieben. Wichtig war, dass der Status quo der Gesellschaft und ihrer Werte erhalten blieb: Stabilität, Wachstum, Konsum, Wohlstand. Und umso besser es der Generation der Älteren und Eltern ging, umso wichtiger war es, dass die Kinder diesen Wohlstand weiterführten: dass sie sicher auf dem Arbeitsmarkt eingegliedert wurden, um die Renten abzusichern, und Wohlstand und Ordnung nicht gefährdeten. Wohlstand diente zunehmend nicht mehr der Befriedigung von Grundbedürfnissen, »sondern in erster Linie der Befriedigung von Bedürfnissen nach Selbstverwirklichung und Status. Diese sind aber nicht nur nie zu befriedigen, sie erschaffen vielmehr stets neue Bedürfnisse. [...] Wir sind gefangen in einer ›Ressourcenverbrennungsmaschine‹. Dennoch gilt diese Art des Wohlstands als Inbegriff von gutem Leben«, paraphrasieren die Klimaaktivistin Luisa Neubauer und der Klimaaktivist Alexander Repenning die Erkenntnisse des Wirtschaftswissenschaftlers Martin Kolmar.[18] Dies wird noch befeuert durch das Unterdrücken der normalen kindlichen Bedürfnisse, die Erziehung durch Strafe und Anpassung und die Ausrichtung auf

Belohnungssysteme, die ausschließlich den Konsum fördern: Fühlen wir uns ausgegrenzt oder nicht zugehörig, was auch durch die Erfahrung des Nichtangenommenwerdens durch die Eltern passieren kann, werden in uns jene Zentren im Gehirn aktiviert, die auch bei körperlichen Schmerzen aktiv sind. Diesen Schmerz gleichen wir durch Belohnung, beispielsweise durch Konsum, aus. Das kann man oft im eigenen Umfeld beobachten: Das Kind ist unglücklich, weil es nicht genug Aufmerksamkeit, Zuneigung oder Achtung bekommt, und die Eltern reagieren auf den Schmerz und das Verhalten des Kindes nicht mit dem, was es braucht, sondern mit neuem Spielzeug, Süßigkeiten und anderen Konsumgütern. Und seien wir ehrlich: Wem von uns geht es nicht auch ab und zu so, dass wir uns durch Konsum belohnen für das Durchhalten eines anstrengenden Tags oder für etwas, das wir erreicht haben? Konsum kann im Gehirn zur Ausschüttung von großen Mengen an Dopamin führen, eine Schutzstrategie, die der Verletzung entgegenwirken soll. In Verbindung mit anderen Komponenten, wie einer genetischen Veranlagung, können solche Belohnungsmechanismen auch zur Sucht werden.

Der britische Psychohistoriker und Psychoanalytiker Nick Duffel hat sich mit der Geschichte von Kindern beschäftigt, die in britischen Elitecolleges aufwachsen und schon in jungen Jahren von ihren Eltern getrennt werden. Sie erhalten zwar eine gute Bildung, aber ihr Leben und Lernen im Internat ist ganz auf Anpassung und Erfolg ausgerichtet. Duffel erklärt: »Von der Neurowissenschaft wissen wir, dass wir ohne Gefühle keine guten Urteile fällen können. Um unser Tun mit unseren Werten abzustimmen und um Menschen richtig einschätzen zu können, brauchen wir Gefühle. Kurz: Empathie. Das wird schwierig, wenn man ihnen gegenüber als Kind keine Empathie spüren ließ, weil sie in einer Institution voller Regeln zurückgelassen wurden.«[19] Auch wenn die Verhältnisse in vielen Familien nicht unbedingt mit den Regeln eines Elitecolleges vergleichbar sind, so sind die Struktur der Anpassung und Unterordnung und die daraus folgenden Traumata durchaus verbreitet. Dies bestätigt auch der Kinderpsychiater Dr. Bruce D. Perry: »Diese ständige Betonung des Wettbewerbs übertönt die Bedeutung des Miteinander, der Einfühlsamkeit und des Altruismus, die für die geistige Gesundheit des Menschen und für sozialen Zusammenhalt entscheidend sind.«[20] Doch wie sollen sich junge Menschen, die nur Anpassung und Werteerhalt gelehrt bekommen haben, den drängenden Fragen unserer Gegenwart stellen können? Angesichts der Probleme unserer Zeit müssen wir lernen, neu und anders zu denken.

Die erzieherische Einschränkung des Denkens und Handelns und der damit verbundene Kompensationskonsum berühren uns heute noch in anderen, existenziellen Bereichen: Die wirtschaftliche Kehrseite des Wohlstandes wurde nach außen verlagert, insbesondere auf Kosten der Dritte-Welt-Länder, die für unseren Wohlstand ausgebeutet wurden (schlechte Arbeitsbedingungen, Kinderarbeit, Billiglöhne etc.) und mit als Erste die Folgen des vom Menschen verursachten Klimawandels tragen mussten (Hunger, Dürre, Ausbreitung von Wüsten, Überschwemmungen, was zu großen Flucht- und Migrationsbewegungen führte). Die Probleme der Erderwärmung und ihre Ursachen waren, wie der Journalist Nathaniel Rich in seinem Buch *Losing Earth* ausführt, schon 1979 bekannt, und damals gab es noch die Möglichkeit und Hoffnung, die Klimakatastrophe zu verhindern. Allerdings, schreibt Rich, haben wir uns »kulturell und evolutionär darauf konditioniert, uns obsessiv mit der Gegenwart zu beschäftigen, uns nur um die unmittelbare Zukunft zu sorgen und alles, was danach kommt, aus unserem Bewusstsein zu tilgen«.[21] Die Folgen dessen sehen und spüren wir heute. In Hinblick auf den Klimawandel, den Anstieg von neu auftretenden Infektionskrankheiten wie Corona, die ebenfalls in Zusammenhang damit steht, dass der Mensch in die natürlichen Lebensräume von Tieren eingreift und Ökosysteme stört, und die Migrationskrise. Wir stehen vor Problemen, die wir mit unseren aktuellen Strategien und Denkmustern nicht lösen können und für die wir kreative und flexible Denkansätze brauchen. Ein passendes Beispiel dafür ist der Umgang der Politik in Deutschland mit dem Thema Schule während der Corona-Pandemie: Anstatt sich neuen und kreativen Lösungen für digitalen Unterricht, Kleingruppenarbeit, Nutzung von alternativen öffentlichen Räumen und der Natur zu widmen und das Schulwesen neu zu strukturieren, eventuell unter Aufgabe der Präsenz- oder Schulpflicht hin zu einer Bildungspflicht, wurde auf dem preußischen Gut der Schulpflicht beharrt, und als das nicht mehr im Präsenzunterricht möglich war, wurden die Kinder mit unzureichenden Angeboten größtenteils sich selbst überlassen und Eltern in die Überlastung geführt.

Was aber hat das nun mit Erziehung zu tun? Die Anthropologin Margaret Mead hat bereits 1970 festgehalten, dass es unterschiedliche Kulturformen mit einer unterschiedlichen Ausrichtung von erziehendem Verhalten gibt:[22] Es gibt Kulturformen, in denen die alten Menschen mit ihren Vorstellungen dominieren und junge Menschen sich genau daran orientieren müssen. Hier bedeutet Erziehung vor allem Anpassung an die Autoritäten. Dann gibt es die Kulturformen, in denen die erwachsenen Kinder dieser Alten die Werte bestimmen – in einer Welt, die durch Kriege, Naturkatastrophen und wirtschaftliche Veränderungen so transformiert wurde, dass sich die ältere Generation nicht mehr zurechtfindet. Irgendwann aber können auch die Erwachsenen mit den Anforderungen nicht mehr mithalten, der Stress und die Überforderung steigen an, weil die Probleme der Zeit mit ihren Denkmustern nicht gelöst werden können. Es ist das »Ringen um das eigene Leben«[23] inmitten einer individualisierten Gesellschaft mit zahlreichen Wahl- und Entscheidungsmöglichkeiten, wie der Soziologe Ulrich Beck es umschreibt, das die Erwachsenen überfordert. Es gibt Einbrüche, mit denen die Erwachsenen nicht mehr umgehen können, Sicherheiten fallen weg, was zu Ängsten und Suchbewegungen führt. Die Jungen übernehmen nun mit ihrer Flexibilität, obwohl das Ziel nicht absehbar ist. Aber wenn wir ihnen weiter die Last und den Druck der Vergangenheit auf die Schultern legen, können die jungen Menschen den Anforderungen nicht standhalten. Sie können nicht gleichzeitig lernen, angepasst und untergeordnet *und* flexibel, global denkend, tolerant und kreativ zu sein – die Prozesse, die hinter dem Erwerb dieser Eigenschaften liegen, sind unterschiedlich. Es ist wichtig, über zukunftsoffene Fähigkeiten zu verfügen, die nicht vorgeformt sind und offene Wege ermöglichen. Wir brauchen keine angepassten, folgsamen Kinder mehr, sondern flexible, kreative, in Gemeinschaft und global denkende Kinder. Wir brauchen unverbogene, frei denkende Kinder.

Sehen wir uns an, an welchem Punkt wir gerade stehen: Klimawandel, weltweite Pandemie, Wirtschaftseinbruch und die Unfähigkeit der Erwachsenengeneration, die weiteren Entwicklungen vorauszusehen: Wir befinden uns an einem Kipppunkt, und die weltweite Fridays-for-Future-Bewegung zeigt uns bereits, dass sich die Jugendlichen aufmachen auf einen neuen Weg. Laut Jugendforscher Klaus Hurrelmann ist die junge Generation durchaus engagiert, politisch, digital und möchte interaktiv für das Leben lernen.[24] In der Shell Jugendstudie 2019 finden sich unter den Jugendlichen 39 Prozent »Weltoffene« und »Kosmopoliten«, die einem Drittel »Populismus-Geneigten« und »Nationalpopulisten« gegenüberstehen, und 28 Prozent Jugendliche, die sich nicht eindeutig positionieren wollen.[25] Dennoch gibt es immer wieder Bestrebungen der älteren Generation, den Jugendlichen ihre Meinung abzusprechen, ihre Rechte einzuschränken oder einen Ausbau der Kinder- und Jugendrechte nicht zuzulassen (z. B. in Bezug auf die Aufnahme von Kinderrechten ins Grundgesetz oder die Absenkung des Wahlalters auf 16 Jahre). Der Schriftsteller Jonathan Franzen legt in seinem Essay *Wann hören wir auf, uns etwas vorzumachen?* dar, dass wir die Klimakatastrophe nicht mehr verhindern können, aber wir müssen *jetzt* über einen Umgang damit nachdenken: »Schneller als wir alle glauben möchten, könnte eine Zeit kommen, da die Systeme der industriellen Landwirtschaft und des Welthandels zusammenbrechen und es mehr Menschen ohne als mit Dach über dem Kopf geben wird. Dann werden Begriffe wie ›ökologische, regionale Landwirtschaft‹ und ›starke Gemeinschaften‹ keine hohlen Schlagwörter mehr sein. Freundlichkeit gegenüber dem Nächsten und Achtsamkeit gegenüber der Umwelt – Förderung gesunder Böden, ein vernünftiger Umgang mit Wasser, Schutz von Bienen und anderen Bestäuberinsekten – werden in einer Krise und in jeder Gesellschaft, die sie übersteht, wesentliche Bedeutung erlangen.«[26]

Wir sehen also: Wir müssen neu denken. Und vor allem zulassen, dass die Jugend neu und anders denkt. Es geht nicht nur um das *Was* des Lernens, sondern um das *Wie*. Das sehen wir in der aktuellen Debatte um Schulen und Unterrichtsformen. Es geht auch nicht um Bindung an bestimmte Personen oder Institutionen, sondern um den *Wert der Bindung*. Das sehen wir daran, dass heute viel mehr über die unterschiedlichen Bindungstypen diskutiert wird und wir versuchen, die sichere Bindung als Bindungsqualität zu etablieren.

Die Individualität ist für den Einzelnen, aber auch für die gesamte Gesellschaft wichtig, weil nur aus der Anerkennung der Individualität heraus Offenheit und Zukunftsorientierung entstehen kann. Individualität meint dabei nicht, dass wir egoistisch unsere eigenen Ziele verfolgen, sondern es geht um die Anerkennung von

Unterschiedlichkeit und das Potenzial, das aus dieser Unterschiedlichkeit erwächst.

Aus diesen Gründen müssen wir unsere Vorstellung von Erziehung, Erziehungszielen und -methoden ändern. Selbst unsere Gedanken über Kindheit und das Aufwachsen von Kindern müssen grundlegend reformiert werden. Damit unsere Kinder mit den Anforderungen der Zukunft zurechtkommen können, müssen wir sie heute, in der Gegenwart, anders sehen, behandeln und begleiten. Und natürlich auch, weil viele Erziehungsmethoden den Kindern Leid verursachen. Es ist also allerhöchste Zeit, dass wir unser Zusammenleben mit Kindern verändern, auch wenn das aus mehreren Gründen nicht einfach ist:

Alexandra und Faris sind Eltern eines sechsjährigen Sohnes Caspar. Caspar ist ein Kind, das nicht gerne auf andere zugeht. Er hält sich in Gesprächen eher zurück und braucht bei Besuchen lange, um mit anderen Personen in Kontakt zu kommen. Auch in Bezug auf seine Großeltern und andere Familienmitglieder verhält er sich eher zurückhaltend. Gleichzeitig ist er sehr fantasievoll und kreativ und zieht sich gerne zum Zeichnen zurück, oft auch in Besuchssituationen, um dem Trubel zu entgehen. Bei Besuchen hat er immer eine kleine Tasche mit Stiften und Papier dabei. Alexandras Eltern empfinden Caspars Art als schwierig: Sie fragen Alexandra und Faris öfter, was aus ihrem Sohn denn werden solle. Er müsse doch lernen, auf andere zuzugehen und mit ihnen zu interagieren, und sich nicht in seine »Traumwelt« zurückziehen, das brauche er doch spätestens im Berufsleben. Schließlich sei er auch ein Junge, da erwarte man mehr Energie. Insbesondere für Alexandra waren diese Gespräche mit ihren Eltern oft schwierig, und sie geriet mit ihnen öfters in Streit, manch-

mal brach sie Besuche auch ab und meldete sich einige Wochen nicht, um dann doch wieder den Kontakt aufzubauen – vor allem für Caspar. Über eine Beratung, die Alexandra verunsichert aufsuchte, weil sie sich schließlich doch Sorgen um Caspars Verhalten machte, erkannte sie, dass sie sich immer »mitgemeint« fühlte und durch das Verhalten der Eltern in ihr das Gefühl aus ihrer Kindheit wieder hochkam, nicht genug zu sein. Sie konnte den Generationenkonflikt für sich lösen, indem sie anerkannte, dass ihre Eltern eine andere Sicht auf Erziehung und Zukunft hatten, die mit ihrer heutigen Einstellung und den Ansichten von Faris und Alexandra über die Entwicklungen in der Zukunft nicht zusammenpasste. Alexandra lernte, in diesen Situationen entspannt zu bleiben und gut für sich selbst zu sorgen, auch wenn sie die Ansichten ihrer Eltern nicht ändern konnte. Auch wenn die Differenzen bestehen blieben, wurden die Gespräche mit den Großeltern durch diesen Perspektivwechsel leichter ertragbar, und sie schaffte es, den Kontakt mit ihnen aufrechtzuerhalten.

Die Unterschiede zwischen den Ausrichtungen und Zielen von Erziehung schlagen sich oft in Generationenkonflikten nieder. Die ältere Generation kritisiert das Fehlen oder die falsche Ausrichtung von Erziehungsmaßnahmen. Sie befürchten, dass Kinder so zu »Tyrannen« oder völlig »verzogen« würden. Manchmal schwingt auch die Sorge mit, dass die Jungen später nicht imstande sein könnten, für die Alten im Rentensystem zu sorgen: »Was soll nur aus unserer Gesellschaft werden mit solchen Kindern?«

Die Vorstellungen von Erziehung zu ändern, ist schwierig und ohne eigene Bereitschaft oder eigenen Antrieb kaum möglich. Manchmal hilft deswegen nur, einfach anzuerkennen, dass frühere Generationen andere Ziele und Methoden hatten, die eigenen Wunden zu reflektieren und sich vor Verletzungen selbst zu schützen. Großeltern können ihre Meinungen und Gedanken einbringen, aber Erziehung ist der Aufgabenbereich der Eltern. In diesen Konflikt spielt oft auch unsere eigene Verletzung hinein, wenn wir durch das Anderssein als Eltern plötzlich merken, was uns selbst gefehlt hat, und wir wünschen uns, dass sich die eigenen Eltern wenigstens jetzt für die Enkel und auch ein Stück weit für uns selbst verändern und uns doch noch geben, was wir einst vermisst haben. Ohne eine innere Bereitschaft der Großeltern wird das aber nicht passieren, und die Sehnsucht nach Zuwendung, Liebe und ein bisschen Progressivität wird meist nicht erfüllt, auch wenn wir es uns wünschen. Und auch von unseren Kindern können wir nicht erwarten, dass sie unsere Verletzungen heilen. Unsere einzige Möglichkeit ist es, aus dem Spiel auszusteigen und es selbst anders zu machen: Wir können die ältere Generation nicht gegen ihren Willen reformieren, aber wir können unsere Gesellschaft verändern, damit unsere Kinder anders aufwachsen.

Reflexion: Zeitreise

In der letzten Übung sind wir in die Vergangenheit eingetaucht mit deinen persönlichen Wünschen und Zielen. Nun reisen wir in die Zukunft. Was wünschst du dir für deine Kinder in 20 Jahren? Umkreise fünf Adjektive (oder schreibe fünf extra auf), die du dir als Eigenschaften für dein Kind wünschen würdest. Es geht dabei nicht um eine Zukunftsprognose, sondern darum, wie sich dein Verhalten auf dein Kind ausrichtet und welche Werte du vermitteln willst. Es gibt kein richtig oder falsch dabei. Und wir können uns durchaus Dinge wünschen, die auf den ersten Blick vielleicht auch gegensätzlich erscheinen. Es ist gut, sich die Werte, die man vermitteln möchte, einmal vor Augen zu führen, um abzugleichen, inwieweit diese mit dem Konzept von Erziehung, das man in sich trägt, übereinstimmen.

___

achtsam * akzeptiert * angepasst * autark
beliebt * bescheiden * dankbar * diszipliniert
durchsetzungsfähig * ehrlich * erfolgreich
empathisch * empfindsam * fantasievoll * fair
flexibel * frei * fröhlich * führend
folgsam * gelassen * geliebt * gerecht
großzügig * herzlich * hilfsbereit * integriert
kreativ * leidenschaftlich * liebevoll * loyal
mutig * neugierig * optimistisch * respektvoll
perfektionistisch * selbständig * sicher * stark
spirituell * tolerant * unabhängig * unterstützend
verbunden * verständnisvoll * visionär
wertgeschätzt * weise * zuverlässig

Im Gesetz verankert – aber ohne Anleitung

Wir müssen unsere Kinder also anders begleiten, als wir es bisher getan haben, damit sie mit den Anforderungen der Zukunft gut umgehen können und nicht nur »nach Plan und Methode« funktionieren, sondern flexibel und frei in ihrem Handeln sind. Glücklicherweise ist dieser Gedanke auch in der Politik durchgedrungen und gesetzlich festgeschrieben. Wie genau wir das aber umsetzen sollen, ist gesetzlich nicht geregelt und wirft bei vielen Eltern viele Fragen auf.

Erziehung ist hierzulande die Pflicht der Eltern. Das ist im Sozialgesetzbuch, Achtes Buch Kinder- und Jugendhilfe unter § 1 Abs. 2 festgelegt: »Pflege und Erziehung der Kinder sind das natürliche Recht der Eltern und die zuvörderst ihnen obliegende Pflicht.« Was aber genau »Erziehung« eigentlich ist, wird nicht weiter beschrieben, außer dass eben auch »jeder junge Mensch [...] ein Recht auf Förderung seiner Entwicklung und auf Erziehung zu einer eigenverantwortlichen und gemeinschaftsfähigen Persönlichkeit« hat (§ 1 Abs. 1 SgB). Erziehung scheint also laut Gesetz notwendig und sollte im Hinblick auf die Persönlichkeitsentwicklung erfolgen. Wie diese Pflicht umgesetzt werden soll, ist nicht weiter definiert. Es gibt kein »Gesetz über die richtige Erziehung«, denn laut Verfassung verfügen Eltern über ein Grundrecht beziehungsweise eine Elternverantwortung, nach der sie selbst am besten einschätzen können, was für das Kind gut ist und was nicht. Warum das aber gar nicht so einfach ist, werden wir noch genauer betrachten. Sinnvoll ist die Elternverantwortung dennoch, denn sie sichert Familien einen Spielraum zu, während sie gleichzeitig vor staatlicher Einmischung geschützt sind.

Allerdings gibt es zwei wichtige Ergänzungen in Bezug auf die Ausrichtung der Erziehung: den Grundsatz der partnerschaftlichen

Erziehung (§ 1626 Absatz 2 BGB) und das Gesetz für eine gewaltfreie Erziehung (§ 1631 Absatz 2 BGB).[27] »Partnerschaftliche Erziehung« meint, dass Kinder nicht mehr autoritär erzogen werden und sich unterordnen müssen, sondern dass Eltern »die wachsende Fähigkeit und das wachsende Bedürfnis des Kindes zu selbständigem verantwortungsbewusstem Handeln« berücksichtigen und je nach Entwicklungsstand des Kindes die anstehenden Fragen besprechen und einen Konsens anstreben sollen. Es ist also wichtig zu sehen: Was für ein Kind haben wir da vor uns, was kann es und wie kann ich es darin unterstützen? Letztendlich haben die Erwachsenen die Entscheidungsgewalt, aber das Kind soll in den Entscheidungsprozess einbezogen werden. Das gibt uns keine konkreten Anweisungen, aber eine wichtige Ausrichtung im Hinblick auf den Erziehungsgedanken, der von unserer Gesellschaft angestrebt wird, und zeigt, dass nach der Gesetzgebung weder in die autoritäre Richtung noch in Richtung Laisser-faire erzogen werden soll.

Fest steht also, dass Eltern erziehen können und sollen. Und wir wissen, was laut Gesetz nicht (mehr) zulässig ist: Während im Bürgerlichen Gesetzbuch von 1896 noch zu lesen war: »Der Vater kann kraft des Erziehungsrechts angemessene Zuchtmittel gegen das Kind anwenden«, wurde 1980 das Kindschaftsrecht reformiert und festgelegt, dass entwürdigende Erziehungsmaßnahmen unzulässig sind. Allerdings wurde das Züchtigungsrecht zunächst noch vom Gewohnheitsrecht abgeleitet, und so war eine »maßvolle körperliche Züchtigung« (z. B. mit einem Stock) weiterhin durch die Eltern erlaubt. Trotz des Einsatzes des Kinderschutzbundes dauerte es noch lange, bis sich daran etwas änderte: Wie sollten Kinder denn sonst erzogen werden und den Ansichten der Eltern folgen? Nachdem die BRD 1989 das Übereinkommen über die Rechte des Kindes der Vereinten Nationen unterschrieb, forderten der Deutsche Kinderschutzbund, die Kinderkommission des Bundestags und die

Zeitschrift *Brigitte* mit Unterstützung von 27 Fachverbänden 1990 eine Gesetzesänderung, aber erst 1997 wurde der § 1631 neu gefasst, wobei die gewaltfreie Erziehung immer noch nicht klar formuliert wurde. Erst im Jahr 2000 beschloss der Bundestag die Neufassung: »Kinder haben ein Recht auf gewaltfreie Erziehung. Körperliche Bestrafungen, seelische Verletzungen und andere entwürdigende Maßnahmen sind unzulässig.« Neben körperlichen Bestrafungen wie Ohrfeigen, Schubsen, Schlägen, Schütteln oder dem Einsperren sind nun auch seelische Verletzungen wie Demütigung, Liebesentzug, Drohungen, Bloßstellung, Entwertungen etc. unzulässig. Damit haben wir theoretisch einen ganz guten Rahmen: Kinder haben zwar (immer noch) keine im Grundgesetz festgeschriebenen Kinderrechte, aber sie sind Träger subjektiver Rechte, und die Bezugspersonen des Kindes sind an die Persönlichkeitsrechte des Kindes und an das Kindeswohl gebunden. Eine Strafverfolgung bei Verstößen gegen das Recht auf gewaltfreie Erziehung erfolgt allerdings nur in gravierenden Fällen, und es wird darauf verzichtet, wenn sozialpädagogische, familientherapeutische oder andere unterstützende Maßnahmen vorgenommen werden können. Verstöße gegen seelische Verletzungen und entwürdigende Maßnahmen werden bisher kaum geahndet und sind in unserer Gesellschaft heute noch weit verbreitet und oft unerkannt. Genau diesen scheinbaren »Feinheiten« der Gewalt wollen wir in diesem Buch nachspüren.

Kinder haben Rechte!

Kinder sind Menschen, weshalb sie eigentlich unter dem Schutz der Charta der Menschenrechte stehen. Sie sind aber junge Menschen mit wenigen Erfahrungen und besonderen Bedürfnissen in Bezug auf Schutz, Mitbestimmung und Entwicklung. Schon 1959 verabschiedete die UN-Generalversammlung eine Erklärung der Rechte des Kindes, die aber ohne rechtliche Bindung blieb. Erst am 20. November 1989 verabschiedete die Generalversammlung der Vereinten Nationen einstimmig die Kinderrechtskonvention, die dann etwa ein Jahr später in Kraft trat. Sie ist von 195 Staaten ratifiziert, einschließlich Deutschland (1992), wo sie im Range eines Bundesgesetzes gilt. Die USA sind das einzige Land der UN-Mitgliedsstaaten, das die Kinderrechtskonvention nicht ratifiziert hat. Dieser Umstand begegnet uns später wieder, wenn wir institutionelle Gewalt in Schulen und besonders in amerikanischen Schulen betrachten. Die Kinderrechtskonvention besteht aus insgesamt 54 Artikeln und ist geprägt von vier Grundprinzipien: dem Diskriminierungsverbot, dem Recht auf Leben und persönliche Entwicklung, dem Kindeswohlvorrang und dem Recht auf Beteiligung.[28] Obwohl die Kinderrechtskonvention seit 1992 in Deutschland gilt, ist sie noch nicht vollständig umgesetzt, und die Rechte von Kindern werden in Politik, Rechtsprechung und Verwaltung noch wenig berücksichtigt. Die Normen des Grundgesetzes (Persönlichkeitsrecht und einfaches Recht) reichen zwar eigentlich aus, werden aber in der Praxis laut Gutachten[29] nicht in vollem Umfang verwirklicht, und damit wird Deutschland seinen völkerrechtlichen Pflichten nicht gerecht.[30] Beispielsweise wird laut einem vom Bundesfamilienministerium in Auftrag gegebenen Gutachten das Kindeswohlprinzip im Schulrecht sowie dem Jugendstraf- und -strafvollzugsrecht weder in der Gesetzgebung noch in der Rechtsprechung erkennbar berücksichtigt, während öffentliche und institutionelle Interessen einen erheblichen Raum einnehmen. Auch zum Beteiligungsrecht gibt es keine »nennenswerte rechtliche Fachdiskussion«, wie auch beim Medizinrecht »der Bedeutung der körperlichen Integrität und Gesundheit für Kinder und Jugendliche und der Gefahr irreversibler Eingriffe im frühen Kindesalter eine gesetzgeberische Klarstellung dringend angezeigt«[31] ist.

Seit 2007 gibt es daher ein Aktionsbündnis, das die Kinderrechte im Grundgesetz verankern will. Dort könnten sie in den Abschnitt der Grundrechte eingefügt werden, ohne das grundsätzliche Verhältnis von Kindern, Eltern und Staat anzutasten. So ein Gesetz würde die Rechte und den Schutz der Kinder unter anderem auf Gewaltfreiheit stärken, den Staat in die Pflicht nehmen und die Beteiligung von Kindern und Jugendlichen an gesellschaftlichen Prozessen sicherstellen. Über eigene Kinderrechte im Grundgesetz würde das Augenmerk der Gesellschaft noch einmal explizit darauf gerichtet werden, dass Kinder eigene Persönlichkeiten mit Rechten sind, deren Belange jetzt und für die Zukunft wichtig sind und nicht ignoriert werden dürfen.

Leider stellen sich immer wieder Parteien und Aktionsbündnisse gegen eine Aufnahme der Kinderrechte ins Grundgesetz, da diese unter anderem auch Auswirkungen auf die Wirtschaft haben würde, gerade in Hinblick auf die Zukunftssicherung und mehr Verantwortung beim Thema Nachhaltigkeit. Und auch die konkrete Ausformulierung[32] gestaltet sich schwierig, wenn man Kinder nicht nur »berücksichtigen«, sondern wirklich auch »beteiligen« würde.

RECHT auf GEWALTFREIE ERZIEHUNG

RECHT auf SCHUTZ VOR WIRTSCHAFTLICHER UND SEXUELLER AUSBEUTUNG

RECHT auf SCHUTZ IM KRIEG UND AUF DER FLUCHT

RECHT auf BETREUUNG BEI BEHINDERUNG

RECHT auf eine FAMILIE, ELTERLICHE FÜRSORGE UND ein SICHERES ZUHAUSE

KINDER-
RECHTE
RECHT auf
GLEICHHEIT
DAS RECHT
auf GESUNDHEIT
RECHT auf
BILDUNG
RECHT
auf SPIEL, ERHOLUNG
UND FREIZEIT
RECHT
auf
eine
EIGENE MEINUNG

Wie kann ich dem Kind zu seinem Recht verhelfen?

Das Wissen um die Problematik von Erziehung mittels Druck und Gewalt ist eine Sache, der Umgang mit dem Kind aber eine ganz andere: Wie soll das Kind denn nun dazu bewegt werden, das gute Gemüse zu essen? Und wie reagiert man, wenn das Kind beherzt vor Wut in den Arm der Mutter beißt, ohne es wegzuschubsen oder mit Liebesentzug und Abwendung zu reagieren? Was tun, wenn das Kind eine medizinische Behandlung braucht, sich aber mit Händen und Füßen dagegen sträubt? Und wenn das Kind einfach nicht die Matheaufgaben versteht, wie bleibt man geduldig, ohne das Kind abzuwerten oder zu beschämen? In Ratgebern wird oft das Bauchgefühl angepriesen, das uns den rechten Weg weisen soll. Doch nicht jede*r kann auf eine sichere Intuition zurückgreifen, negative Erfahrungen unserer eigenen Geschichte überlagern nicht selten das Bauchgefühl. Außerdem betrifft dieses Bauchgefühl vor allem den Umgang mit Säuglingen. Wenn aber größere Kinder Probleme aufwerfen, die sich nicht aus dem oft zitierten Jäger-Sammler-Evolutionsbiologiekreis herleiten lassen, dann wird es schwierig mit dem Bauchgefühl: Wie viel Fernsehen und Computerspiele sind erlaubt? Wie ist es mit Ausgangsregeln in modernen Großstädten? Was für Klamotten sind in der Schule gerade noch zulässig?

Es ist anscheinend gar nicht so einfach, wie es sich im Gesetzestext anhört. Eine der Mütter, die mit ihrem Baby in meinem Kurs war, schrieb mir einmal viele Jahre später: »Manchmal erscheinen mir die Probleme, die wir damals im Babykurs hatten mit dem Wickeln und Stillen und Schlafen, so absurd. Aus heutiger Sicht waren das keine Probleme. Die Probleme kommen erst dann, wenn die Kinder größer sind, ›ich‹ sagen und ich mich jeden Tag damit auseinandersetzen muss, was ich will, was sie [meine Tochter] will, wie ich einen Weg zwischen uns finde und dann auch noch unter Druck stehe, was all die anderen von mir denken.«

Das Problem ist nämlich: Wir wissen zwar, was wir nicht sollen, aber wir wissen nicht, wie wir es anders machen können. Und gerade in stressigen Situationen fallen wir leicht in Muster zurück, die wir eigentlich nicht anwenden wollten und die – wenn wir sie genauer ansehen – auch nicht den Rechten des Kindes auf gewaltfreies Aufwachsen entsprechen. Die Methoden, die sich in diesen Momenten Bahn brechen, sind nämlich oft durchaus gewaltvoll: Wir beschämen, unterdrücken, drohen mit Entzug von Liebe oder stellen das Kind bloß: »Wenn du nicht mitkommst, lass ich dich eben hier stehen!«, »Du machst mich ganz unglücklich, wenn du dich so verhältst!«, »Soll ich mal zurückbeißen oder was?«, »Igitt, du stinkst ja. Bestimmt ist der Body wieder bis oben vollgekackt.« All diese Äußerungen sind wohl den meisten Eltern bekannt. Wir haben sie selbst schon gesagt oder zumindest gehört. All diese Äußerungen sind Formen psychischer Gewalt – sie erniedrigen, beschämen, drohen. Vielleicht siehst du das ja anders, aber versuche einmal nachzuspüren, wie du dich als erwachsene Person fühlen würdest, wenn so mit dir gesprochen werden würde. Wie fühlt es sich an? Gewaltfrei? Eher nicht. Aber warum schaffen wir es dann nicht, gewaltfrei zu sein? Erstens, weil das Kind oft einen anderen Plan hat und wir das nicht akzeptieren können, und zweitens, weil wie gesagt in solchen Stresssituationen tief verinnerlichte Muster aufbrechen. Das Kind *muss* doch essen, *darf* nicht beißen, *soll* doch lernen! Aber was, wenn die Antwort auf diese Fragen die Gegenfrage ist: Warum eigentlich?

Erfreulicherweise sinkt die Zahl der körperlichen Gewaltanwendungen in den letzten Jahren: Während 2005 noch 76,2 Prozent der Eltern einen »Klaps auf den Po« für ein angebrachtes Erziehungsmittel hielten, sind es 2015 »nur« noch 44,7 Prozent.[33] Psychische

Gewalt hingegen lässt sich nur schwer messen, und sie hat einen solch starken Einfluss in unserem Alltag, dass sie an vielen Orten gegenwärtig ist: in Familien, in Kitas und Schulen.

Wenn Kinder nicht so wollen, wie wir es uns vorstellen

Aber sehen wir uns zunächst an, warum wir Eltern denken, irgendetwas tun zu müssen, damit das Kind etwas anders macht. Als Eltern denken wir oft: Ich bestimme die Erziehung meines Kindes auf Basis meiner Wünsche und Gedanken, mein Leitstern ist frei gewählt. Ein solcher Leitstern funkelt bei vielen Eltern in den warmen Farben von Geborgenheit, Liebe, Vertrauen, Hoffnungen und besten Wünschen für die Zukunft ihres Kindes. Wir wollen das Kind optimal auf das Leben vorbereiten. Das ist eigentlich ein wunderbarer Gedanke. Leider nur lässt sich der oft nicht ganz so umsetzen, wie wir es geplant haben. Denn wie oben gesehen, können wir aktuell gar nicht so genau abschätzen, wie die Zukunft unserer Kinder aussehen wird und worauf wir sie genau vorbereiten sollen. Und zudem merken wir schnell, dass Kinder gar nicht immer das tun, was wir wollen, obwohl wir doch das Beste für sie wünschen. Warum nur isst mein Kind diesen Healthy-Frischkorn-Obstbrei nicht? Warum macht es einfach nicht mit beim Sportkurs, sondern sitzt lieber kichernd mit anderen Kindern in der Ecke? Warum will mein Kind nicht die tolle Lehrstelle annehmen, die wir extra organisiert haben? So ergibt sich nicht selten ein Wechselspiel aus elterlichem Angebot und kindlicher Ablehnung. Die Eltern versuchen es mit einem neuen, vielleicht etwas angepassten Angebot, doch auch das kann vom Kind abgelehnt werden. Dieser Kreislauf zeigt: Ganz so einfach ist die Vorstellung von Erziehung nicht, wenn das Kind nicht mitmachen möchte oder sogar ganz bewusst gegen dieses fremd auferlegte Ziel steuert.

Andreas beschreibt seinen Erziehungsstil als »bindungsorientiert«. Seine ehemalige Partnerin und er haben sich getrennt, als ihr gemeinsamer Sohn Luke zwei Jahre alt war. Nachdem sie zunächst ein Residenzmodell hatten und Luke vorwiegend bei seiner Mutter lebte, haben sie seit Schulbeginn das Wechselmodell, und Luke (jetzt 7) pendelt wöchentlich zwischen den Eltern, was laut Andreas eigentlich auch gut für alle funktioniert. Doch nach der Schule, wenn es um das Erledigen der Hausaufgaben geht, hat Andreas ein beständiges Problem: Luke soll die Hausaufgaben gleich nach der Schule machen, möchte das aber nicht. Andreas hat ihm hierfür einen schönen eigenen Schreibtisch gekauft, oft gibt es auch eine Besonderheit wie einen besonderen Radiergummi oder Ähnliches. Wenn er am Schreibtisch sitzt, spielen sich immer die gleichen Szenen ab: Luke sagt, er müsse erst etwas essen/trinken/auf Toilette. Andreas stimmt dem selbstverständlich zu, bittet danach aber wieder um die Erledigung der Hausaufgaben. Nun möchte Luke wieder etwas anderes. Das Spiel setzt sich fort, manchmal erklärt Luke, er hätte Bauchschmerzen und müsse sich ausruhen. Andreas ist der Schulerfolg seines Sohnes sehr wichtig. Er möchte, dass Luke »frisch aus der Schule« die Aufgaben erledigt, »weil er dann noch gedanklich drin ist«, und er versteht nicht, warum das nicht funktioniert. Ungewollt wird er zunehmend ungeduldiger und verärgerter, und oft endet die Diskussion in einem »Wenn du das jetzt nicht machst, kannst du nachher auch nicht mit der Switch spielen«. Ein Druckmittel, denn die Spielekonsole gibt es bei Lukes Mutter nicht. Eigentlich möchte Andreas gar nicht mit diesem Druck arbeiten, er hat aber Angst, dass sein Sohn sich sonst keine Mühe gibt. Die Situation entspannt sich erst, als Andreas endlich anerkennt, dass Luke anders lernt und arbeitet als er; dass er nach der Schule eine Ruhe-

pause braucht und sich erholen, vielleicht auch erst mal im wechselnden Wohnort ankommen muss. Es geht nicht darum, dass Luke die Hausaufgaben nicht macht, sondern es geht um die Art, die zu seinem Lernen und Verarbeiten passt.

Kinder wollen das tun, was gerade in ihren Entwicklungsplan passt, was sie gerade lernen wollen, worin sie gerade versunken sind, was ihnen Spaß macht. Schon in der Babyzeit verfolgen Kinder ihre eigenen Entwicklungspläne, in denen die Fertigkeiten aufeinander abgestimmt sind und die Eigenmotivation der Motor der Entwicklung ist: Das kleine Baby liegt auf dem Rücken, streckt die Beine in die Luft und schwingt sich zu einer Seite, dann wieder zur Mitte, zur anderen Seite. Es ist angestrengt, denn es trainiert in diesem Moment die Muskulatur und Bewegungsabläufe. Wir Eltern beobachten es, nehmen vielleicht das leichte Seufzen wahr und denken: »Es möchte sich so gerne umdrehen, aber es kann noch nicht. Ich helfe einmal nach!« Dabei wollte das Kind gerade lernen und seine Fertigkeiten ausbilden. Als Eltern haben wir diesen Weg jetzt abgekürzt, aber wir haben dabei auch das Spiel und Lernen unterbunden, die Freude über die Selbstwirksamkeit, wenn das Kind es aus eigenem Antrieb schafft. Zudem benötigt es die Muskulatur für die weiteren Aufgaben der Motorik.

Das Kind lernt aufbauend auf dem, was es schon weiß, etwas Neues hinzu, setzt sich mit dem, was es an neuen Informationen aus der Umwelt aufnimmt, auseinander. Findet es eine neue Herausforderung, die an das Bestehende angeknüpft werden kann, um die Fähigkeiten auszubauen (und dies sowohl auf der Handlungsebene als auch ganz konkret im Gehirn an bestehende Nervenverbindungen), kommt es in einen »Flow« – einen Zustand der mentalen Vertiefung. Lernt es dabei und erlebt sich als selbstwirksam, werden Glückshormone ausgeschüttet. Wir alle kennen diese Zustände von unseren Kindern, wenn sie in etwas vertieft sind und scheinbar nichts von der Außenwelt wahrnehmen. Gerade bei kleinen Kindern erschließt sich uns Erwachsenen nicht immer der Grund für dieses Handeln: Wir sind genervt davon, dass das Kind x-mal den Löffel auf den Boden fallen lässt, und sehen nicht, dass es gerade die Schwerkraft kennenlernt. Wir ärgern uns, weil das Kind in großen Kreisen hingebungsvoll mit Wachsstiften auf dem Fußboden malt, weil es gerade Schwungübungen macht und seine Feinmotorik verfeinert. Und vor allem verstehen wir nicht, was genau das Problem ist, wenn wir das Kind im Spiel unterbrechen und erklären, dass wir nun losmüssen. Anstatt das Kind zu Ende spielen zu lassen, unterbrechen wir es abrupt. Anstatt das Kind selbst lernen zu lassen, greifen wir ein und sagen und zeigen,»wie es richtig geht« und wie dieses oder jenes richtig benutzt wird. Wir warten nicht ab, sondern handeln. Damit stören wir nicht nur das Lernen des Kindes und unterbinden seine tiefe, echte Auseinandersetzung mit einem Thema, sondern verärgern natürlich auch das Kind, das seiner Entwicklungsmöglichkeit beraubt wird. Greifen wir allzu häufig ein, zeigen, erklären und pädagogisieren immer wieder, lernt das Kind nicht, selbstwirksam zu sein, es erfährt sich als abhängig von den Erwachsenen, lernt nicht, mit Frustration umzugehen und Neues auszuprobieren. Und genau das ruft in späteren Jahren wieder Konflikte mit den Eltern hervor, wenn sie von ihrem Kind einfordern, ob es nicht»endlich mal etwas alleine schaffen könnte« und dass es »sich nicht immer so anstellen« soll. Kindliches Verhalten ist meistens sinnvoll. Dies können wir uns immer wieder vor Augen halten, wenn wir verärgert oder einfach nur verwundert über das kindliche Handeln sind.

Aus der scheinbar sicheren Position heraus, zu denken, dass wir es besser wissen und unsere Sicht, unsere Termine, unsere Leitgedanken wichtiger und besser sind, handeln wir – bewusst oder unbewusst – gegen das Kind. Je mehr es sich gegen uns aufbäumt, weil wir ihm sein Entwicklungspotenzial nehmen, und je hilfloser wir uns fühlen, weil es nicht reagiert, desto eher wenden wir bestimmte Methoden an, um das Kind zum Einlenken zu bewegen. Das ist nicht nur für das Kind anstrengend, sondern auch für uns Eltern, denn es ist erschöpfend, gegen den kindlichen Willen arbeiten zu müssen. Und keiner mag es, immer wieder abgelehnt zu werden. Vielleicht kommt bewusst oder unbewusst sogar der Gedanke in uns auf, dass wir Erwachsene uns doch nicht von einem kleinen Kind unser Leben vorschreiben lassen wollen. So weit kommt es noch! Auf einmal haben wir Angst davor, die Kontrolle zu verlieren und uns ohnmächtig ausgeliefert zu fühlen, wir wollen keine Kompromisse eingehen, sondern an unseren Vorstellungen festhalten. Unnachgiebig fordern wir, dass sich das Kind an die Verabredung, Regel oder Routine halten soll. Vielleicht fühlen wir uns aber auch unterlegen und versuchen, dieses Gefühl loszuwerden, indem wir das Kind abwerten und uns über das Verhalten des Kindes lustig machen. Je nach persönlichen Erfahrungen haben wir unterschiedliche Schutzstrategien entwickelt, um mit dem Gefühl, gerade nichts ausrichten zu können, umzugehen. Gemeinsam ist ihnen lediglich: Wir verletzen das Kind, wir stören unsere Beziehung zu ihm *und* wir sind davon letztlich total erschöpft. Wir sind erschöpft, weil das Kind nicht hört, weil wir doch eigentlich gar nicht so handeln wollten und weil es einfach unglaublich viel emotionale Kraft kostet.

Reflexion: Realität und Interpretation

Aus dem Blickwinkel von uns Erwachsenen erscheint uns vieles, was Kinder tun, nicht logisch. Aber Kinder haben ihre eigenen Motivationen und Logiken. Obwohl wir das wissen, tappen wir immer wieder in die Falle. Es hilft uns allerdings, wenn wir uns durch Reflexion schlecht gelaufener Situationen in dem Wissen stärken, dass Machtkämpfe nicht sinnvoll sind. Unser tief verinnerlichtes Bild vom Kind, dem Machtgefälle zwischen Eltern und Kindern und der angestrebten Folgsamkeit spielt unserem Gehirn einen Lösungsansatz vor, der so nicht funktioniert. Und wir interpretieren in das Handeln des Kindes etwas hinein, was es dort gar nicht gibt. Hilfreich ist es, wenn wir Situationen wirklich entschlüsseln. Je öfter wir uns für eine solche Aufschlüsselung Zeit nehmen, desto mehr geht sie in unser Denken über, und desto leichter fällt es uns zukünftig, erst zu analysieren. Dafür kannst du folgendermaßen vorgehen:

1. Denke an eine konflikthafte Situation mit deinem Kind, in der das Kind etwas anderes wollte als du.
2. Notiere, was deine Interpretation des Anliegens deines Kindes war.
3. Warum interpretierst du das Anliegen deines Kindes so? Welche Einstellung, welcher Glaubenssatz über kindliches Verhalten steht dahinter?
4. Welche anderen Erklärungen könnte es für das Verhalten deines Kindes geben?

Unklare Vorbilder

Aber nicht nur die »Arbeit« gegen den Willen des Kindes macht es uns schwer: Manchmal verstehen sie schlichtweg nicht, was wir eigentlich von ihnen wollen. Wir sind der Kompass, an dem sich unsere Kinder in den frühen Jahren orientieren, bevor die Peergroup übernimmt. Der Kompass der Kinder orientiert sich aber nicht an unseren eigenen Vorstellungen, unseren Gedanken von »richtig« oder »falsch«, sondern an unseren ganz konkreten Handlungen. Oft haben Eltern den bewussten oder unbewussten Wunsch, dass die Kinder sich besser verhalten als sie selbst, häufig verbunden mit einer Zukunftsorientierung wie: »Ich wünsche mir, dass du später mal mehr Selbstbewusstsein hast als ich.« In der Konsequenz versuchen sie, dieses Selbstbewusstsein in passenden Situationen vom Kind einzufordern: »Du sollst dich doch nicht immer so unter den Scheffel stellen!«, »Jetzt sei aber mal stolz auf dich, du musst dich doch nicht schämen!« Dies fordern sie, während sie dem Kind zu Hause vorleben: »Verdammt, ich bin einfach zu blöd dafür, das kriege ich nicht hin!«, oder: »Ach, das ist doch nichts. Da musst du dich doch nicht für bedanken.« Das Kind bekommt so ganz unterschiedliche Anweisungen: Es soll etwas sein, wofür es kein Vorbildverhalten findet, und soll gleichzeitig unterlassen, was es als Vorbild jeden Tag sieht. Ohne die Reflexion des eigenen Verhaltens rennen Eltern so immer wieder gegen eine selbst aufgerichtete Mauer und fordern und fordern, ohne zu verstehen, dass das Kind diese Anforderung nicht gut bewältigen kann. Erziehung ist zwar nicht nur »Beispiel und Liebe – sonst nichts«, wie Friedrich Fröbel sagte, aber das Beispiel- oder Vorbildsein ist ein sehr wichtiges Element im Zusammenleben zwischen Eltern und Kindern.

Wie Kinder an unsere Vergangenheit rühren

Aber nicht nur in Bezug auf den Willen des Kindes sind wir in der Erziehung gar nicht so frei, wie wir manchmal denken, sondern auch in Bezug auf unsere eigenen Gedanken, Erwartungen und Wünsche. Sie sind geprägt durch unsere eigene Entwicklung und durch die Kultur, in der wir aufgewachsen sind. Und so stoßen wir immer wieder auf Probleme: In unserer Vorstellung ist doch alles ganz klar und logisch, warum nur klappt es mit der Umsetzung nicht immer? Warum verhalten wir uns selbst ganz anders, sagen andere Dinge, als wir eigentlich wollen? Eigentlich möchte Andreas doch gar nicht mit Druck und »Wenn-danns« arbeiten, aber irgendwie schleicht es sich doch immer wieder ein. Wir fragen uns, warum wir eigentlich nicht das leben können, was wir uns vorgenommen haben.

Wir alle kennen diesen erschrockenen Gedanken: »Jetzt höre ich mich an wie meine Mutter/mein Vater!« Wir ertappen uns dabei, kurz nachdem wir etwas ausgesprochen haben, das wir eigentlich nicht sagen wollten. Etwas, das wir eigentlich immer ausgeschlossen hatten, denn »ich will nie so sein« oder »ich will nicht so uncool reagieren wie meine Eltern«. Und dann passiert es doch. Oft gar nicht aus einer Absicht heraus, sondern weil uns eine Situation überfordert. Manchmal wissen wir nicht einmal, woher diese Sätze, Gedanken und Handlungen denn überhaupt kommen, die da auf einmal in uns aufsteigen. Manchmal sind es auch nicht einzelne Situationen, sondern wir fragen uns: »Warum kann ich eigentlich nicht entspannt bleiben, wenn …«, oder: »Warum nervt es mich nur so, wenn das Kind mit dem Essen herumspielt? Eigentlich ist es nicht schlimm, aber irgendwie kann ich das nicht ertragen.«

Tatsächlich sind wir – besonders in stressigen Situationen – weniger frei in unseren Gedanken und Handlungen, als wir manchmal denken. Die Psychologin und Therapeutin Stefanie Stahl erklärt in ihrem Bestseller *Das Kind in dir muss Heimat finden*, wie wir alle durch die Erfahrungen unserer Kindheit geprägt wurden, die sich tief in uns festsetzen: »Die ersten Lebensjahre in der Entwicklung eines Menschen sind deshalb so wichtig, weil sich in dieser Zeit seine Gehirnstruktur mit ihren ganzen neuronalen Netzen und Verschaltungen herausbildet. Die Erfahrungen, die wir in dieser Entwicklungsphase mit unseren nahen Bezugspersonen machen, spuren sich deswegen tief in unser Gehirn ein.«[34] Die Erziehungserfahrungen, die wir selbst machen, prägen sich in den ersten Jahren in uns ein und bestimmen, wie wir uns selbst sehen und wahrnehmen. Werden wir bestraft oder werden wir durch Lob zu einem bestimmten Verhalten gedrängt, ändert sich dadurch das Bild von uns selbst: Wir lernen, ob wir erwünscht sind oder nicht, verinnerlichen, ob wir nutzlos sind oder nur dann akzeptiert werden, wenn wir bestimmte Auflagen erfüllen. So wird durch die Art des Umgangs mit uns unser Selbstbild geprägt, aber auch unser eigenes späteres Verhalten und die Glaubenssätze, die uns in unserem erwachsenen Verhalten leiten: beispielsweise, ob wir wütend sein dürfen oder nicht,[35] ob wir uns anderen anpassen müssen oder es wert sind, eigene Meinungen zu vertreten und für uns selbst einzustehen. Und nicht nur das: Einige Glaubenssätze und Verhaltensweisen werden so fest in uns verankert, dass sie auch später unser eigenes Handeln leiten.

Tanja, Mutter der dreijährigen Emma, erzählt in Bezug auf das Essverhalten ihrer Tochter: »Es ist ja nicht so, dass ich Emma zum Essen zwingen würde. Als ich Kind war, musste ich noch so lange am Tisch sitzen, bis ich aufgegessen hatte. Im Kindergarten wurde uns das Essen einfach in den Mund geschoben. Da gab es kein

›Will ich nicht‹. *Da wurde gegessen, was auf den Tisch kam und bis der Teller leer war. Wenn Emma sich weigert, mal zu probieren, macht mich das wahnsinnig. Ich will nur, dass sie ein Probehäppchen nimmt, bevor sie etwas ablehnt! Das ist ja nun wirklich nicht schlimm! Erst wenn wenigstens mal probiert wurde, darf aufgestanden werden.«* Tanja sieht nicht, dass auch das Beharren auf ein Probehäppchen Zwang ist und wie sehr ihre eigenen Erlebnisse sie geformt haben, wie auch ihren Blick auf das, was »schlimm« ist: Durch ihre eigene negative Erfahrung und ihr eigenes Trauma beurteilt sie die Belastung ihrer Tochter falsch, die in der Folge davon lernt, ihr eigenes Problem als trivial zu betrachten. Diese Trivialisierung findet sich bei traumatisierten Eltern nicht selten in dem Gedanken oder auch in den Worten »Was ist denn … schon im Vergleich zu …« Dieser Verlust von Einfühlung wirkt sich nicht nur auf das Essverhalten aus, sondern auch auf die Beziehung.

In einigen Situationen kommen die erlernten und verinnerlichten Handlungen und Glaubenssätze besonders durch: Wir werden getriggert. Das, was wir im Verlauf unseres Lebens als gefährlich abgespeichert haben, befindet sich als Erinnerung im limbischen System unseres Gehirns. Der Mandelkern, ein Teil des limbischen Systems, speichert die dazugehörigen Emotionen und Details, die damit in Verbindung standen. Wurden wir als Kind mit einem Kochlöffel geschlagen, kann ein fest in der Hand einer anderen Person gehaltener Kochlöffel in uns ein Gefühl von Bedrohung auslösen – auch dann, wenn diese andere Person eine liebevolle, umsorgende und nie gewalttätige Bezugsperson ist. Stuft unser Gehirn ein Ereignis als gefährlich ein, gehen Nervenimpulse an andere Gehirnregionen, wo abgespeicherte Handlungsmuster aktiviert werden. In dem Kochlöffelbeispiel schrecken wir vielleicht kurz zurück. Unser Körper reagiert unwillkürlich mit Anspannung der Muskulatur, erhöhtem Blutdruck, vielleicht haben wir auch das Gefühl, Blase oder Darm entleeren zu müssen (wir haben »Schiss«): Wir reagieren mit einer instinktiven Kampf- oder Fluchtreaktion. Aber nicht nur Erwachsene, sondern auch das eigene Kind können eine solche Reaktion in uns hervorrufen. Wenn es schreit, beißt, uns schlägt oder etwas anderes tut, was in uns irgendwelche negativen Erinnerungen wachruft, reagieren wir mit Angst. Das Verhalten des eigenen Kindes erscheint als ebenso gefährlich wie das, das wir erinnert haben. Und wir reagieren mit einem Verhalten, das wir ebenfalls als sinnvoll aus der Kindheit abgespeichert haben. So kommt es, dass vor uns großen, wissenden Erwachsenen eigentlich nur unser eigenes kleines Kind steht, das gerade wütend, traurig oder verletzt ist und keine Gefahr für uns darstellt, und wir auf das Verhalten unseres Kindes völlig überzogen reagieren, indem wir es anschreien oder sogar handgreiflich werden. Erst nach der konkreten Stresssituation, wenn unser Großhirn wieder arbeitet, merken wir, dass das wirklich überhaupt nicht passend war, was wir gerade getan haben. Wir entschuldigen uns – und trotzdem kann es immer wieder passieren, dass wir in diese Situation gelangen.

Nicht alle Erwachsenen reagieren laut und offensichtlich gewaltvoll. Manche heutigen Erwachsenen haben auch anderes gelernt: Sie werden in solchen Situationen ganz still und ziehen sich zurück. Das wütende Kleinkind wird nicht aufgefangen oder bekommt einen guten Umgang mit der Situation gezeigt, sondern erhält einfach überhaupt kein Feedback, weil die erwachsene Person selbst nicht lernen durfte, mit ihrer Wut umzugehen, sondern gelernt hat, dieses Gefühl zu unterbinden und sich in wütenden Situationen zurückzuziehen.

Sonja ist verzweifelt über das Verhalten ihres Sohnes Ben. Sie dachte, sie hätten die so genannte »Trotzphase« mit fünf Jahren endlich hinter sich gelassen. Aber Ben hat weiterhin furchtbare Wutanfälle. Er wirft sich nicht nur auf den Boden, schreit und trampelt, sondern er schmeißt auch Sachen in der Gegend herum. Als das Smartphone von Sonja bei einem Wutanfall kaputtgeht, ist sie der Meinung, dass es so nicht weitergehen kann. Dabei hat sie das Gefühl, genau das zu machen, was in der Literatur empfohlen wird: Sie wird niemals richtig sauer, schreit nicht, macht ihm keine Vorwürfe, sondern versucht, ganz verständnisvoll zu sein und alles »auszuhalten, bis es eben vorbei ist«. Damit wiederholt sie ein verinnerlichtes Verhalten in Konfliktsituationen: Schon als Kind durfte sie nicht laut sein, lautes Aufbäumen wurde mit »Ich geb dir gleich einen Grund zu weinen!« bestraft, und sie lernte, alles still auszuhalten. Ben hingegen fehlt das Feedback und die Hilfe bei der Regulation. Er konnte bisher nicht lernen, mit seiner Wut umzugehen. Er braucht zwar kein Geschrei, aber ein authentisches Feedback und eine Co-Regulation durch seine Mutter.

Es gibt eine große Bandbreite an möglichen Reaktionen, doch viele Eltern bewegen sich vor allem in den Extrembereichen: Entweder reagieren sie mit Wut, Zorn, Schreien und körperlicher Gewalt oder mit Stille und Rückzug. Das Verhalten ist nicht frei gewählt, sondern von den eigenen Erfahrungen beeinflusst, und es erschwert den Umgang mit den eigenen Kindern im Heute und Jetzt. Die Psychotherapeutin Philippa Perry beschreibt, wie unsere Kinder uns auf körperlicher Ebene an die Emotionen erinnern, die wir durchgemacht haben, als wir in einem ähnlichen Stadium wie das Kind waren.[36] Setzen wir uns nicht mit den Gefühlen auseinander, die das Kind in uns weckt, entziehen wir uns dem Kind emotional und beginnen, das Kind dafür zu bestrafen, was es in uns selbst hervorgerufen hat.

Auch wenn wir es eigentlich anders machen wollen, fällt dann dieses »anders« sehr schwer, bis wir die Ursache nicht mehr beim Kind suchen, sondern beginnen, uns mit uns selbst und unserer Geschichte auseinanderzusetzen und den eigenen Emotionen und ihrer Herkunft wirklich nachzuspüren.

Auch eine schöne Kindheit hat ihre Tücken

Selbst wenn wir in einer für uns liebevollen Kernfamilie aufgewachsen sind, haben wir von ihr vielleicht Ansichten, Verhaltensweisen und Glaubenssätze übernommen, die uns heute das bedingungslose Annehmen unserer Kinder vielleicht schwer machen – möglicherweise in Punkten, die bei uns selbst nicht problematisch waren, die wir aber in unser Denken über andere aufgenommen haben. Auch das kann dazu führen, dass wir in unserem Verhalten weniger frei sind, als wir annehmen (wollen).

Erziehung passiert nicht in einem luftleeren Raum, sie ist eingebettet in die allgemeine Sozialisation, und wir müssen ein wenig zwischen Erziehung und Sozialisation unterscheiden: Wir alle entwickeln uns in Abhängigkeit und unter Beeinflussung unserer Umwelt und der darin enthaltenen materiellen, aber auch sozialen Faktoren.[37] Bedenken wir beispielsweise, für wie viele Eltern Pippi Langstrumpf zu einer Insel gereist ist, deren Bewohner in einer Weise bezeichnet wurden, von der wir heute wissen, dass sie rassistisch ist. So haben sich – nicht nur über diese Geschichte – auch viele andere Details in uns so eingeprägt, dass heute anerkannt werden muss, dass Weiße Rassismus internalisiert haben.[38] Wir sind uns bei vielen Handlungen und Gedanken nicht dessen bewusst, dass wir unsere Kinder indirekt beeinflussen. Der Soziologe und Rassismusforscher Wolf D. Hund hält beispielsweise fest, dass selbst Kinderlieder wie »Schwarze, Weiße, Rote, Gelbe – Gott hat sie alle lieb« Rassismus weiter befördern, weil es in die Köpfe der Kinder erst implementiert, dass es diese Unterschiede überhaupt gibt. Es ist nicht einfach und zudem auch schambehaftet, sich dies vor Augen zu führen: Schließlich möchte niemand, der sich nicht selbst dazuzählt, als Rassist*in bezeichnet werden. Aber eine Verleugnung dessen hilft uns, unseren Kindern und der Beseitigung von Gewalt in unserer Gesellschaft nicht weiter. Alle Formen von Diskriminierung sind auch ein Ergebnis von Erziehung, von Einflussnahme auf das Kind, seine Weltsicht und sein zukünftiges Verhalten. Was wir (unbewusst) transportieren, wirkt sich auf unser Kind, seine Freundschaften, Beziehungen, seine Toleranz, sein Sicherheitsgefühl und die Aufgeschlossenheit anderem und Neuem gegenüber aus. Auch wenn wir bindungsorientiert aufgewachsen sind, bedeutet das nicht, dass wir von Vorurteilen frei sind. Es sind zwei unterschiedliche Paar Schuhe, wie sich unsere Eltern uns gegenüber verhalten haben, wie liebevoll und wohlwollend sie waren und wie sie sich »dem anderen« gewidmet haben.

Sandra ist in einer Familie aufgewachsen, die sie selbst als bedürfnisorientiert beschreibt: Sie wurde schon damals vor 37 Jahren von beiden Eltern in einer Tragehilfe getragen, durfte bei den Eltern lange mit im Bett schlafen, wurde nicht bestraft oder geschlagen. Sie hat ihre Kindheit positiv in Erinnerung. Woran sie sich allerdings mit einem unguten Gefühl erinnert: Ihre Mutter erklärte ihr am Anfang der Pubertät, dass sie »nicht mit einem Schwarzen nach Hause kommen solle«. Sie hat sich später in ihrer Jugend mit Rassismus beschäftigt und deutlich gegen ihre Eltern in politischen Fragen Stellung bezogen. Dennoch fiel es ihr schwer, selbst zu akzeptieren, dass ihre pubertierende Tochter einen Freund mit einer anderen Hautfarbe wählte, obwohl sie selbst nie negative Erfahrungen gemacht hat.

Auch heute sehen wir, dass bindungs- und bedürfnisorientierte Sichtweisen durchaus – und in Bezug auf bestimmte Theorien und Forschungsansätze sogar besonders – in rassistischen Gruppierungen und Netzwerken vertreten sind.[39] »Alle Menschen sind vorurteilsbehaftet und begrenzt durch ihre Erfahrungen. Wenn aber bestimmte Perspektiven – etwa die weißer Europäer*innen oder Nordamerikaner*innen – privilegiert werden über andere, wenn ihre eingeschränkte Perspektive hegemonialen Anspruch gewinnt, dann verlieren andere Perspektiven und Erfahrungen ihren Geltungsanspruch. Es ist, als würden sie nicht existieren«, beschreibt die Aktivistin Kübra Gümüşay unsere weit verbreitete Haltung.

Auch Ableismus, die Diskriminierung von Menschen mit Behinderung, oder Ageismus, die Diskriminierung alter Menschen, sind tief in uns verankert, ebenso wie Sexismus und andere diskriminierende Denkweisen – wir haben sie über viele Jahrzehnte tröpfchenweise aufgenommen und uns daran gewöhnt, sodass wir sie teilweise nicht erkennen und deswegen ungefiltert weitertragen. Wir begegnen diskriminierenden Darstellungen in der Werbung, in Spielwaren, in Zeitschriften und Kinderbüchern – in der uns umgebenden Kultur und eben auch in unseren Familien, in die sie über andere Medien oder Generationen weitergegeben werden. Wie viele der heutigen Elterngeneration haben als Jugendliche ganz selbstverständlich gesagt: »Das ist voll schwul, ey!«, wenn ihnen etwas nicht gefallen hat, rufen noch immer im Straßenverkehr aus dem Autofenster: »Bist du behindert, Alter?«, oder machen bei einer introvertierten Person Scherze darüber, dass das »voll der Autist« sei. Selbst wenn wir nicht unter solchen Aussagen gelitten haben, wenn es uns nicht betrifft, ist all dies durch Eltern, Familie und Kultur in uns verankert. Wir geben mit unseren Worten Inhalte und Informationen weiter und erzeugen dadurch auch Abneigung und Ausgrenzung. Allein durch die Worte und Denkweisen, die wir verbreiten. Bereits weiter oben haben wir gesehen: Unsere Handlungen, Sätze und unser beispielhaftes Verhalten sind wichtiger für unsere Kinder als unsere gedanklichen Leitsterne. Wenn wir unsere Kinder vorurteilsfrei begleiten wollen, müssen wir zunächst die Vorurteile hinterfragen, die in uns selbst verankert sind.

Wir sind nicht so frei in unserem Denken, wie wir meinen. Und diese fehlende Freiheit, Bedingungslosigkeit und Offenheit gegenüber anderem macht es uns als Eltern schwer, vorurteils- und bedingungslos unseren Kindern gegenüber aufzutreten, wenn wir uns nicht aktiv damit auseinandersetzen. Der Sozialpsychologe John Bargh erklärt in seinem Buch *Vor dem Denken*, wie unser Denken und Handeln durch verschiedene Faktoren beeinflusst wird, derer wir uns nicht immer bewusst sind, und dass Kinder schon im Vorschulalter Stereotype verinnerlichen, die ihr Selbst- und Fremdbild prägen. Wir erziehen unsere Kinder nicht zu ihrem Wohl, wenn wir ihnen solche Stereotype als Richtschnur für ihr Leben mitgeben. In einer globalisierten Gesellschaft, in einer Zeit der internationalen Staatenbündnisse helfen wir unseren Kindern nicht, wenn wir ihnen tradierte Bilder und Vorstellungen weitergeben. John Bargh schreibt, dass unser freier Wille begrenzt ist und wir erst, wenn wir das akzeptieren, Handlungsweisen und unser Denken ändern können: »Wenn wir uns die Zeit nehmen, nachzudenken – oder einen neugierigen Partner haben oder eine Therapie machen –, können wir sehen, dass die Vergangenheit unsere gegenwärtigen Gedanken und Handlungen prägt.«[40]

Es gibt Werte, die heute wichtig sind, die wir aber vielleicht selbst nicht erlernt haben, weil sie früher noch nicht eine solche Rolle spielten bzw. spielen durften wie heute – wie beispielsweise Umweltbewusstsein, Nachhaltigkeit, Menschen- und Kinderrechte. Auf der anderen Seite sind vielleicht bestimmte Einstellungen und Werte, die in unserer Kindheit noch wichtig waren, zurückgetreten, wie beispielsweise der Materialismus. Und es gibt ganz unterschwellige Themen in unseren Familien, vielleicht durch Krieg, Flucht, Missbrauch oder anderes, die nie offen ausgesprochen wurden, die sich aber in unserer Familie von Generation zu Generation fortgesetzt haben und Gedanken und Verhalten prägen. Und deswegen ist es auch gar nicht so einfach für uns, selbst einzuschätzen, was unsere Kinder brauchen und wie sie erzogen werden sollen, denn wir selbst sind teilweise ganz anders aufgewachsen.

Und auch in einem anderen Punkt bewahrt uns die eigene, schöne Kindheit nicht vor übergriffigem Verhalten: Nahezu alle Eltern unserer Generation wurden so sozialisiert, dass die Last der Familie allein auf den Schultern der Eltern liegt, was zu Erschöpfung und Überforderung führen kann, sodass eigentlich liebevolle Eltern aus Stress heraus anders reagieren, als sie wollen. Und wir alle sind in Strukturen groß geworden, in denen Fehler eher nicht erlaubt waren und Eltern möglichst perfekt sein sollten. Kinder nehmen all das auf: die absichtsvollen Handlungen und die verborgenen Haltungen. Damit sind sie auch Teil unserer eigenen Prägungen.

Reflexion: Aufdeckung von Diskriminierungsdenken

Es ist schwer, in uns verankerte Formen von Diskriminierung aufzudecken, und diese Übung soll nicht den Anschein erwecken, sie könnte dies gänzlich vollbringen. Aber wir können einen Anfang machen, indem wir uns unseren eigenen Denkweisen nähern und ergründen, welche Gedanken und Erfahrungen uns in der eigenen Kindheit geprägt haben. Wo sind wir auf verschiedene Arten von Diskriminierung gestoßen?
Im nächsten Schritt können wir uns dem Heute zuwenden und prüfen, inwieweit wir die Pluralität der Gesellschaft mit Wert-

schätzung in unseren Alltag mit Kindern einbringen: Haben wir Kinderbücher, die auf natürliche Weise die Vielfalt der Gesellschaft abbilden? Gibt es unterschiedliche Spielfiguren in Alter, Hautfarbe und anderen Merkmalen? Bezeichnen wir mit »Hautfarbe« nur den einen Buntstift, der unserer Hautfarbe gleicht, oder haben wir eine Vielfalt an Hautfarbenstiften?

Die Wurzeln der Erziehungsprobleme

Wir sehen also: Wir sind uns des Problems der Erziehung schon lange bewusst und wissen, dass das Verbiegen von Kindern, der Druck und psychische und physische Gewalt Kindern schaden. Wir haben mittlerweile – nach langem Ringen – sogar das Recht auf Gewaltfreiheit für Kinder erwirkt. Und dennoch basiert unsere Erziehung noch immer in wesentlichen Teilen auf Druck, Anpassung und – wir müssen die Dinge bei dem Namen nennen, den sie haben – auf Gewalt. Obwohl wir es anders wissen, obwohl wir uns der Schäden dieses Handelns zumindest oberflächlich bewusst sind, haben wir es immer noch nicht geschafft, unser Wissen über die Bedeutung eines anderen Handelns in die Praxis umzusetzen. Wir versuchen oft, ein bestimmtes Verhaltensmanagement anzuwenden, probieren bestimmte Methoden aus: um unsere Kinder weniger anzuschreien oder unsere Wut zu veratmen, wir nutzen Schlaf- und Beikostprogramme, die uns Schritt für Schritt anleiten.

Doch viele der Probleme, die wir in Bezug auf Erziehung haben, kommen aus unserer Vergangenheit. Sie haben sich in uns festgesetzt, sind Teil der Netzwerke in unseren Denkvorgängen. Wenn wir anders handeln, als wir wollen, nehmen unsere Gedanken immer wieder die falsche Abzweigung, weil sie so geprägt wurden. Das ist keine Entschuldigung dafür, es erklärt aber, dass der Weg zu dem »anders« schwierig und voller Hindernisse ist. Die amerikanische Psychologin Susan Forward umschreibt es in ihrem Bestseller *Vergiftete Kindheit* so passend mit den Worten: »Sie sind nicht dafür verantwortlich, was man Ihnen als wehrloses Kind antat! Sie sind dafür verantwortlich, etwas dagegen zu tun!«[41] Um unsere Handlungen zu ändern, müssen wir auch unsere Denkstrukturen ändern. Das geht leider nicht mit ein paar tiefen Atemzügen oder Bis-20-Zählen. Es geht durch Reflexion, bewusste Gedanken und andere Vorbilder, an denen wir uns orientieren können. Aber das Aufspüren der eigenen Hindernisse ist der erste schwierige Teil. Und die persönliche, eigene Vergangenheit ist nur die Spitze des Eisbergs. Der wesentlich größere Teil des Problems, den wir noch gar nicht angesehen haben und auf den wir noch viel seltener schauen, liegt unter der Wasseroberfläche: Es ist die dunkle Vergangenheit, die noch vor unserer eigenen liegt. Verborgen ist sie ein Teil von uns, denn wir sind mit ihr, in ihr, aus ihr gewachsen. »Die Wurzeln der pädagogischen Gegenwartsprobleme reichen oft sogar tief in den historischen Boden hinein«[42], erklärt Prof. Albert Reble in seiner *Geschichte der Pädagogik*. Es sind nämlich nicht nur die Sätze und Handlungen unserer eigenen Eltern, die da in uns ihre Wurzeln geschlagen haben, sondern es ist eine ganze Kulturgeschichte von Erziehung und Kindheit, die dazu geführt hat, wie wir heute denken und handeln. Aus diesem Grund fällt es uns so unglaublich schwer, Kinder anzuerkennen und Individualität, Bindungsfokus und Selbstbestimmung von Kindern zuzulassen.

Auf dem Weg zu diesem Ziel, Kinder in ihren Bedürfnissen und in ihrer Unterschiedlichkeit wirklich zu sehen und wertzuschätzen, damit sie frei und unverbogen aufwachsen können, müssen wir verstehen, warum nicht nur wir so denken und handeln, wie wir es tun, sondern warum in unserer gesamten Gesellschaft eine so wenig kinderfreundliche Haltung existiert. Es ist nicht nur von uns aus schwer, aus unserem eigenen Denken und unserer eigenen Vergangenheit herauszukommen. Es ist auch schwer, weil diese Gedanken um uns herum unreflektiert weitergetragen werden und wir an nahezu allen Stellen der Gesellschaft darauf stoßen, dass Kinder eben keine eigenen Rechte haben, dass sie sich anpassen und unterordnen müssen, dass ihre Individualität vor allem stört. Wer dies zu hinterfragen und anders zu denken beginnt, wird zum Außenseiter, zum Spinner, zum verziehenden Elternteil. Denn alles andere würde ja bedeuten, sich selbst mit der eigenen Vergangenheit auseinandersetzen zu müssen, Wunden aufzudecken, die man nicht sehen möchte und von denen man vielleicht nicht einmal wusste, dass sie da sind. Ablehnung bedeutet Schutz vor den eigenen Verletzungen. Doch diese Ablehnung bringt uns als Gesellschaft nicht weiter, und wir brauchen mehr Menschen, die sich hinterfragen, damit wir gemeinsam einen anderen Weg einschlagen können.

Lasten und Erfahrungen, die auf ein Kind einwirken:				
Geschichte/Kultur (ggf. je nach Eltern und Großeltern auch Geschichte unterschiedlicher Kulturkreise)				
Großeltern	Großeltern	Großeltern	Großeltern	ggf. weitere Großeltern
Elternteil 1		Elternteil 2		ggf. weitere Elternteile
Kind				

Reflexion: Genogramm[43]

Der Gedanke daran, dass unsere Erziehungsgedanken nicht so frei gewählt sind, wie wir es uns eigentlich wünschen, ist auf der einen Seite belastend, weil wir uns damit unterlegen fühlen. Auf der anderen Seite ist er auch entlastend, weil er die persönliche Schuld von unseren Schultern nimmt: Wir sind auch die Person, zu der wir gemacht wurden. Und das können wir ändern. Wichtig ist dafür die Bewusstmachung.

Zeichne zur Verdeutlichung dein eigenes Genogramm auf: eine Darstellung deiner Familie, Eltern, Großeltern anhand von einzelnen Kreisen. Die Kreise stehen für je eine Person in deinem Umkreis. Zeichne mit grünen Linien ein, mit wem du dich emotional gut verbunden fühlst, mit roten Linien, mit wem nicht. Zeichne eine rot gezackte Linien für viel Streit ein, eine mit einem Doppelstrich durchtrennte Linie steht für einen Kontaktabbruch. Dabei geht es nicht um Geschlechter oder Alter, sondern wir konzentrieren uns auf die Gefühle. Fülle die Kreise der einzelnen Personen mit Farbe aus: rot, wer eine gewaltvolle Kindheit erlebt hat, grün, bei wem das nicht so war. Du kannst auch andere Personen ergänzen: Lehrer*innen, Erzieher*innen etc. Lass dieses persönliche Bild auf dich wirken: Was fühlst du hierdurch, wie geht es dir mit dieser Verbildlichung?

»Freiheit bedeutet,
dass man nicht unbedingt
alles so machen muss
wie andere Menschen.«

Astrid Lindgren
―――――

ZWEI

Der lange Schatten von Erziehung

Unser Bild von Kindern und von Kindheit hat sich über die Jahrhunderte hinweg verändert, ebenso wie sich die Motive und die Ausrichtung von Erziehung verändert haben. Was ist ein Kind, und wie geht man richtig mit ihm um? Diese Frage wurde in verschiedenen Jahrhunderten ganz unterschiedlich beantwortet, und ihre jeweiligen Antworten spiegeln sich im Umgang mit dem Kind und in den Erziehungsmethoden wider. Selbst heute ist es gar nicht so einfach einzuordnen, wann genau nun ein Kind noch ein Kind ist, wenn wir zwar davon ausgehen, dass Menschen erst mit der Volljährigkeit erwachsen sind, aber Kinder ab einem Alter von 14 Jahren strafrechtlich anders belangt werden. Kindheit ist also nicht nur eine schwer zu umfassende Altersspanne, sie ist auch ein sich wandelndes Konstrukt, das von den Vorstellungen der jeweiligen Zeit und des jeweiligen Ortes geprägt ist.[1]

Kindheit und Erziehung im Wandel der Zeit

Kindheit, wie wir sie heute kennen, begreifen und in den Industrienationen[2] größtenteils leben, gibt es erst seit einer relativ kurzen Zeit innerhalb der Menschheitsgeschichte. Zwar wissen wir, dass schon in der Steinzeit und zu Wikingerzeiten Kinder mit Spielzeug gespielt haben, aber Kinder waren in ganz anderer Weise in den Alltag integriert, und es gab nicht das, was wir heute als »Schonraum Kindheit« betrachten. Der viel zitierte Historiker Philippe Ariès spricht davon, dass die Kindheit erst ab dem späten Mittelalter als Zeitspanne des Menschenlebens wirklich ausgebildet wurde und sich durch diese »Entdeckung der Kindheit« auch erst die Frage nach der »richtigen« Erziehung herausgeschält habe. Natürlich gab es auch vorher schon Pädagogik im Sinne von Bildung und der Weitergabe von Tradition und Religion. Nach Ariès aber begann mit der Moderne der Umstand, dass Kinder durch die Pädagogisierung ihrer Ungezwungenheit beraubt wurden.

Ihm gegenüber zeichnet der Sozialwissenschaftler Lloyd deMause mit anderen Historikern in seinem Buch *Hört ihr die Kinder weinen* eine Fortschrittsgeschichte der Kindheit nach: Während Kinder den Großteil der zurückliegenden Jahrhunderte unter herzloser Behandlung, Sklaverei, Kindesmord, Isolation, Prügel und anderem Missbrauch litten, habe sich ab dem 18. Jahrhundert allmählich eine menschlichere Behandlung herausgebildet. Diese unterschiedlichen Ansichten zum Thema Kindheit halten sich bis heute und führen zu erbitterten Diskussionen zwischen jenen, die unter anderem beklagen, Schulpflicht und Kindergarten wären eine Zwangsmaßnahme zur Unterdrückung und Einschränkung von Kindern, und jenen, die diese Einrichtungen als Fortschritt und großen Gewinn unserer Zeit ansehen.

Es ist schwer auszumachen, wie Eltern in früheren Jahrhunderten gegenüber ihren Kindern empfanden, aber es gibt viele Hinweise darauf, dass ihre Gefühle anders waren, anders sein mussten, und dass sich das auf den Umgang mit dem Kind und die Erziehungsmaßnahmen ausgewirkt hat. Auch früher liebten Eltern ihre Kinder, aber auf eine andere Weise, als wir es heute tun – und unter anderen Rahmenbedingungen, die sich natürlich auch im Laufe der Zeit wandelten. Beginnen wir also mit der Nachzeichnung der Geschichte der Kindheit relativ am Anfang dessen, was wir aus Texten, Bildern und Tagebüchern entnehmen können.

Das Wort Pädagogik stammt aus dem Griechischen »Paideia« und bedeutet die bildnerische Arbeit am Menschen. Ein »Paidagogos« war ein Sklave, der das (männliche) Kind nicht nur zur Schule brachte und vor Übergriffen schützen sollte, sondern – auch unter Verwendung körperlicher Strafen – von seinen Herren ermächtigt war, bestimmte Erziehungsvorstellungen durchzusetzen. In der Antike stand die körperliche und geistige Bildung im Vordergrund, sie war aber lange Zeit nur eine Möglichkeit für die Elite, obgleich sich die Sophisten dafür einsetzten, dass Bildung unabhängig von der Herkunft stattfinden sollte. Wenngleich die Sklaven für den Schutz der heranwachsenden Kinder abgestellt wurden, war Kindesmord bis zum 4. Jahrhundert weder im alten Rom noch in Griechenland strafbar, und es gibt sowohl in der griechischen und römischen Kultur als auch bei Kelten, Galliern, Ägyptern oder Skandinaviern Hinweise auf Kinderopfer; und auch körperliche Gewalt gegenüber Kindern war normal. So kann man bei Plutarch nachlesen: »… in völliger Kenntnis der Umstände opferten sie ihre eigenen Kinder, und diejenigen, die keine Kinder hatten, pflegten solche von armen Leuten zu kaufen und schnitten ihnen die Kehlen durch, als ob es Lämmer oder junge Vögel wären, während die Mutter – ohne eine Träne oder einen Seufzer – dabeistand. Falls sie aber auch nur einen einzigen Seufzer hören oder eine einzige Träne fallen ließ, musste sie das Geld zurückzahlen, und ihr Kind wurde trotzdem geopfert.«[3]

Das Christentum verändert in seinem Wirkungskreis die Bildung des Menschen hin zu mehr Humanität, etabliert eine eigene Arbeitsethik und übernimmt in weiten Teilen die Bildungs- und Kulturmacht. Dementsprechend werden im Mittelalter Kinder vor allem zu Demut, Glauben und christlicher Vollkommenheit erzogen, um ihre Rolle in der christlich-kirchlichen Gemeinschaft zu übernehmen. Aber auch das Christentum erkennt Kinder noch nicht in ihrer anderen, schützenswerten, in Bezug auf Macht unterlegenen Position: Wir finden in der Bibel Kinderopfer, Steinigungen und andere Gewalt an Kindern, und selbst der bekannte Spruch »Lasset die Kinder zu mir kommen« verweist nach deMause auf die Praxis von Heiligen, Kindern das innewohnende Böse auszutreiben. Kinder sollten in der Erziehung Angst vor Schlägen (durch den Vater) haben, aber auch nicht zu viel geschlagen werden, damit sie diesen Erziehungsmitteln gegenüber nicht abstumpften.[4] Viele dieser christlichen Werte und Gedanken sind auch heute noch Teil der Erziehung und wirken sich auf das Erziehungsverhalten aus, wie wir noch sehen werden. Gerade die Idee der Erbsünde und das Gebot, Vater und Mutter zu ehren, wirken sich immer noch nachhaltig auf Erziehungsgedanken aus. Sie sind Grundlage von politischen Richtungen, die eine »Rückkehr zu alten Familienwerten« fordern. Von den Eltern kehrt man sich nicht ab, gibt keine Widerworte. Weil sie uns geboren haben, fühlen wir uns ihnen ewig zu Dank verpflichtet.

Svenja wird mit 21 Jahren zum ersten Mal schwanger. Damit ist sie die erste Mutter in ihrem bisherigen Freundeskreis und kurz nach der Geburt alleinerziehend. Auch ihre Mutter hat vergleichsweise früh Kinder bekommen, und Svenja war das zweite Kind, das ihre

Mutter mit 20 Jahren gebar. Vor und nach der Geburt wohnte Svenja noch in der Nähe ihrer Mutter und sah sie häufig. Das Verhältnis zwischen ihnen war angespannt, sie stritten viel, aber Svenja besuchte ihre Mutter dennoch regelmäßig, auch um ihre Tochter dort gelegentlich betreuen zu lassen. Ihre Kindheit hatte sie als »normal« in Erinnerung: Sie und ihre Geschwister wurden oft geschlagen, aber »das war ja damals so«. Mit ihrem eigenen Kind wollte sie es aber anders machen, hatte sich Svenja vorgenommen. Als sie mitbekommt, wie ihre Mutter ihre kleine Tochter beim Essen auf die Finger schlägt, eskaliert der Streit zwischen den beiden Erwachsenen. Svenja hält zunächst weiterhin Kontakt, »weil es schließlich ihre Mutter ist«, aber nach einem weiteren Vorfall bricht sie den Kontakt ab und zieht einige Monate später auch weg. Nach der Geburt ihres zweiten Kindes, mittlerweile mit einem anderen Partner in einer anderen Stadt lebend, macht sie eine Therapie, auch weil sie sich immer wieder schuldig fühlt, dass sie trotz ihrer eigenen gewaltvollen Kindheit und trotz der Gedanken um das Wohlergehen ihrer Kinder keinen Kontakt zu ihrer Mutter hat. Sie erfährt dabei nicht nur, dass es viele Kinder gibt, die ihre Eltern verlassen[5], sondern auch, dass sie ihre Mutter nicht deswegen lieben und achten muss, weil sie sie geboren hat, sondern dass Liebe und Achtung durch das Verhalten hervorgebracht werden. Dennoch wirkt der Gedanke »Du musst Vater und Mutter ehren« heute noch in vielen Erwachsenen nach und erschwert eine Ablösung der Opfer von den Täter*innen.

Im Mittelalter sind sowohl religiöse als auch staatliche Verbote zu Abtreibung, Kindsmord, Aussetzung und Verkauf von Kindern schon vorhanden, werden aber teilweise noch missachtet. Unerwünschte Kinder werden vielleicht seltener getötet, dafür aber in Klöster und andere Einrichtungen gegeben. Allerdings ist auch dort

Gewalt nicht ungewöhnlich. Das Verhältnis zwischen Eltern (insbesondere Müttern) und Kindern ist im Wandel, aber noch weit entfernt von dem, das wir heute kennen.[6] Die Mütter- und Säuglingssterblichkeit ist generell hoch, was sich ebenfalls auf die Beziehungsgestaltung ausgewirkt haben kann. Für die männlichen Nachkommen von Rittern, Bauern und Bürgern wird die Schulbildung im Mittelalter, die sich auch inhaltlich nach und nach breiter aufstellt, zugänglich. Mädchen hingegen sollten weiterhin nur praktische Dinge und Gehorsam lernen.

Dennoch entwickelt sich ein anderes Interesse an Kindern und ihrer Entwicklung, und die Renaissance bringt mit dem Humanismus ein größeres Verständnis für das Individuum, erste Konzepte spielerischen Lernens und eine gewissen Auflockerung in Erziehungspraktiken hervor. Es entsteht ein neues Weltbild und eine neue Haltung dem Menschen gegenüber, ganz im Sinne des Begriffs »Renaissance« (Wiedergeburt): ein Streben nach Autonomie, nach Individualität, nach Ausdruck von Persönlichkeit – aber auf eine geformte, angepasste Weise. Die Reformationszeit lenkte den Blick darauf, dass das Kind grundsätzlich formbar sei, die Aufklärung schärfte den Blick für Disziplinierung und Bildungsbedarf. Das Kind steht nun nicht mehr (offiziell) unter dem Verdikt der Erbsünde, sondern kommt als unschuldiges Wesen ins Leben, das durch Bildung geformt werden kann. Gewalt blieb jedoch weiterhin ein fester Bestandteil von Erziehung, und auch Martin Luther hob hervor, dass Kinder mit harter Hand erzogen werden müssten.[7]

Der englische Philosoph John Locke prägte in Bezug auf Kindererziehung 1693 das Bild der »tabula rasa«: Zur Geburt sei das Kind ein unbeschriebenes Blatt, das durch Erziehung geprägt wird, während der französische Aufklärer Jean-Jacques Rousseau unter anderem durch seinen Roman *Emile* als Entdecker der Kindheit bezeichnet wird: Er betrachtete Kindheit mehr durch Kinderaugen und teilte sie in unterschiedliche Entwicklungsbereiche ein, wobei die Achtung der natürlichen Entwicklung besonders wichtig war. Rousseau propagiert das ländliche, naturnahe Aufwachsen als Ideal für ein glückliches Kinderleben, was sich bis heute in der Idee von Landerziehungsheimen oder anderen naturnahen Konzepten wiederfindet.[8] Trotz der Abkehr von strenger Zucht und Gewalt war auch für Rousseau Erziehung wichtig, aber durch das, was wir heute »natürliche Konsequenzen« nennen: Wenn das Kind etwas kaputt gemacht hatte, dann war das Spielzeug eben kaputt und konnte nicht mehr bespielt werden. Auch zeigt sich bei ihm bereits ein Aspekt von Pädagogik, der später noch stärker hervortritt: die genaue Beobachtung der kindlichen Entwicklung. Aber diese Gedanken Rousseaus wurden in der breiten Gesellschaft nicht aufgenommen. Zwar wurde eine glückliche Kindheit immer mehr Teil des Selbstverständnisses des Bürgertums: Emotionalität bekam darin einen Platz, Rückzug ins Private und auch eine zunehmende Fürsorge des Staates für das Wohlergehen der Kinder, doch Schläge waren weiterhin ein normales Erziehungsinstrument.

Der erste 1840 in Thüringen von Friedrich Fröbel gegründete Kindergarten basierte auf der Annahme, dass Kinder einer besonderen Behandlung bedürfen, die die Eltern nicht automatisch beherrschen, weshalb dafür ausgebildete Kindergärtnerinnen eingesetzt werden sollten. Doch selbst die reformpädagogischen Ansätze waren in ihrer Praxis immer wieder auch mit Gewalt verbunden, wie sich im 1903 stattfindenden Prozess gegen den Hauslehrer Andreas Dippold zeigte, der eines der beiden ihm anvertrauten Kinder der Familie Koch so misshandelte, dass es daran verstarb.[9]

In dieser Zeit bildeten sich in Pädagogik, Medizin und Psychologie eigene Wissenschaftsbereiche für die kindliche Entwicklung aus, wobei das Augenmerk immer stärker auf die angeblichen Defizite von Kindern gelegt wurde. Ergebnis dieser Verwissenschaftlichung des Kindes war eine lückenlose Überwachung der kindlichen Entwicklung durch Tabellen, Gewichtskurven und die genaue Definition von Entwicklungsschritten. Kindheit fand in einem Raum statt, der nicht nur geschützt, sondern auch überwacht werden musste. Die Erziehenden wurden zu Kontrolleuren einer »gesunden« und »normalen« Entwicklung. Schon 1890 erscheint Adolf Heinrich von Strümpels *Die Pädagogische Pathologie oder die Lehre von den Fehlern der Kinder* und kurz darauf dazu passend die Zeitschrift *Die Kinderfehler*.[10] Die Wunschvorstellung war das passive Kind, das so auch im Interesse des Staates stand. Dieses Interesse des Staates am Kind und seine Instrumentalisierung sehen wir deutlich im Nationalsozialismus mit seiner Entfremdung von Eltern und Kindern, der Erziehung der Kinder durch den Staat bis hin zur abgeschotteten Aufzucht in Lebensbornheimen. Bereits vor dem Nationalsozialismus, aber durch diesen befeuert, bildete sich eine Erziehung aus, in der Zärtlichkeit und das Eingehen auf die Bedürfnisse des Kindes regelrecht untersagt werden. Die vorwiegend von Männern aus der emotionalen Distanz der damaligen Rollenverteilung und Entfernung aus dem Familienalltag geschriebenen Ratgeber hielten Mütter zunehmend strenger dazu an, ihre Kinder nicht zu verzärteln. Die später veröffentlichten Ratgeber von Frauen stehen zunächst in genau dieser Tradition. Berühmtestes, aber nicht alleiniges Beispiel für die Erziehungsratgeber der NS-Zeit ist das Buch *Die deutsche Mutter und ihr erstes Kind* der Lungenfachärztin Dr. Johanna Haarer, das bis zum Kriegsende 690 000 Mal verkauft wurde und Praktiken empfahl, die die Beziehung und Bindung zwischen Eltern und Kind, unter anderem nach der damals durchaus gängigen Praxis und in Anlehnung an Hitlers Erziehungsvorstellungen von Härte, nachhaltig zerstören:[11] Das Kind sollte nach der Geburt erst einmal 24 Stunden allein bleiben, später nur nach vorgegebenen Zeiten gestillt und gepflegt werden, dazwischen sollte es keine Kontakte zwischen Mutter und Kind geben.»Auch wenn das Kind auf die Maßnahmen der Mutter mit eigensinnigem Geschrei antwortet, ja gerade dann lässt sie sich nicht irremachen. Mit ruhiger Bestimmtheit setzt sie ihren Willen weiter durch, vermeidet aber alle Heftigkeit und erlaubt sich unter keinen Umständen einen Zornesausbruch. Auch das schreiende Kind muss tun, was die Mutter für nötig hält, und wird, falls es sich weiterhin ungezogen aufführt, gewissermaßen ›kaltgestellt‹, in einen Raum verbracht, wo es allein sein kann, und so lange nicht beachtet, bis es sein Verhalten ändert. Man glaubt gar nicht, wie früh und wie rasch ein Kind solches Vorgehen begreift.«[12] Die Folgen dieser Behandlung sind an den Kindern der Lebensbornheime wie auch durch zahlreiche andere Berichte und Veröffentlichungen nachzuweisen.

Die Erziehungsgedanken der NS-Zeit und ihrer Vorläufer wurden weit in die Nachkriegszeit hineingetragen, und auch Johanna Haarers Buch wurde in der BRD – leicht abgewandelt – bis zum Jahr 1987 aufgelegt und sogar zur Eheschließung von Standesämtern verschenkt. Die so transportierten und verinnerlichten Erfahrungen führten zu einer Fortführung der Gewalt in vielen Familien, wie der 1960 geborene Fritz berichtet: »Es gibt Situationen, in denen wir alle fünf durchgeprügelt wurden. So übers Knie gelegt, und dann entweder auf die Hose oder auf den nackten Po. Einmal, da sind, glaube ich, drei oder vier Holzlöffel dabei draufgegangen. Die Mutter war so außer sich, offensichtlich so voller Spannung und so geladen, dass die wirklich diese Kochlöffel an uns kaputtgeschlagen hat.«[13]

In den 1970er-Jahren änderte sich langsam die Erziehungshaltung. Der englische Pädagoge Alexander S. Neill hatte 1920 die Schule »Summerhill« gegründet, und ab 1960 erschienen dazu die ersten Publikationen auch in Deutschland: Erziehung ohne Druck und Gewalt schien zu funktionieren. Die ersten alternativen

Kinderläden entstanden. Und dennoch kämpften die Eltern, die es dringend anders machen wollten und mit der antiautoritären Erziehung das genaue Gegenteil des Erlebten praktizierten, weiterhin mit den Erfahrungen, von denen sie selbst geprägt worden waren. »Trotzdem [...] kontrollierten die intellektuellen Mütter in den 68ern, in ihren bodenlangen, indischen Hippie-Kleidern, streng die Hausaufgaben. Den Vätern, die es eigentlich ganz anders machen wollten, ›rutschte auch mal ganz traditionell die Hand aus‹.«[14] Es war für diese Elterngeneration nicht einfach, denn sie hatten keine Vorbilder: Wie genau sollte die Freiheit und Bedürfniserfüllung gelebt werden? Was war wichtig? In der Ablehnung des Bisherigen schwang auch die Gefahr mit, in das andere Extrem zu verfallen und Kindern zu wenig Begleitung, Schutz und Unterstützung zu geben. Kinder durften endlich laut und wild sein, aber auf der anderen Seite konnte das für die vom Temperament eher leisen Kinder bedeuten, dass sie als falsch angesehen wurden. Kurze Zeit später zeigte sich dann auch, dass antiautoritäre Erziehung nicht die gewünschte Freiheit und ungestörte Entwicklung brachte: Die so erzogenen Kinder zeigten ein großes Aggressionspotenzial, mehr Drogenmissbrauch und ein geringes Selbstwertgefühl, da sie nicht gelernt hatten, mit den Herausforderungen des Alltags umzugehen.[15]

Es war eine Zeit des notwendigen Umbruchs, der aber auch seine Schattenseiten hatte. Die sogenannten »Stadtindianer« forderten »freie Liebe« zwischen Erwachsenen und Kindern ein, und in Nordrhein-Westfalen wurde in das Wahlprogramm der Grünen die Forderung der Bundesarbeitsgemeinschaft »Schwule, Päderasten und Transsexuelle« (»SchwuP«) aufgenommen, dass »einvernehmlicher« Sex zwischen Erwachsenen und Kindern nicht mehr unter Strafe gestellt werden solle, da dieser »für beide Teile angenehm, produktiv, entwicklungsfördernd« sei.[16] In Berlin wurde das sogenannte Kentler-Experiment durchgeführt, bei dem als schwer erziehbar geltende Kinder und Jugendliche bei pädophilen Pflegevätern untergebracht wurden, da nur diese laut Helmut Kentler, Pädagoge und Abteilungsleiter im Pädagogischen Zentrum in Berlin, in der Lage wären, diese Kinder auszuhalten. Bis Anfang der 2000er-Jahre existierten diese Pflegestellen bei zum Teil wegen Sexualdelikten vorbestraften »Pflegevätern«.[17] Und selbst heute ist das Thema des sexuellen Begehrens von Erziehenden gegenüber Kindern noch nicht vom Tisch und wird mitunter sogar romantisiert und auf die griechische Mythologie zurückgeführt. So beispielsweise der Begründer der Bielefelder Laborschule, Hartmut von Hentig, ehemaliger Lebensgefährte eines der Hauptbeschuldigten in den Missbrauchsfällen der Odenwaldschule.[18]

Wie sich die Welt um unsere Kinder verändert hat

Wenn wir den Wandel von Kindheit betrachten, müssen wir unser Augenmerk nicht nur auf das Bild vom Kind und die Erziehungspraktiken lenken, sondern auch die Rahmenbedingungen von Kindheit und Erziehung beachten. Unsere Gesellschaft hat sich dahin entwickelt, dass die Versorgung von Kindern nicht mehr durch eine Gemeinschaft getragen wird, sondern Familie heute für viele im Sinne von »Kernfamilie« definiert wird: Mutter, Vater, Kind(er). Und dabei als Realität in vielen Familien: arbeitender Vater, (Teilzeit arbeitende) Mutter, die sich auch um die Kinder kümmert.[19] Dabei tragen Mütter, da dies über Jahrzehnte als ihre Aufgabe definiert wurde, die Hauptlast für das gesunde Aufwachsen der Kinder auf ihren Schultern.[20] Eine Last, die eigentlich nicht dorthin gehört, denn das Begleiten von Kindern ist eine Gemeinschaftsaufgabe, und die alleinige Verantwortung für die Begleitung von Kindern (oft in Verbindung mit Haushalt und schulischem Lernen) führt bei vielen Erwachsenen zu Erschöpfung und Überforderung. Es ist nicht normal, das allein bewerkstelligen zu müssen: Während sich die durchschnittliche Familiengruppe um das Jahr 1500 in Europa noch aus nahezu 20 Personen zusammensetzte, die im Alltag eng miteinander verbunden waren, war diese Zahl im Jahr 1850 bereits auf zehn gesunken, bestand 1960 nur noch aus durchschnittlich fünf und im Jahr 2000 schließlich nur noch aus vier Personen.[21] Wir haben uns von der Gruppe wegbewegt hinein in eine Privatheit, die nur auf wenige Menschen ausgelegt ist. Die Privatsphäre der Familie ist ein wichtiger Bestandteil unseres Alltags geworden: Wir bestehen auf unserem Raum, und Familien, die sich im Verständnis anderer »zu weit« öffnen, beispielsweise durch persönliche Berichte in Social Media, werden dafür kritisiert, dass sie ihr Persönliches so öffentlich machen. Durch diesen Rückzug ins Private fehlt manchmal das schützende Korrektiv der anderen: Menschen, die Familie vorleben, Wege aufzeigen und die bei familiären Problemen eingreifen, auch bei Gewalt. Selbst unter freundschaftlichen Beziehungen zwischen Familien gibt es nicht selten Hemmungen, in die Erziehung einzugreifen. »Keine Beratung ohne Auftrag« hat sich auch bei Kursleiter*innen und Berater*innen eingebrannt, in dem Wissen, dass »Ratschläge auch Schläge« sein können. Es mag stimmen, dass der Grat zwischen Unterstützung und Übergriffigkeit schmal ist. Doch das sollte nicht als Grund vorgeschoben werden, um Familien Unterstützung und Hilfe vorzuenthalten und sie bei Problemen sich selbst zu überlassen.

Dabei entlastet eine Kinderversorgung durch viele nicht nur die Eltern, sondern ist auch von Vorteil für die Kinder, denn sie erleben, dass sie von vielen Menschen gut umsorgt und auftretende Probleme durch andere ausgeglichen werden können. Auch Untersuchungen belegen, dass beispielsweise Großeltern in Bezug auf die Ausbildung von Resilienz eine wichtige Rolle einnehmen können,[22] und gerade bei Kindern, die von den eigenen Eltern weniger gut behandelt oder gar vernachlässigt werden, können die sogenannten Allo-Eltern ein Schutzfaktor für eine gute Entwicklung sein – sofern natürlich der Erziehungsstil passend ist. Kinder brauchen andere Menschen, um soziale Beziehungen einzugehen, um soziale Beziehungen zu lernen und um Empathie zu erwerben. »Aber die Entwicklung von Empathie und die Beziehungsfähigkeiten, die auf ihr aufbauen, verlangen entscheidenden Input aus unserer Umwelt«[23], erklärt der Kinderpsychiater Dr. Bruce D. Perry. Und hier beißt sich die Katze in den Schwanz: Je weiter wir uns von Gemeinschaft und Miteinander wegbewegt haben, desto weniger haben wir selbst davon profitiert, was sich wiederum auf den Umgang miteinander und mit den Kindern auswirkt. Die Entwicklung von Empathie benötigt bestimmte Rahmenbedingungen von Gemeinschaft und funktionierenden Netzwerken. So schaffen wir es, die Bedürfnisse von Kindern im Blick zu behalten und ihnen nachkommen zu können. Auch ihre Fähigkeit, mit schwierigen Lebenssituationen gut umgehen zu können, wird durch das Wachsen in einer Gemeinschaft gestärkt, während familiäre Isolation, häufige Umzüge und Schulwechsel eher als Risikofaktoren für die Ausbildung von Resilienz gelten. Sowohl wir Erwachsenen als auch Kinder brauchen Netzwerke für ein gesundes, entspanntes Aufwachsen.

Unter der Last des heutigen Bildes der Mutter, die sich selbstverständlich liebevoll und aufopferungsvoll um die Kinder kümmert, die eigene Bedürfnisse hintenanstellt, dabei aber dennoch zum Familieneinkommen beiträgt und der man die Belastung nicht ansehen darf, entwickelt sich im Alltag Stress. Stress führt dazu, dass wir weniger feinfühlig mit unseren Kindern (und anderen) umgehen, ihre Bedürfnisse weniger gut wahrnehmen können, was dann wiederum zu Konflikten führt. Verbunden mit gegebenenfalls kurzen Abständen zwischen den Geburten und einer hohen Abhängigkeit von mehreren kleinen Kindern von der oft alleinigen Hauptbezugsperson im Alltag, dem Mangel an weiterer Unterstützung im Familien- und Freundeskreis und dem Mangel an (qualitativ hochwertigen) Kitaplätzen für kleine Kinder erhöht sich der Stresslevel noch zusätzlich. Wenn dann noch finanzielle Sorgen der Existenzsicherung dazukommen, beispielsweise bei Alleinerziehenden, die nicht ausreichend unterstützt werden, ist das eine große Belastung.

Es gibt also viele belastende Rahmenbedingungen, die zu einer Überlastung führen können und damit Stress, Druck und Gewalt im Erziehungsalltag begünstigen. Selbst wenn wir eigentlich gut mit unseren Kindern umgehen wollen und wissen, was sie und was wir brauchen, ist der Weg, das umsetzen zu können, oft schwer.

Antonia ist Mutter von zwei Kindern: Oskar (7) und Hannah (3,5). Sie lebt in einer Großstadt und bezeichnet ihren Erziehungsstil als bindungsorientiert. Sie arbeitet halbtags, ihr Mann Vollzeit im Schichtdienst. Morgens muss sie oft die Kinder allein versorgen, beide Kinder in Schule und Kita abgeben und dann selbst zur Arbeit fahren. Der Morgen ist für sie eine immer wiederkehrende Stressfalle, und Antonia beschreibt, dass sie einfach keine langfristige Lösung für einen entspannten Tagesbeginn findet: Immer wieder muss sie drängeln und schimpfen, dabei hat sie schon alle Möglichkeiten ausgeschöpft: die Kleidung für alle herausgelegt, den Tisch für das Frühstück schon abends gedeckt, die Schulbrote abends fertig gemacht und die Ranzen kontrolliert. Aber irgendetwas kommt oft dazwischen, besonders bei Hannah, sodass der morgendliche Ablauf stressig wird und nicht so funktioniert wie geplant. Noch früher aufstehen als ohnehin kann sie nicht, weil sie auch Schlaf braucht und abends oft noch Dinge erledigt, die tagsüber liegen geblieben sind. Ihr Mann bringt sich ein, so gut es geht, aber seine Arbeitszeiten und Überstunden lassen nicht viel Flexibilität zu. Wenn Hannah (oder selten Oskar) dann morgens wütend ist, noch spielen will oder sich nicht anzieht, schimpft Antonia und ist auch körperlich ruppiger, als sie es eigentlich will, damit sie rechtzeitig loskommen. In Antonias Situation gibt es keine wirklich praktische Hilfe: Sie hat alle Möglichkeiten bereits ausgeschöpft, die ihr unter den aktuellen Rahmenbedingungen zur Verfügung stehen. Wichtig ist für sie, nachsichtig mit sich selbst zu sein, in den Stresssituationen zu versuchen, nicht übergriffig zu werden, und darauf zu bauen, dass Hannah mit zunehmendem Alter besser mit der morgendlichen Fremdbestimmung unter Zeitdruck zurechtkommt. Manchmal gibt es leider keine perfekten Lösungen.

Die Fortentwicklung von der gemeinschaftlichen Umsorgung hatte auch räumliche Konsequenzen, denn Kindheit wurde aus dem Zuhause in Institutionen und auf andere Inseln der Kindheit ausgelagert, in denen viele Kinder von wenigen Lehr- und Erziehungspersonen gemeinsam versorgt wurden: Sportvereine, Freizeitheime, Kursräume für Kinderkurse etc.[24] Diese sind bestimmten Bestimmungen unterworfen, beispielsweise einem bestimmten zeitlichen Beginn, der zu Stress im Familienalltag führen kann. Außerdem bedingen diese Institutionen einen anderen Umgang mit Kindern und können, wie weiter unten beschrieben, zu bestimmten Formen institutioneller Gewalt führen. Während die Kindheit ausgelagert wurde, wurde sie zugleich stärker gestaltet. Wesentliche Wegbereiterin hierfür war Maria Montessori mit ihrem Ansatz der »vorbereiteten Umgebung«, in der ein Teil der »erzieherischen Macht« auf die Umgebung übertragen wird. Kindheit wird somit nach und nach auch zu einem speziellen Handlungsraum, streng begrenzt und entfernt von der Lebenswirklichkeit der Erwachsenen, eine Art kleine, gestaltete und überwachte Parallelwelt. Die heute so beliebte Montessori-Pädagogik leitet sich ab von den ursprünglichen Ansätzen Maria Montessoris, die keineswegs so kinderfreundlich waren, wie sie heute umgesetzt werden: Sie wollte ein Labor für das Studium der kindlichen Entwicklung schaffen, später aus werbetechnischen Gründen »Kinderhaus« genannt, basierend auf ihrer ärztlichen Überzeugung davon, dass die »Normalität des Kindes im Mittelmaß der Durchschnittlichkeit zu sehen« ist. Dies führte in der pädagogischen Praxis dazu, dass »lebhafte, phantasievolle, verspielte, kreative und eigenwillige Kinder [...] von der Italienerin nicht nur nicht gerne gesehen, sondern in ihren Augen als von der Norm abweichende Kinder anzusehen [sind], aus Sicht der gelernten Ärztin sogar als ›kranke‹ Kinder«.[25] Dies mag sich in den heutigen Montessori-Einrichtungen nicht so wiederfinden, aber der Gedanke der gestalteten Umgebung für Kinder, die einen erzieherischen Einfluss hat, die vermeintlich »richtige« Ausgestaltung von Kinderräumen und das Lehren durch Anleitung und Nachahmung und speziell für Kinder hergestellte Materialien und verkleinerte Erwachsenendinge ist eine verbreitete Erziehungsmethode. Spielzeuge wurden extra dafür geschaffen, um auf eine bestimmte Weise benutzt zu werden und dem Kind wurde gezeigt, *dass sie so und nicht anders benutzt werden sollen*, vermittelt durch die erziehende Person. Ein kurzer Blick in die Kinderzimmer auf Instagram zeigt uns, wie diese oft zu abgegrenzten Räume der kindlichen Entwicklungen von pädagogischen Ansprüchen geprägt sind.

Die Aufgabe der Versorgung von Kindern wurde im Lauf der Jahrhunderte immer weiter in den Bereich der Mütter verschoben, die damit alleingelassen waren, während Väter durch außerfamiliäre Aufgaben von der Begleitung der Kinder abgekoppelt wurden. Einen weiteren Einfluss auf das Aufwachsen der Kinder hat die häusliche Gewalt, der Frauen ausgesetzt sind. Opfer von Partnerschaftsgewalt sind noch immer zu 81 Prozent Frauen, bei Vergewaltigung, sexueller Nötigung und sexuellen Übergriffen in der Partnerschaft sind es sogar 98,4 Prozent. Diese Gewalt zieht sich durch alle Schichten. Im Jahr 2018 wurden 140 755 Menschen Opfer von Partnerschaftsgewalt in Deutschland.[26] Erst seit 1997 dürfen Frauen in der Ehe nicht mehr vergewaltigt werden. Frauen, die in ihrer Kindheit und Jugend diese Gewalt miterleben, erfahren später mehr als doppelt so häufig selbst Gewalt durch den Partner als Frauen, die nicht Zeuginnen von elterlicher Gewalt wurden.[27] Gewalt in der Familie prägt Kinder, ihre Weltsicht und ihr Leben und hinterlässt Spuren in ihrer Gehirnentwicklung, ihrem Stressverarbeitungssystem, ihrer Interaktion mit anderen. Je öfter Kinder Gewalt erleben, desto tiefer prägt sich diese ein.

Unsere patriarchal geprägte Kultur hat auf das Aufwachsen von Kindern einen negativen Einfluss ausgeübt, der erst langsam durch neue Familienmodelle, mehr Einbezug der Väter in die Begleitung von Kindern und einen stärkeren Gewaltschutz aufgeweicht wird.

Reflexion: Der Rahmen um die Kindheit

Eltern sind nicht an allem persönlich schuld. Auch nicht daran, wenn es uns schwerfällt, Kindern eine wirklich druck- und gewaltfreie Kindheit zu ermöglichen. Unsere Möglichkeiten müssen immer auch im Gesamtkontext gesehen werden: Was übt auf uns Druck aus, wodurch bin ich weniger flexibel, was bereitet mir Schwierigkeiten im Alltag? Es hilft, sich das in einem Bild konkret vor Augen zu führen.

Zeichne einen Bilderrahmen. In der Mitte befindet ihr euch als Familie. Nutze die Sketchnotetechnik, die du in den Abbildungen in diesem Buch siehst, um dir selbst vor Augen zu führen, welchen Einflüssen ihr ausgesetzt seid: Habt ihr familiäre Unterstützung oder fehlt sie? Habt ihr Freunde, auf die ihr euch verlassen könnt? Welche Unterstützungsangebote wie Kurse, Gruppen und Vereine nehmt ihr in Anspruch? Gibt es schöne Orte, die ihr gerne aufsucht? Mal dir eine Netzwerk- und Unterstützungskarte mit Worten und gegebenenfalls Zeichnungen, um dir dies einmal vor Augen zu führen. Und wenn du das Gefühl hast, ein zu kleines Netzwerk zu haben: Was könntest du verändern, was fehlt dir?

Gewalt gegen Kinder findet auch heute noch statt

Und heute? Weder körperliche noch psychische Gewalt sind im Laufe der Jahrzehnte verloren gegangen. Zwar haben Kinder das im ersten Teil beschriebene Recht auf gewaltfreie Erziehung, und ihre Persönlichkeitsrechte müssen berücksichtigt werden, aber ist das in unserer Gesellschaft wirklich so?
Bei 50 400 Kindern und Jugendlichen haben die Jugendämter im Jahr 2018 eine Kindeswohlgefährdung festgestellt. 60 Prozent dieser Kinder wurden vernachlässigt, 31 Prozent psychisch misshandelt, 26 Prozent körperlich.[28, 29] In dem Buch *Deutschland misshandelt seine Kinder* sprechen die Rechtsmedizinerin Saskia Guddat und der Rechtsmediziner Michael Tsokos von 200 000 körperlich misshandelten Kindern pro Jahr, zu 98 Prozent misshandelt von den eigenen Eltern oder Menschen aus dem engen Familien- und Freundeskreis. Der Soziologe und Geschäftsführer der Deutschen Liga für das Kind, Mitbegründer des Berliner Kinderschutz-Zentrums, Dr. Jörg Maywald erklärt: »Fehlverhalten und Gewalt durch pädagogische Fachkräfte kommen – in unterschiedlicher Häufigkeit und Intensität – in jeder Kindertageseinrichtung vor.«[30] Gewalt in ihren verschiedenen Formen (körperlich oder psychisch) ist immer noch eine Erziehungsmethode der Bestrafung bei Fehlverhalten oder der Machtdemonstration. Die Zahlen sprechen für sich und machen deutlich, dass wir zwar auf dem Papier ein Recht entwickelt haben, dieses aber nicht wirklich durchgesetzt wird. Und selbst unsere modernen Erziehungsmethoden sind noch sehr davon durchdrungen, dass wir die Persönlichkeitsrechte der Kinder übergehen. Unser Denken und Handeln hinkt unseren Ansprüchen noch hinterher. Dies liegt im Wesentlichen auch an der Geschichte, die hinter uns liegt. Es fällt uns schwer, sie abzustreifen und Gewalt wirklich als solche zu identifizieren und schließlich anders zu handeln.

Obwohl das Wissen um die Folgen von Gewalt verbreitet ist, wird sie sogar in der Ratgeberliteratur und anderen Medien noch immer bagatellisiert oder mitunter sogar empfohlen: Seien es Bücher wie das 2006 erschienene Buch *Lob der Disziplin* des ehemaligen Leiters des Internats Schloss Salem Bernhard Bueb, das wie andere deutsche Internate in die Missbrauchsskandale[31] verwickelt war. Im Buch wird Disziplin und Autorität gefordert, und es wurde zu einem gefeierten Bestseller unter Eltern, befördert von einer Kampagne der *BILD*, während die Fachwelt gegen Buebs Thesen argumentierte. Und auch Annette Kast-Zahns Buch *Jedes Kind kann schlafen lernen* ist weiterhin ein Bestseller in aktuell siebter Auflage und wird von Ärzt*innen, Pädagog*innen und Eltern gelesen, obwohl die darin empfohlenen Methoden des Schlaftrainings nach dem heutigen Stand der Bindungsforschung nicht empfehlenswert sind.

Dabei ist Gewalt gegenüber Kindern kein deutsches Problem, sondern ein globales: UNICEF erklärt in einem Bericht, dass die Hälfte aller Kinder weltweit (ca. 1 Milliarde Mädchen und Jungen) jedes Jahr physische, sexuelle oder psychologische Gewalt erleiden. Eine gewaltvolle Erziehung ist auf der ganzen Welt verbreitet: 2011 erschien das Buch der amerikanischen Jura-Professorin Amy Chua *Battle Hymn of the Tiger Mother* (auf Deutsch *Die Mutter des Erfolgs*), in dem sie ihre Art der chinesischen Erziehung erklärt und feiert, dass Zwang funktioniert. Ein anderes Beispiel: Erst 2014 machte der Starkoch Jamie Oliver damit Schlagzeilen, dass er seine zwölfjährige Tochter damit bestrafte, ihr extra scharfes Essen zu geben.[32]

Wir müssen also konstatieren: Kinder sind eine unterdrückte, in ihren Rechten beschränkte und viel zu wenig berücksichtigte Bevölkerungsgruppe – noch immer. Trotz aller Aufklärung, trotz aller modernen Ansätze. Auch heute noch sind die Erziehungsgedanken davon durchdrungen, dass Erziehung nicht eine einfühlsame Begleitung des Kindes bedeutet, sondern vielmehr ein Machtkampf zwischen Eltern und Kindern, der nur dadurch gelöst werden kann, indem das Kind die unterlegene Position in der Familienhierarchie akzeptiert. Das alles schwingt in unserem Bild vom Kind latent mit, ohne dass wir uns dessen wirklich bewusst sind. Wir, die »machthabenden« Erwachsenen, stecken so tief in dieser Struktur und den damit einhergehenden Denkprozessen, dass wir unsere Stellung und Privilegien gegenüber Kindern gar nicht mehr richtig wahrnehmen. Wir nehmen sie für selbstverständlich, für naturgegeben hin, dabei ist dieses Bild in uns geformt und wertet Kinder ab.

Dass diese Gedanken auch heute noch – trotz aller anderen wissenschaftlichen Erkenntnisse über die Entwicklung und Bedürfnisse des Kindes – weit verbreitet sind, haben wir auch durch den Erfolg des grausamen, 2018 erschienen Films *Elternschule* gesehen, in dem ein fragwürdiges Therapieprogramm für Babys und Kleinkinder mit Schlaf-, Ess- und Regulationsstörungen gezeigt wird. Hierin erfahren Eltern, basierend auf behavioristischen Annahmen, abgeleitet aus der medizinisch unwirksamen und mit erheblichen Gefahren verbundenen »Germanischen Neuen Medizin«[33], dass das Leben mit Kindern von Anfang an ein Machtkampf ist und bereits Babys versuchen, sich durchzusetzen, weshalb Eltern stark sein und ihr eigenes Überleben durch Demonstration von Macht sichern müssten: »Der kleine Süße hat mich schon dreimal über den Tisch gezogen. Er will überleben! Wie's mir geht, ist ihm scheißegal, Hauptsache er überlebt«,[34] erklärt der dort praktizierende Diplom-Psychologe Dietmar Langer. Viel daran erinnert an die dunklen Erziehungsansätze der Vergangenheit. Während der Kinderschutzbund erklärt, dass Kinder in diesem Projekt psychischer und physischer Gewalt ausgesetzt sind,[35] und auch die Deutsche Gesellschaft für Sozialpädiatrie und Jugendmedizin (DGSPJ)[36] und andere Verbände die dort dargestellten Maßnahmen für nicht angemessen erklären, wird der Film von der Presse gefeiert und sogar für den Deutschen Filmpreis nominiert.[37] Wie schon am Beispiel des Buches *Lob der Disziplin* von Bueb sehen wir auch hier: Während Fachpersonen weitgehend von dieser Art der Behandlung beziehungsweise Gewalt gegenüber Kinder abraten, wird das Vorgehen von pädagogischen und psychologischen Laien befürwortet und gefeiert und zeigt einmal mehr: Die grausamen Methoden der Vergangenheit und die falschen Bilder von Kindheit liegen noch lange nicht hinter uns, sondern haben sich in den Gedanken und Köpfen von Erwachsenen festgesetzt. Glücklicherweise hat in Bezug auf die »Elternschule« die Aufklärung obsiegt: Die Nachfrage nach dem Therapieprogramm ging so weit zurück, dass die umstrittene Abteilung der Klinik schließen musste. Die Verantwortlichen sind aber weiterhin an anderen Stellen tätig. So einen Sieg der Aufklärung kann man sich für all die anderen Bereiche, in denen Kinder noch heute Gewalt erfahren, nur wünschen. Umso wichtiger ist es, das Denken über Kinder und Erziehung endlich nachhaltig zu verändern. Wir suchen nach einer Haltung und einem Umgang mit unseren Kindern, der ihnen Freiheit gibt und uns eine sichere Erwachsenenposition ermöglicht, aus der heraus wir unsere Kinder sicher begleiten können, ohne sie mit Druck und Macht zu verbiegen.

Auch psychische Gewalt ist Gewalt
Lange Zeit lag das Augenmerk von Öffentlichkeit und Forschung auf der körperlichen Gewalt, und es dauerte Jahrzehnte, bis auch die psychische Gewalt ins Bewusstsein rückte. Doch die Auswirkungen von Abwertung, Ablehnung, Einschüchterung, Drohung, Ängstigung und Isolation von Kindern können gravierend sein –

auch wenn es »nur Worte« oder vorenthaltene Zuwendung sind, auch wenn Kinder nicht körperlich verletzt werden. Dabei sind wir uns oft nicht bewusst, wie umfassend psychische Gewalt sein kann, die wir vom Gesetz her ausschließen. Zur psychischen Gewalt zählt beispielsweise auch das Absprechen der eigenen Rechte und der eigenen Wahrnehmung des Kindes: »Ich weiß besser, was für dich gut ist!«, »Das verstehst du eh nicht!«, »Das tut doch nicht weh!« Auch die immer wieder auftauchende Über- oder Unterforderung oder das von sich Abhängigmachen und Vermitteln von Schuldgefühlen durch Sätze wie »Ich habe so viel für dich aufgeben ...«, und: »Eines Tages bekomme ich deinetwegen noch einen Herzinfarkt!« können ein Kind psychisch unter Druck setzen.[38] Und ebenso wie die körperliche Gewalt hinterlässt diese Form von Gewalt ihre Spuren – schwer erkennbar und nur durch Verhaltensauffälligkeiten des Kindes diagnostizierbar.

Gewalt ist für Kinder deswegen besonders schlimm, weil sie den Schutz und die Geborgenheit aufhebt, auf die Kinder angewiesen sind und die den Kern des Bindungssystems ausmachen. Als besonders bedrohlich erlebt das Kind diese Gewalt, wenn sie von nahen Bezugspersonen ausgeht, denn dann verliert es die schützende Instanz. Über einen längeren Zeitraum immer wieder auftretende Gewalt führt nicht nur zum Verlust des Urvertrauens, sondern wirkt sich auch nachteilig auf das Stressverarbeitungssystem und die Gehirnentwicklung aus. Folgende unmittelbare Reaktionen, mittel- und langfristige Auswirkungen sowie Langzeitfolgen und dauerhafte Schädigungen sind durch Gewalt möglich.[39]

Unmittelbare Reaktionen auf Misshandlungen

Schockreaktionen, Erstarrung, Nichtansprechbarkeit, Angst, Panik, Schreien, Rufen nach Bezugspersonen, langes Weinen, Anklammern, Abwehr, Umsichschlagen, Verstecken, Verwirrtheit

Mittel- und langfristige Auswirkungen
Rückzug, Isolation, Verlust von Urvertrauen, Verlust von Respekt und Achtung gegenüber den Eltern, Antriebslosigkeit, Spielunlust, depressive Verstimmung, hochgradige Furcht, Klammern bei der Bindungsperson, Abwehr von Zuwendung, Stagnation der Entwicklung, Regression in frühere Entwicklungsstufen, Schlafstörungen, Schulversagen, Schulschwänzen, geringes Selbstwertgefühl, Gewaltverhalten/erhöhte Aggressivität oder besonders angepasstes Verhalten, selbstschädigendes Verhalten, Selbstverletzung, Suizidgefahr

Langzeitfolgen und dauerhafte Schädigung
schwere psychosomatische Leiden, Zerstörung des positiven Lebensgefühls, Selbstverachtung, Ablehnung sozialer Beziehungen, Bindungsangst, Wiederholung erlebter Beziehungsmuster, Rechtfertigung und Leugnung des Geschehens, Suizid

Strukturelle Gewalt: Wenn ungleiche Machtverhältnisse Kinder benachteiligen

Neben der personalen Gewalt, die von einer bestimmten Person ausgeht, gibt es strukturelle Gewalt in unserer Gesellschaft, die sich auch auf Erziehung beziehungsweise Sozialisation auswirkt. Strukturelle Gewalt behindert oder verhindert die Entwicklungs- und Lebenschancen von Kindern, dabei gibt es keine direkten Täter*innen und auch keinen plötzlichen Angriff. Es ist ein gesellschaftliches Klima, es sind Rahmenbedingungen ungleicher Machtverhältnisse, die sich auf die Lebenschancen auswirken. Kinder werden nicht mitgedacht oder bewusst übersehen. Das spielt auch in die Familie hinein. Dort herrschen zwischen Eltern und Kindern ungleiche Machtverhältnisse, auch in Ermangelung spezifischer Kinderrechte: Eltern haben die Macht, zu bestimmen, weil sie kräftiger sind, über finanzielle Mittel verfügen und Kinder von ihnen abhängig sind. Basiert die Beziehung zwischen Eltern und Kindern vorrangig auf diesem Machtgefälle und werden Kinder per se als unterlegen betrachtet, haben sie wenig Mitbestimmungsrecht in familiären Fragen, müssen sich mehr unterordnen und anpassen. Ihre Stimmen werden nicht gehört oder berücksichtigt, weshalb sich von Seiten des Kindes auch keine Vertrauensbasis entwickeln kann.

Nele ist 15 Jahre alt, ist durchschnittlich gut in der Schule und hat gute Freundschaftsbeziehungen zu gleichaltrigen Jugendlichen. Sie lebt mit ihrer Mutter, ihrem Vater und ihrem zehnjährigen Bruder in einer Großstadt. Ihre Eltern wollen jetzt, wo die Kinder »aus dem Gröbsten raus« sind, endlich einen längeren Auslandsaufenthalt machen und beschließen, für drei Monate nach Thailand zu gehen. Nele aber möchte ihre Freunde und die Schule nicht verlassen. Sie könnte diese drei Monate auch bei ihrer 60-jährigen, halbtags als Verkäuferin arbeitenden Großmutter wohnen, aber Neles Eltern setzen durch, dass sie an dieser »einmaligen Chance« teilnimmt.

Wir Eltern können uns aber auch des Machtgefälles bewusst werden und versuchen, dieses nicht zu unserem eigenen Vorteil auszunutzen, sondern Kindern ein aktives Mitspracherecht einräumen, beispielsweise in Form von regelmäßigen Familienkonferenzen oder -räten, in denen alle Familienmitglieder zu Wort kommen und in Bezug auf familiäre Entscheidungen ein Mitsprache- und Vetorecht haben. In solchen Konstellationen wird nicht davon ausgegangen, dass Kinder sich per se unterordnen müssten, sondern das Ziel von Entscheidungen ist die Herbeiführung von Kompromissen. In Neles Situation gehen die Eltern einfach davon aus, dass sie es besser wissen und Nele nicht absehen kann, was sie verpassen würde. Gleichzeitig befindet sie sich mitten in der Pubertät, und ihre Sozialkontakte sind gerade jetzt sehr wichtig. Es gibt keine offensichtlichen Gründe (Schule, andere Probleme), warum Nele nicht zuzutrauen wäre, die Zeit bei ihrer Großmutter zu überbrücken. Auch Kompromisse werden nicht erwogen, wie beispielsweise, dass Nele im Bedarfsfall hinterherkommen könnte, wenn sie ihre Familie zu sehr vermisst. Neles Fall liegt in einem Zwischenbereich von personaler und struktureller Gewalt. Aufgrund der ungleichen Machtverhältnisse gehen Neles Eltern (wie viele andere) davon aus, per se die richtige Entscheidung treffen zu können, nach der sich Nele richten soll.

Unser Bild vom Kind und unser Bild von der Aufgabe als Eltern vermittelt uns, dass Eltern besser wissen, wie Kinder handeln sollen. Diese weit verbreitete Haltung wird auch als Adultismus bezeichnet. Der Paritätische Wohlfahrtsverband erklärt Adultismus als »oft die erste Form von Diskriminierung, die Menschen erleben. Kinder lernen hier früh, dass die Abwertung und Unterdrückung anderer in Ordnung ist«.[40] Damit wird schon in Kinderjahren der Boden dafür bereitet, dass auch andere Diskriminierungsformen wie Rassismus, Ageismus, Heterosexismus, Ableismus als normal angesehen werden.[41] Wir wachsen durch diese erste Unterdrückungserfahrung in ein kompliziertes System der diskriminierenden -ismen hinein, denen wir selbst ausgeliefert sind und die wir irgendwann selbst verwenden. Rollenklischees und die Unterdrückung von Emanzipation gehören ebenfalls diesem Gewaltbereich an.

Aber auch außerhalb der Familie finden wir Machtstrukturen, die sich nachteilig auf Kinder auswirken, weil Kinder und spezielle Kinderbedürfnisse nicht mitgedacht werden. Das deutlichste Beispiel für strukturelle Gewalt ist Armut: Selbst wenn viele Eltern versuchen, als Puffer zu fungieren und Abstriche bei sich selbst zu machen, bedeutet Armut für Kinder sehr oft Mangelversorgung und Einschränkung, sowohl in der Gesundheitsversorgung als auch bei Konsumgütern, Freizeitaktivitäten und Bildungsangeboten, was sich dann wiederum auf Teilhabe in Gruppen und Zugehörigkeit auswirken kann. Jugendforscher Prof. Dr. Klaus Hurrelmann hält fest: »Leistungsschwache Schülerinnen stammen überwiegend aus sozial und wirtschaftlich benachteiligten Familien. Viele von ihnen leben an der Grenze zur relativen Armut. Eltern mit geringen beruflichen und schulischen Qualifikationen tun sich schwer damit, ihren Kindern die dauerhafte Anerkennung, Anregung und Anleitung zukommen zu lassen, die sie zum Aufbau einer starken Persönlichkeit benötigen.«[42] Unter Armut leiden Kinder also direkt und auch indirekt durch die sozialen und psychischen Folgen, die diese nach sich zieht.

Ein anderes Beispiel für strukturelle Gewalt gegenüber Kindern ist der Straßenverkehr, der nicht nur eine Gefahr für Kinder darstellt, sondern zudem die Bewegungsfreiheit von Kindern einschränkt und ihre Möglichkeiten, sich selbständig (insbesondere in Städten) zu bewegen und unbegleitet mit anderen Kindern zu spielen. Mich erreichen oft Fragen von Eltern dazu, ab wann das richtige Alter sei, Kinder allein zur Schule gehen zu lassen. So kürzlich auch von Rebecca mit ihrem Sohn Denni, der wenige Wochen zuvor in die Schule kam und kurz nach Schulbeginn erklärt, er wolle lieber allein nach der Schule nach Hause laufen. Hierzu müsse er eine Straße mit Zebrastreifen überqueren, aber Rebecca hatte schon oft beobachtet, dass die Autos dort rasen und nicht genug auf die Kinder Rücksicht nehmen.

Natürlich gibt es keine objektive Antwort auf diese Frage. Auch hier müssen wir auf das Kind sehen. Es gibt ängstlichere und mutigere Kinder: Manche trauen sich diese Wege früher und manche später allein zu. Es gibt Kinder, die verträumter sind und weniger auf die Umgebung achten, wenn sie ihren Gedanken nachhängen, und Kinder, die das Geschehen gut im Blick haben. Zudem gibt es gefährlichere Wege und ungefährlichere. Wenn das Kind allein gehen möchte (oder muss), können wir als Eltern diese Aspekte in den Blick nehmen: Wie ist mein Kind, was braucht es für einen sicheren Weg? Bleibt es am Zebrastreifen stehen, bis das Auto steht, bevor es losgeht? Kann es mit anderen Kindern Laufgemeinschaften bilden? Braucht es sichere Plätze (Cafés, Läden), an die es sich im Problemfall wenden kann und die man vorher mit dem Kind erkundet? Braucht es ein Handy für den Weg, um Sicherheit zu haben? Und vor allem: Welche Ängste habe eigentlich ich als Elternteil, und sind diese wirklich realistisch?

Viele Eltern sind aufgrund des Straßenverkehrs verängstigt und geben ihren heranwachsenden Kindern in ihrem Wunsch nach Selbständigkeit nicht nach. Sie zwingen ihre jüngeren Kinder, viele Jahre an der Hand zu laufen, oder nutzen Gehgeschirre für Kinder, sogenannte Sicherheitsgurtsysteme, mit denen Kinder an einer Leine geführt werden, beziehungsweise Handgelenksleinen, die Eltern und Kind verbinden. Natürlich gibt es berechtigte Ängste, und gerade in größeren Städten haben wir besonders für Kleinkinder gefährliche Situationen. Wir müssen unseren Blick aber auch darauf lenken, dass uns diese Rahmenbedingungen zu einem übergriffigen Verhalten zwingen und Gewalt gegenüber Kindern hervorrufen können. Anstatt nämlich diese Rahmenbedingungen aktiv anzugehen und zu verändern, manipulieren wir an dem schwächsten Glied dieser Kette, den Kindern.

Auch die Stadtplanung kann strukturelle Gewalt hervorrufen, wenn es zu wenig Freiflächen für das kindliche Spiel gibt oder Freiflächen mit »Nicht betreten«-Schildern versehen werden.

Im Jahr 2019 hat die 16-jährige Klimaaktivistin Greta Thunberg zusammen mit 15 anderen Kindern aus der ganzen Welt beim UN-Kinderrechtsausschuss eine Individualbeschwerde eingereicht:[43] Die Klimakrise verletzt die Rechte der Kinder global und die für sie verantwortlichen Länder, so auch Deutschland, sollen die nationalen Gesetze am Maßstab der wissenschaftlichen Erkenntnisse ausrichten, um der Krise entgegenzuwirken. Ja, auch die Umweltzerstörung und der Klimawandel sind Formen struktureller Gewalt. Als Erwachsene prägen wir mit unserem (Konsum-)verhalten die Welt und zukünftige Ressourcen beziehungsweise den Mangel daran. Wenn wir wissentlich und bewusst nichtnachhaltige, unökologische Entscheidungen treffen, üben wir den Menschen gegenüber Gewalt aus, die schon heute unter den Folgen des Klimawandels besonders leiden, und wir belasten unsere Kinder, die diese Folgen in vollem Umfang ausbaden müssen: Jede nicht notwendige Flugreise, jede bewusste Entscheidung gegen nachhaltige Produkte zugunsten der einfacheren Alternative ist eine Form von struktureller Gewalt. Nachhaltigkeit ist nicht für alle Familien machbar beziehungsweise finanzierbar. Umso schlimmer ist es aber, wenn jene, für die es möglich ist, dieses Wissen nicht anwenden oder ihre Privilegien nicht dafür einsetzen, einen Strukturwandel zu unterstützen, um Nachhaltigkeit finanzierbar zu machen. So unbequem es ist: Wir müssen dies heute mitdenken, gerade wenn wir über Zukunft nachdenken.

Institutionelle Gewalt in Kita und Schule
Das Bild des zu formenden Kindes hat sich auf alle Bereiche ausgewirkt, in denen Kinder sich bewegen, und auch die Institutionen Kita und Schule sind nicht frei davon. Im Gegenteil, gerade Institutionen unterstützen durch die darin vorhandenen Strukturen und oft ungleichen Machtverhältnisse Gewalt und übergriffiges Erziehungsverhalten. Da in Einrichtungen wie Kitas und Schulen viele Menschen zusammenkommen, sollen Regeln dafür sorgen, dass ein friedliches und rücksichtsvolles Miteinander möglich ist.

Auf der anderen Seite ermöglichen diese Strukturen ein Machtgefälle zwischen Lehrer*in/Erzieher*in und Kindern: Die erwachsene Person ist ein ausführendes Organ der Regeln, die nicht mit den Kindern gemeinsam aufgestellt wurden, und soll bestimmte Auflagen durchsetzen: gemeinsames Lernen, Essen, Basteln ... Dabei wird vom Kind Konformität und oft Leistung gewünscht, während Spontanität und individuelle Bedürfnisberücksichtigung nicht immer machbar sind.

Institutionen geben Rhythmen und Abläufe vor: wann gegessen wird, wann Pause ist, wann gelernt werden soll, wann rausgegangen wird, wann Ruhezeit ist. Oft wird auch durch die räumliche Gestaltung ein gewisser Druck vorgenommen, der »Raum wird zum Pädagogen«. Dies hört sich zwar einerseits freiheitlich an, auf der anderen Seite begrenzt es aber zugleich. Räumlichkeiten geben Struktur, sie disziplinieren aber gleichsam: Wer wo und wie sitzt, wird oft durch die Erziehenden bestimmt, nicht durch die Vorlieben und Abneigungen der Kinder; in Kitas und Schulen werden Sitzpläne für die Tischordnung vorgegeben und auch zur Disziplinierung eingesetzt.

Das führt dazu, dass vielleicht nicht alle Kinder Hunger haben, wenn es um eine bestimmte Uhrzeit Essen gibt. Oder dass nicht alle Kinder in der Mittagspause ruhen wollen oder manche vielleicht schon früher müde sind. Dass solche individuellen Unterschiede vorkommen, ist normal. Aber wie sie gelöst werden, ist eine Frage des Konzepts und der Möglichkeiten, wobei auch hier die Rahmenbedingungen wie Erzieher*innen-Kind-Schlüssel und Ausbildung etc. eine wichtige Rolle spielen: Es gibt beispielsweise Kitas und Schulen, in denen Kinder in kleinen Bistros individuell ihre Mahlzeiten einnehmen können. Es gibt Kitas und Schulen mit Ruhezonen oder -räumen, in die sich müde Kinder zurückziehen können. Und wenn Mittagsschlaf gehalten wird, müssen die Kinder, die gar nicht müde sind, auch nicht schlafen. Ebenso wenig, wie alle Kinder gleichzeitig auf Toilette sollen oder gar zum Essen gezwungen werden, damit sie später auch satt sind.

In den Schulen kommt der Leistungsdruck hinzu: Lehrpläne geben das Soll vor, das die Kinder lernen müssen. Meist gibt es altershomogene Gruppen, in denen die Kinder von einer Lehrperson unterricht werden. Die Wissensvermittlung innerhalb einer altersheterogenen Gruppe, in der sich Kinder gegenseitig stützen können, ist bisher noch die Ausnahme. Da Kinder allerdings nicht immer und nicht absehbar die gleichen Ziele und Vorstellungen verfolgen wie Erwachsene, kommt es auch hier zu Konfrontationen, da unterschiedliche Vorstellungen aufeinandertreffen. Mehr noch als in den Familien sind in den Kitas und Schulen die Erwachsenen unter Handlungsdruck, um bestimmte Regeln einzuhalten und Ziele zu erreichen. Leistungsmessungen und -dokumentation mittels Tests und Noten können den Druck weiter erhöhen und auch zu einem Wettstreit unter den Kindern führen. Auch auf Seiten der Lehrperson steigt durch die Benotung und durch strenge Lernziele pro Schuljahr die Wahrscheinlichkeit, Druck auf die Kinder auszuüben. In Kombination mit einem überholten Bild vom Kind oder traditionellen Erziehungsvorstellungen kann dies zu einem größeren Problem für Kinder werden. Während hierzulande körperliche Gewalt auch in Kitas und Schulen nicht mehr als Erziehungsmittel eingesetzt werden darf, sind 2018 laut UNICEF[44] 720 Millionen Schulkinder in ihren Ländern nicht vor körperlichen Strafen geschützt gewesen. In Indien erlebten beispielsweise 78 Prozent der acht Jahre alten Schulkinder körperliche Strafen. Mehr als 100 000 Kinder sind in US-Schulen körperlicher Gewalt wie dem Paddling, dem Schlagen mit einem Holzbrett, ausgesetzt, wobei PoC (Person of Color) oder Kinder mit Behinderung wesentlich häufiger geschlagen werden.[45] Verstärkt werden kann das Problem des Adultismus – der Diskriminierung durch Erwachsene – im Rahmen struktureller Gewalt nämlich auch dann, wenn noch andere Formen der Diskriminierung dazukommen wie beispielsweise Rassismus: Eine weiße Lehrperson, die Alltagsrassismus internalisiert hat, kann durch die ungleich verteilte Macht im System Schule einzelne Kinder noch mehr benachteiligen, was sich langfristig auf diese Kinder auswirkt. Aber auch Geschlecht, Gender, soziale Schicht und andere Faktoren können durch die Struktur von Kita und Schule Gewalt verstärken, denken wir beispielsweise an Mathelehrer, die Mädchen in diesem Unterrichtsfach per se abwerten.[46] Kinder, die dann durch die gemachte Norm fallen, die das Ziel nicht erreichen, werden im nächsten Schritt als förderwürdig kategorisiert, um schließlich doch noch in das Soll zu passen.

Viele Fachpersonen sind sich ihrer verinnerlichten Bilder von Erziehung oder vom Kind nicht bewusst oder reflektieren sie nicht als so problematisch, wie sie tatsächlich für Kinder sind, die innerhalb eines solchen Systems immer die Schwächeren sind. Natürlich ist diese Form der Gewalt laut UN-Kinderrechtskonvention Artikel 2 eigentlich unzulässig – aber auch hier sehen wir, dass Gesetz und Praxis noch nicht zusammengehen.

Während und nach meinem Studium habe ich in verschiedenen Forschungsprojekten zur Einschätzung pädagogischer Qualität in Kindertageseinrichtungen und zur Weiterbildung von Fachpersonal gearbeitet. Dabei haben wir in Kindertageseinrichtungen oft Beobachtungen durchgeführt, die anschließend ausgewertet wurden, und den Erzieher*innen Rückmeldungen und Anregungen gegeben. Einmal beobachtete ich eine Vorlesesitzung in einer Kleinkindgruppe: Der Erzieher las einer Gruppe von Kindern ein Buch vor. Die Kinder scharten sich um ihn, schoben sich ein wenig hin und her. Er machte zwischendurch Pausen, um die Kinder neu anzuordnen oder kleinere Streitereien zu beheben. Dabei fiel auf, dass er eines der kleinen Kinder, ein Schwarzes Mädchen, immer wieder an den Rand schob, freundlich, aber bestimmt. Als wir die Situation später auswerteten, erklärte er, er habe das getan, da sie ja sowieso noch nichts verstehen würde, da sie erst vor kurzem in die Kita gekommen sei und kaum Deutsch spreche. Er war sich seines ausgrenzenden Verhaltens und des Rassismus dieser Handlung nicht bewusst.

Wesentlich für die Verhinderung solcher Gewalt ist eine sehr gute Schulung von Lehrpersonen und Erzieher*innen, die in ihrer Ausbildung zwar einerseits allgemeines Wissen über die kindliche Entwicklung vermittelt bekommen, gleichzeitig aber auch die vielen Variationen kindlicher Entwicklung verstehen müssen und Erfahrungen in der praktischen Umsetzung dieses Wissens brauchen. Schulung, Weiterbildung, Reflexion und Supervision sollten zur Verhinderung von struktureller und institutioneller Gewalt in Kitas und Schulen zum Alltag gehören. Wie bei Eltern ist auch bei den Lehrenden die fehlende Fehlertoleranz unserer Gesellschaft ein zusätzliches Problem: Wenn wir sehen, wie Kindheit bislang gelebt wurde und welchen Einflüssen sie unterworfen war, ist klar, dass wir alle an der ein oder anderen Stelle Probleme damit haben, es anders zu machen. Dies sollten wir als normal annehmen und Unterstützungsstrukturen entwickeln, die einen guten Umgang damit ermöglichen.

Natürlich gilt ein sofortiges Eingreifen zum Schutz des Kindes als notwendig. Daneben braucht es für die Täter*innen aber auch eine fachliche und therapeutische Aufarbeitung und Unterstützung – auch bei dem, was wir bislang als »kleine Probleme« betrachten, wenn in Kitas oder Schulen Kinder angeschrien werden oder zu sogenannten »Probehäppchen« gezwungen werden. Wir brauchen an allen Stellen anonyme, niedrigschwellige Beschwerdesysteme, Mediation und Supervision. Es muss die Möglichkeit geben, dass Kolleg*innen ein problematisches Verhalten im Mitarbeiter*innenkreis wahrnehmen und dieses wertfrei melden können für eine gemeinsame Aufarbeitung ohne Beschämung. Kurz: Wir müssen eine Kultur entwickeln, in der offen damit umgegangen wird, dass wir alle gerade auf dem Weg sind, Erziehung zu verändern und Gewalt überhaupt erst einmal mit offenen Augen zu sehen. Eine Kultur, die vor allem lösungsorientiert vorgeht. Solange solche Unterstützungssysteme nicht breit gefächert vorhanden sind, wird Gewalt verheimlicht, verdeckt und viel zu oft von anderen mitgetragen. Leider sind solche Wünsche noch weit entfernt von der Realität. Wir können sogar sagen, dass die Politik die Gewalt in institutionellen Einrichtungen der Betreuung und Bildung durch den Einsatz wenig qualifizierter oder gar nicht ausgebildeter Personen oder Quereinsteiger*innen ohne pädagogische Ausbildung und der Vorenthaltung von regelmäßiger, staatlich subventionierter Supervision noch befördert. 2012 hatten die damalige Arbeitsministerin Ursula von der Leyen und Familienministerin Christina Schröder vorgeschlagen, die aus der Insolvenz des Drogeriemarkts Schlecker arbeitslos gewordenen »Schlecker-Frauen« (auch diese Wortwahl hat schon etwas Diskriminierendes!) zu Erzieherinnen umzuschulen, um den Fachkräftemangel in diesem Bereich zu decken.[47] Auch wenn diese eine Umschulung erhalten hätten, sollte den Anforderungen für den Erzieher*innenberuf und den Kindern von politischer Seite so viel Respekt entgegengebracht werden, dass ein solches Vorgehen nicht diskutabel ist. Vielleicht mag sich unter den ehemaligen Drogeriemitarbeiter*innen durchaus die ein oder andere gefunden haben, die wirklich gern, reflektiert und mit Engagement dieser Arbeit nachgehen kann, aber sicherlich ist nicht von einer flächendeckenden Eignung beziehungsweise einem Interesse auszugehen, das diese Tätigkeit als Grundvoraussetzung mitbringen sollte. Nicht-Pädagog*innen mögen helfende Hände sein und fachliche Lücken füllen können, aber die Gefahr, dass sie ihre eigenen unreflektierten Erziehungsvorstellungen, Gewalterfahrungen und Diskriminierungen in den Erziehungsalltag einbringen, ist groß. Neben Ausbildungsdefiziten, mangelnden Kenntnissen, belastenden eigenen Erfahrungen und generationenübergreifender Weitergabe von Gewalt führt Dr. Jörg Maywald, Geschäftsführer der Deutschen Liga für das Kind, zudem als mögliche Ursachen für Gewalt im institutionellen Kontext akute und chronische Belastungen, die Zugehörigkeit zu einer Sekte oder extremistischen Gruppierung, strukturelle Mängel (wie schlechte räumliche und personelle Ausstattung), mangelnde Unterstützung im Team, fehlende Schutzkonzepte und unzureichende Thematisierung von Gewalt sowie situative Überforderung auf.[48]

Die Psychologin und Pädagogin Dr. Anke Elisabeth Ballmann, die jahrelang in Kitas tätig war, hat mit ihrem 2019 erschienenen Buch *Seelenprügel* konkret aufgezeigt, wo Kinder im Kitaalltag Demütigung und Gewalt erfahren: vom fehlenden Trösten von weinenden Kindern, mangelnder Rücksicht auf die Fähigkeiten von

Kindern und Überforderung, körperlicher Gewalt bei den Mahlzeiten über die Androhung oder Durchführung von Disziplinierungsmaßnahmen bis hin zum Mangel an Möglichkeiten zur freien Entfaltung. Und das gilt für viele Kitas, wie beispielsweise die 2012 erschienene NUBBEK-Studie, die von der Bundesregierung in Auftrag gegeben wurde, bestätigt: »Jeweils über 80 Prozent der außerfamiliären Betreuungsformen liegen hinsichtlich der pädagogischen Prozessqualität in der Zone mittlerer Qualität. Gute pädagogische Prozessqualität kommt dabei in jedem der Betreuungssettings in weniger als 10 Prozent der Fälle vor; unzureichende Qualität dagegen – mit Ausnahme der Tagespflege – in zum Teil deutlich mehr als 10 Prozent der Fälle.«[49]

Strukturelle und institutionelle Gewalt finden wir an vielen Stellen in unserer Gesellschaft. Und nicht nur Institutionen wie Schule und Kita fallen durch Gewalt begünstigende Strukturen auf, sondern auch andere Institutionen, wie (Sport-)vereine oder die Kirche, sind besonders in den letzten Jahren in den Fokus gerückt. Auch dies sind weder Einzelfälle noch erst heute auftretende Schwierigkeiten, sondern über Jahrzehnte (und Jahrhunderte) verschleppte Probleme. Heime, Internate, Klosterschulen – all diese Einrichtungen mit strengen Hierarchien sind anfällig für vielfältige Formen der Gewalt, wie beispielsweise der Film *Bambule* im Jahr 1970 aufdecken sollte, den die Journalistin und spätere Mitbegründerin der RAF, Ulrike Meinhof, initiiert und begleitet hat, die lange zu Heimunterbringungen und ihren Folgen recherchiert hatte. Aufgrund der damaligen politischen Lage wurde der Film jedoch nicht wie geplant ausgestrahlt, und die Gewalt wurde einfach fortgeführt. Die Situation der Heimkinder in Deutschland wurde erst sehr viel später, unter anderem nach Enthüllungsberichten von Betroffenen, offiziell durch die Aufarbeitung des »Runden Tisches Heimerziehung« aufgedeckt, und es wurde ganz klar festgestellt, dass »sich in

Heimen [eine] repressive und rigide Erziehung etablierte, die in geschlossenen Systemen jedes Maß verlor«.[50] Wir müssen uns auch bewusst machen, dass innerhalb ein und derselben Institution die Rahmenbedingungen für Kinder individuell ganz unterschiedlich aussehen können: Während unser Kind dort gute Erfahrungen macht, wertgeschätzt und respektiert wird, kann ein anderes Kind in derselben Gruppe ganz andere Erfahrungen machen – weil es eine andere Hautfarbe oder Religion hat, ein anderes Temperament oder Aussehen. Wir sollten – gerade im Hinblick auf Macht und Gewalt – unsere eigenen Erfahrungen nicht objektivieren und die Möglichkeit im Blick behalten, dass Kinder ganz verschiedene Realitäten erleben. Wie oft lesen wir nach Gewalttaten in Zeitungsberichten, dass Täter*innen von Nachbarn und Bekannten als »freundlich, hilfsbereit, unauffällig« beschrieben werden? Menschen haben verschiedene Facetten und können freundlich sein und zugleich rassistisch, gewalttätig, ableistisch etc. Wir müssen unser Denken für eine neue Ambiguitätstoleranz öffnen: die Fähigkeit, mehrdeutige Situationen und widersprüchliche Handlungsweisen zu ertragen. Diese Fähigkeit ist für die Wahrnehmung von Gewalt ein Augenöffner und eine Hilfe für das Mitgefühl für Betroffene. In Schul- und Kitasituationen kann das Wissen um Ambiguität uns darüber nachdenken lassen, dass die nette Lehrperson vielleicht zu einem anderen Kind ganz anders ist und die Probleme, die ein Kind oder andere Eltern schildern, nicht absurd oder aus der Luft gegriffen sind, sondern ein Teil einer Realität neben der unseren. Das bedeutet nicht, dass wir per se misstrauisch sein sollten gegenüber Lehrer*innen, Erzieher*innen und anderen, aber wir sollten offen sein, wenn andere Eltern von Problemen berichten, und ihnen nicht Sätze an den Kopf werfen wie »Das kann ich mir nicht vorstellen, Frau X/Herr Y ist immer so nett!«.

Besonders dramatisch ist, dass wir um die Auswirkungen der Gewalt auf die Entwicklung von Kindern wissen und die Politik dennoch Faktoren aufrechterhält, die diese Gewalt befördern, beispielsweise in Hinblick auf die Ausdehnung des Erzieher*innen-Kind-Schlüssels, zu wenig finanzieller Hilfen für Institutionen, zu geringe Ausbildungsstandards etc. Dass institutionelle Gewalt stattfindet, ist wesentlich auch auf die von der Politik beförderten schlechten Rahmenbedingungen zurückzuführen. Auch im Hinblick auf Schulen ist die Politik mehr gefragt: Nur sechs Prozent des Bruttoinlandsprodukts steckt Deutschland in die Bildung, während in den meisten OECD-Ländern mehr investiert wird, insbesondere in den skandinavischen Ländern mit rund zehn Prozent.[51] Hierdurch ergeben sich Nachteile für alle Kinder, aber besonders für jene, die bereits zu Hause von Armut betroffen sind und dann in der Schule nicht aufgefangen werden.

Bedürfnisorientierte Familien und Gewalt

Wenn wir in einer Umgebung leben, in der wir vorwiegend Eltern erleben und kennen, die bedürfnisorientiert mit ihren Kindern umgehen, dann befinden wir uns in einer Blase. Aufgrund unserer eigenen Erfahrungen und Haltung sind wir schnell geneigt, unsere persönlichen Erfahrungen zu verallgemeinern, auf andere zu übertragen und die tatsächlichen Probleme unserer Gesellschaft auszuklammern. »Ich habe kein Problem mit Gewalt und Machtmissbrauch, denn wir leben bedürfnisorientiert!« So erscheint es manchmal in Social Media, wenn das eigene Familienleben allzu blumig dargestellt wird. Auch hier gibt es an vielen Stellen zu wenig Toleranz für die Herausforderung, die Probleme und das Scheitern, die der neue Weg des Familienlebens ohne Vorbilder mit sich bringt. Dabei ist es, wenn wir ehrlich sind, genau so: Wir sind auf dem Weg und machen auch Fehler. Selbst in dieser Blase hadern viele Eltern mit ihren Vorstellungen, Gedanken und Handlungen – oder überhöhen die eigentlich so sinnvollen Werte.

Es gibt wie gesagt nicht »die Kindheit« – und es gab sie auch nie. Aber wir können festhalten, dass Kindheit heutzutage und hierzulande ein gesetzlich schützenswerter Raum ist, in dem Kinder für das Leben und die Zukunft vorbereitet werden. Diesen Raum haben Erwachsene mit dem angefüllt, was sie als Kindheit definiert haben. Und selbst in bedürfnisorientierten Familien gibt es bestimmte Vorstellungen von einer bestimmten Kindheit, die es den Familien manchmal schwer macht und den Druck erhöht. Überall da, wo das Harmoniestreben zur obersten Priorität wird, wo wir es ganz besonders anders machen wollen, wo Streit nicht als natürlicher Diskurs, sondern als Versagen erlebt wird, wo Geschwisterauseinandersetzungen als Zeichen für Erziehungsfehler angesehen werden, sind wir auf einem Abweg des richtigen Verständnisses. Schnell wandelt sich Bedürfnisorientierung in eine To-do-Liste mit Punkten wie Langzeitstillen, Baby Led Weaning, Einschlafbegleitung, Barfußschuhennutzung, Reboarder-Anschaffung etc. Und so eine innere Liste setzt sowohl Eltern als auch Kinder unter Druck. An die Stelle von individueller Begleitung tritt eine Idee, ein Konstrukt, eine Methode. Und sobald wir uns einer Methode verpflichten, tun wir uns und unseren Kindern auf eine subtile Weise Gewalt an.

Carlotta hatte sich vorbereitet: Sie hatte Bücher über bedürfnisorientiertes Familienleben gelesen, Bücher über selbstbestimmtes Gebären und moderne Mutterschaft. Vor der Geburt ihrer Tochter Felicitas hatte sie genau im Blick, was sie tun wollte: stillen, Familienbett, breifrei, Beziehung statt Erziehung leben. Doch schon nach der Geburt traten Probleme auf: Das Stillen klappte nicht, auch nicht mit Stillberaterin, und nach sechs Wochen musste sie zufüttern. Dies stürzte Carlotta in eine Krise: Sie stellte sich selbst infrage, haderte mit ihren Ansprüchen und deren Erfüllung, versuchte, »wenigstens« in allen anderen Bereichen mehr zu geben, damit Felicitas gut aufwachsen könnte. Das war erschöpfend, und sie ging oft über ihre Grenzen hinaus, wobei sie den Blick für die wirklichen Bedürfnisse ihrer Tochter verlor – gerade weil sie es ganz besonders gut machen wollte. Sie ließ sich wegen Schlafproblemen beraten, da Felicitas sehr unruhig im Familienbett schlief, was auch den Eltern den Schlaf raubte. Es war schwer für Carlotta, vom Gedanken des gemeinsamen Bettes abzurücken und ihre Tochter in ein eigenes Bett zu legen, weil sie doch in der Nähe und geborgen schlafen sollte. Sie brauchte eine Weile, um zu verstehen, dass Felicitas' Schlafbedürfnis nicht zu dem Punkt »Familienbett« auf Carlottas Liste passte – und dass das okay war. Obwohl sich Felicitas gut entwickelte, konnte sie sich bis heute, zwei

Jahre nach der Geburt, nicht von dem Gedanken lösen, ihr keinen optimalen Start gegeben zu haben.

Zwischen unserem Anspruch (dem Recht auf gewaltfreier Erziehung) und der Wirklichkeit (unserem Erziehungsalltag) klafft eine Lücke, die wir noch schließen müssen. Das ist nicht einfach, denn selbst bei allem guten Ansinnen verbirgt sich die Last der Vergangenheit, die wir tragen, in vielen kleinen Momenten des Alltags.

Selbst dort, wo wir bindungs- oder bedürfnisorientiert Kinder begleiten, sind wir nicht frei von den gelegentlichen Gedanken, die in uns aufblitzen und zum Vorschein bringen, was über Etikettierungen, Geschichten, Märchen und eben Erziehungspraktiken in uns verankert wurde: Will mich mein Kind nur austricksen? Ist das hier ein Machtspiel? Wenn ich jetzt nachgebe, wird das Kind vielleicht doch ein Tyrann? Vielleicht verwöhne ich das Kind ja doch zu sehr und bin zu nachgiebig? Wer solche Gedanken noch nie hatte, kann das Buch nun zur Seite legen. Wer aber doch an der ein oder anderen Stelle mit diesen Gedanken zu kämpfen hat, sollte weiterlesen. Es ist in Anbetracht der Geschichte, die hinter uns liegt, nicht verwunderlich, dass wir so denken. Es ist auch nicht verwunderlich, wenn wir diese Last an Gewalt, die auf unseren Schultern liegt, noch nicht vollständig abwerfen konnten. Wichtig aber ist, dass wir uns ihr widmen, dass wir hinsehen und hinterfragen, wo sie in unseren Köpfen lediglich als mahnende Stimme im Hintergrund auftaucht und wo sie sich aber vielleicht einen Weg bahnt – in ein Handeln, das wir eigentlich gar nicht wollen und das so geschickt versteckt ist, dass es nur schwer zu durchschauen ist.

»Ich wünschte und wünsche,
Gewalt zu vermeiden.
Gewaltfreiheit ist der erste und letzte
Grundsatz meines Glaubens.«

Mahatma Gandhi[1]

DREI

Wo überall Gewalt enthalten ist und wie wir es anders machen können

Manche Eltern geben die eigenen Verletzungen direkt weiter: Sie schlagen ihre Kinder, beschimpfen oder bedrohen sie. Die als wirksam erfahrenen Handlungsstrategien aus der eigenen Kindheit werden übernommen, ohne die eigenen Erfahrungen infrage zu stellen. Durch die Vermeidung der schmerzhaften Auseinandersetzung mit der eigenen Vergangenheit wird ein idealisiertes Bild der eigenen Eltern aufrechterhalten, und man muss sich der nochmals verletzenden Abwertung und Gewalt nicht stellen. Doch nicht alle geschlagenen Menschen schlagen später auch ihre Kinder. Viele wollen es anders machen, aber das Machtgefälle von Eltern und Kind und die fehlenden Handlungsalternativen in schwierigen Situationen haben sich so tief in uns eingebrannt, dass wir zwar nicht physisch gewaltvoll handeln, aber auch nicht gänzlich gewaltfrei mit den Kindern umgehen können. Oft ist der Ursprung der gewaltvollen Einstellung gar nicht so sichtbar oder leicht ableitbar, denn der Prozess, warum Kinder von ihren Eltern gewaltvoll behandelt werden, ist schwer zu durchschauen, und die psychischen Auswirkungen von Gewalt auf späteres Handeln werden verkannt. Sind wir selbst darin gefangen, sehen wir oft nicht, dass das eigene Verhalten wie im ersten Teil beschrieben eine Reaktion auf das Erlebte und die verinnerlichten Selbstbilder ist. Wir denken, wir würden frei entscheiden und handeln und scheinbar logisch auf das Verhalten des Kindes reagieren, dabei löst das Kind in uns ein Verhalten aus, das durch die früheren Verletzungen provoziert wird. Unsere eigene Erziehung, die Bilder unserer Vergangenheit wirken nach – selbst über den Tod der eigenen Eltern hinaus. Das, was Kinder brauchen, ein gutes Verhältnis von Freiheit und Unterstützung zur Erkundung auf der einen Seite und Nähe, Zuwendung und Sicherheit auf der anderen Seite, wird unterbrochen durch unsere eigenen verinnerlichten Erfahrungen. Diese blockieren unser Handeln im sogenannten »Kreis der Sicherheit«[2]. Das Konzept dieses Kreises geht zurück auf die Therapeuten Kent Hoffman, Glen Cooper und Bert Powell, die wissenschaftliche Erkenntnisse aus der Bindungsforschung und Neurowissenschaft in ein alltagsnahes Interventionskonzept bei Problemen in der Eltern-Kind-Beziehung gebracht haben. Diesem Modell zufolge bewegen sich Kinder jeden Tag viele Male zwischen dem Bedürfnis nach Geborgenheit und Sicherheit und dem Bedürfnis nach Erkundung. Allerdings ist es für Erwachsene nicht immer einfach, einzuordnen, welches Bedürfnis das Kind gerade hat und wie genau sie darauf reagieren können. Wichtig ist laut Konzept, dass wir als erwachsene Bezugspersonen dem Kind gegenüber als »größer, weiser, stärker und gütig« erscheinen – dies gibt die notwendige Sicherheit.

Wo genau hierbei Probleme und Blockierungen liegen, können wir nur durch Reflexion unseres eigenen Verhaltens und unserer Erfahrungen aufspüren. Diese Blockierungen sind abhängig von den individuellen Erlebnissen bei jedem Einzelnen. Um solche Problemstellen aufzudecken, ist es sinnvoll, sich die klassischen Erziehungsstrategien anzusehen, die auch heute noch oft verwendet werden.

Der stille Stuhl, Gruselgeschichten, Nachtischverweigerung, emotionale Abwendung, Überwachung – viele Eltern betrachten diese »modernen« Methoden im Erziehungsalltag nicht als problematisch. Im Vergleich zu Schlägen mit der Rute, dem Setzen auf heiße Herdplatten oder dem Einsperren im Keller erscheinen sie nahezu sanft. Aber wir befinden uns damit immer noch im roten Bereich von Maßnahmen, die für die Entwicklung von Kindern aus verschiedenen Gründen nicht förderlich sind. In vielen Erziehungsmethoden, die wir nutzen, steckt Gewalt, ohne dass wir uns dessen bewusst sind. Sie ist nicht so offen sichtbar, ist subtiler. Und wir setzen die Methoden ein, weil wir dem Kind vordergründig ja helfen wollen, damit es sich gut in dem von uns festgelegten Rahmen bewegen kann. Deswegen versuchen wir, durch Belohnung oder Bestrafung, mittels Angst, Strafe und Konsequenzen das Kind zu formen und zu bewegen. Sich diese subtilen Formen von Gewalt bewusst zu machen, ist ein wichtiger Schritt auf dem Weg zu einer wirklich gewaltfreien Erziehung. Denn frei und unverbogen ist nur, wer ohne Druck und Gewalt wachsen darf.

Angst als Erziehungsmittel

Solche Sätze haben viele von uns sicher schon einmal gesagt: »Wenn du nicht an meiner Hand läufst, dann wirst du überfahren«, oder: »Wenn du nicht lieb bist, bekommst du eine Rute zu Nikolaus!« Gerade bei jüngeren Kindern arbeiten viele Eltern mit Angst: Sie ängstigen ihre Kinder, um ein gewünschtes Verhalten hervorzurufen. Auf den ersten Blick erscheint diese Methode sinnvoll und praktisch, denn sie spielt oft mit tatsächlich möglichen Problemsituationen, wie der heißen Herdplatte oder dem Straßenverkehr. Schauen wir aber genauer hin, was dieses Erziehungsmittel bewirkt. Bei Kindern im Kleinkindalter ist dieses Erziehungsmittel wirksam, da Kinder innerhalb des Bindungssystems auf Schutz und Zuwendung angewiesen sind. Indem wir Angst in ihnen erzeugen, signalisieren wir unseren Kindern, dass wir sie nicht schützen würden oder könnten.

Das Zähneputzen ist gerade bei Kleinkindern oft ein Problem, wenn sie »einfach« nicht mitmachen wollen: Der kleine Mund geht zu, der Kopf wird geschüttelt. Viele Eltern arbeiten an dieser Stelle gegen den Willen des Kindes mit körperlicher Gewalt, teilweise wird dies sogar von Zahnärzt*innen angeraten. Wer dies ausschließt, greift oft auf Angst als Mittel der Wahl zurück: »Wenn du die Zähne nicht putzt, dann bekommst du Karies und das tut weh, und der Zahnarzt muss mit einem Bohrer in deinem Mund bohren und dir eine Spritze geben.« Viele Kleinkinder lassen sich auch von solchen Geschichten nicht beeindrucken, denn sie sind zu abstrakt für ihre Vorstellungen. Was sie aber hinterlassen können, ist eine Angst vor dem Besuch der Zahnarztpraxis. Viele Eltern denken, eine solche Geschichte wäre eben eine »logische Konsequenz«, tatsächlich ist es aber ein Arbeiten mit Ängs-

ten, durch die sie sich auch ihrer eigentlichen Elternaufgabe entziehen. Natürlich ist es schwierig, etwas zu tun, wenn das Kind nicht will. Aber unsere Verantwortung als Eltern ist es, einen gewaltfreien Weg dafür zu finden, Kinder zu schützen und ihre Bedürfnisse zu erfüllen. Genau das ist Elternschaft, alles andere ist nur Zwang. Wir müssen also kreativ sein und überlegen: Ist es die falsche Uhrzeit? Ist das Kind zu müde? Hilft ein Lied, Video, eine Handpuppe, ein Spiel, eine Zahnfärbetablette ...?

Wir sollten unsere Kompetenz und Verantwortung nicht abgeben und Ängste heraufbeschwören, auf die das Kind eher hören könnte als auf uns. Das Kind kooperiert aus Aufrichtigkeit und Beziehung – wenn die Rahmenbedingungen für das kindliche Denken und seine eigenen Möglichkeiten stimmen. Auch an dem typischen »Angstort der befahrenen Straße« können wir sicherheits- und bindungsorientiert argumentieren, indem wir zum Beispiel sagen: »Wenn du an meiner Hand läufst, kann ich noch besser aufpassen und dich vor Gefahren schützen.« Und im Falle des Nikolaus oder Weihnachtsmanns ist es sinnvoller, dass wir als Erwachsene hinter den Werten und Regeln stehen, die wir vermitteln wollen, und nicht eine andere Instanz vorschieben. Statt »Wenn du nicht lieb bist, dann ...« (wobei Kleinkinder schon allein mit dem Konstrukt »lieb« nichts anfangen können) können wir je nach Situation die Werte vorbringen, die gerade wichtig sind: »Wenn du deinen Bruder beißt, tut ihm das weh. Wir verletzen uns nicht gegenseitig in der Familie. Wenn du wütend bist, kannst du auch xy machen, das ist okay.« Lagern wir die Bestrafung auf angsteinflößende imaginäre Personen oder religiöse Bilder (»... dann kommst du in die Hölle«) aus, verschwinden wir als Personen mit unseren Werten hinter einer Methode.

Ähnlich ist es mit angsteinflößenden Märchen und Geschichten. »Der Schwarze Mann/Piet kommt und holt dich, wenn du unartig bist« oder »Der Krampus holt dich ab!« – mit solchen Androhungen ängstigen wir Kinder und befördern möglicherweise zugleich unterschwellig Rassismus in ihrem Denken. Tatsächlich gibt es Familien, in denen damit nicht nur gedroht wird, sondern Kinder im Rahmen der Adventsfeierlichkeiten vom »Krampus« in einen Sack gesteckt werden, um ihnen zu verdeutlichen, dass sie unartig waren. Angst machende Erziehungsmaßnahmen zeigen bei kleinen Kindern durchaus eine Wirkung, was sich in verstärkten Ängsten und späteren Problemen äußert.

Eltern geben auch dort ihre Schutzfunktion auf, wo sie sich selbst als Instanz inszenieren und in der dritten Person über sich sprechen: »Jetzt musst du aber mit Mami mitkommen!«, oder: »Papa möchte das nicht, dass du an den Haaren ziehst!« Wenn wir so sprechen, geben wir in gewisser Weise uns selbst als Person auf und konfrontieren das Kind mit der Instanz »Mutter« oder »Vater«. Mit keinem anderen Menschen reden wir in einer solchen Weise. In einer zu engen Bahn würden wir einem anderen Menschen niemals sagen: »Können Sie bitte ein wenig von Frau wegrutschen, das ist ihr zu eng!«, oder an der Supermarktkasse: »Entschuldigung, Sie haben sich da vor Mann vorgedrängelt!« Wir nutzen diese Formulierung ausschließlich, um unsere machtvolle Position zu rechtfertigen und klarzumachen, dass das Kind der Mutter oder dem Vater folgen soll. Kinder aber folgen nicht automatisch einer Person, nur weil sie in unserem erwachsenen Sinne eine Autorität ist. Sie folgen einem Wunsch, einer Anweisung aufgrund von Beziehung. Diese Beziehung entsteht in der Eltern-Kind-Beziehung durch Authentizität und nicht, weil wir gegenüber unserem Kind eine Machtposition behaupten.

Angst als Erziehungsmittel kommt auch da zum Einsatz, wo wir uns bewusst vom Kind abwenden und mit Liebesentzug drohen: »Lass mich in Ruhe!«, »Mit einem Kind, das andere haut, möchte ich auch nicht spielen!« Liebesentzug ist für Kinder eine furchtbare und schmerzhafte Erfahrung. Sie lernen, nur dann geliebt zu werden, wenn sie ein bestimmtes Verhalten zeigen, was sich auf ihr Selbstwertgefühl und auch auf ihre spätere Beziehungsgestaltung auswirkt. Dabei verlernen sie auch, sich und ihre eigenen Bedürfnisse wirklich wahrzunehmen und zu verstehen. Ein Problem, das viele Erwachsene kennen, die keinen Zugang zu ihren eigenen Bedürfnissen haben und oft zu spät merken, wenn sie ihre eigenen Grenzen überschreiten. Und nicht nur das: Liebesentzug führt zu schlechterer emotionaler Gesundheit, und die Wahrscheinlichkeit für das Auftreten von Depressionen steigt. Auch die moralische Entwicklung von Kindern, die mit Liebesentzug erzogen werden, leidet, da sie ihren Fokus auf die starre Einhaltung von erlernten Regeln richten. Der Pädagoge Alfie Kohn führt dementsprechend aus: »Wenn es uns ein ernstes Anliegen ist, unseren Kindern zu helfen, zu mitfühlenden und psychisch gesunden Menschen heranzuwachsen, müssen wir uns bewusst werden, wie schwer das ist, wenn wir uns auf Liebesentzug [...] stützen.«[3] Liebesentzug und ein bewusstes Ignorieren sind Formen stiller Gewalt.

Eine weit verbreitete Methode der Umsetzung des Liebesentzugs ist nicht nur die bewusste Abwendung vom Kind, sondern auch die sogenannte »Auszeit«: Spätestens seit Anfang der 2000er-Jahre hat diese Methode nach dem erfolgreichen, aber teilweise gegen die Menschenwürde verstoßenden[4], voyeuristischen Fernsehformat »Super Nanny« in vielen Familien, aber auch Kindergärten Einzug gehalten und findet sich auch heute noch in der pädagogischen Praxis und in vielen Familien wieder.[5] Ursprünglich der Konditionierung von Tieren entnommen, wurde diese Methode, Kinder bei einem abweichenden Verhalten eine Strafzeit in einem extra Raum (oder einer Treppe/einem Stuhl/einer Bank) zu verordnen, in das amerikanische Erziehungsprogramm »Triple P« übernommen, von wo aus es sich weiter verbreitete. Kinder werden bei unerwünschtem Verhalten ausgegrenzt, von Zuwendung, Sicherheit und Beziehung getrennt, ihrer Freiheit beraubt und nicht selten zusätzlich bedroht: »Wenn du jetzt trotzdem rauskommst, dann ...« Hier kommen verschiedene Aspekte von Bestrafung und Gewalt zusammen, die dem Kind vermitteln, dass es sich unterzuordnen hat und nicht liebenswert ist.

Es gibt eine Alternative zum Liebesentzug: Zunächst müssen wir die Situation reflektieren, in der sich das Kind befindet: Habe ich realistische Vorstellungen von kindlichem Verhalten? Welche Alternativen hat das Kind gerade? Was liegt seinem Handeln zugrunde? Wie kann ich handeln, ohne eine Grenze zu verletzen? Es ist okay, wenn wir erklären, dass wir eine kurze Pause brauchen, um uns selbst zu beruhigen. Es ist auch okay, die eigenen Gefühle zu benennen: »Das hat mich jetzt sehr verletzt!« Auch hier geht es, wie so oft, um unser Handlungsziel: Sage ich etwas Verletzendes oder entferne ich mich vom Kind, um das Kind zu verletzen und dadurch zu erziehen, oder weil ich wirklich einen Moment der Ruhe brauche oder meine Gefühle mitteile, um die Situation zu beschreiben. Eine etwas andere Form des Zuwendungsentzugs ist Beziehungsentzug, der nicht absichtlich als Strafe geschieht, sondern als unbewusste Reaktion, oft aufgrund der eigenen negativen Kindheitserfahrungen: Wir gehen unserem Kind und seinen Bedürfnissen unbewusst aus dem Weg. Wir empfinden es als Last, mit dem Kind zu spielen, und schieben im Alltag verschiedene Dinge vor, um nicht mit dem Kind interagieren zu müssen: »Ich kann jetzt nicht mit dir spielen, ich muss noch die Wäsche machen«, »Jetzt passt es gerade wirklich nicht, ich muss unbedingt noch ...«, »Komm, geh mal lieber alleine in dein Zimmer spielen«. Natürlich müssen wir als Eltern nicht beständig unsere Kinder bespielen, mit ihnen Bücher ansehen, Kinderfernsehsendungen gucken und Handyspiele gegen sie zocken, aber wir sollten ihnen Beachtung schenken. Das Kind fühlt sich gesehen und wertgeschätzt, und wir erfahren etwas über unser Kind. Wenn wir selbst erfahren haben, dass niemand auf uns eingegangen ist, wir nicht in einen echten, wertschätzenden Dialog kommen konnten und wenig Spielerfahrungen mit unseren Eltern gemacht haben, fällt es uns oft schwer, es anders zu machen. Es fällt uns schwer, uns auf ein gemeinsames Spiel einzulassen, in dem das Kind mitbestimmt, und es ist schwer, sich für die Fantasie des Kindes zu öffnen und die Situation auszuhalten. Manchmal wenden wir uns bewusst anderen Aufgaben zu oder suchen eine Ausflucht aus der Situation. Gerade in einem Alltag, in dem unsere Bedürfnisse nach sozialer Interaktion mit gleichaltrigen Menschen zu wenig berücksichtigt werden, kommen wir schnell in Versuchung, dem Kind zum Beispiel mittels Smartphone auszuweichen. Das Kind aber spürt diese Zurückweisung und auch, dass seine sozialen Interaktionen ins Leere laufen, während sich der eigentlich körperlich anwesende Elternteil emotional auf etwas anderes fokussiert. Das ist schmerzhaft und für die Entwicklung des Selbstwertes unvorteilhaft. Wenn wir merken, dass wir immer wieder versuchen, aus der Nähe auszubrechen, und Ablenkung aus der Interaktion mit dem Kind suchen, sollten wir uns diesem Problem zuwenden. Es ist nicht deine Schuld, wenn du so fühlst. Aber du musst diese Last nicht weiterreichen. Wir können unser Interesse am Kind und die Freude am gemeinsamen Umgang durch ganz bewusste Zuwendung, Spiele, die unseren Interessen entgegenkommen, oder gemeinsame Tätigkeiten im Haushalt aufbauen und so immer tiefer in den gemeinsamen Dialog und das Miteinander einsteigen, wenn wir den gemeinsamen Nenner finden. Und den gibt es eigentlich immer, und er kann von Familie zu Familie verschieden sein.

Lügen, flunkern, tricksen

Natürlich ist es manchmal lustig, Kindern Unsinn zu erzählen. Und natürlich ist Humor etwas, das uns wirklich gut durch den Elternalltag tragen kann und sollte, denn damit sind die schwierigen Momente des Elternlebens oft viel leichter zu ertragen. Und wer kennt nicht die Ausrede: »Äh nein, das darfst du nicht essen, da ist Alkohol/Koffein drin!« Aber auch Lügen und Tricks sollten nicht dazu dienen, unsere Verantwortlichkeit zu übernehmen. Wenn ich etwas nicht will, muss ich ganz klar dahinterstehen.

In der Serie *How I met your mother* behauptet die erwachsene Hauptperson Ted, dass er eine Bacon-Allergie habe.[6] Auf einem Ausflug erklärt sein Freund Marshall ihm, dass diese Allergie eine Lüge von Teds Mutter war, damit er sich als Kind gesund ernährt. Ted zählt daraufhin auf, wogegen er laut seiner Mutter allergisch ist: Bacon, Donuts, Halloweensüßigkeiten, nicht Danke zu sagen … Und er merkt bei dieser Aufzählung, dass »Allergie« als Erziehungsmethode genutzt wurde. Natürlich ist dies überspitzt dargestellt, aber dennoch verwenden viele Eltern solche Lügen, um der eigenen Verantwortung aus dem Weg zu gehen, ganz ähnlich wie die »höheren Instanzen« von Weihnachtsmann, Gott etc. zur Verhaltensbeeinflussung genutzt werden. Wenn wir unserem Kind etwas nicht zugestehen oder nicht erlauben wollen oder können, dann sollten wir dahinterstehen. Wenn wir nicht wollen, dass unser Kind etwas tut oder isst, dann müssen wir das benennen und auch die Reaktion des Kindes tragen und begleiten. Das ist unsere Verantwortung.

Das klingt nicht kompliziert, aber es ist auch nicht einfach. Wir schieben lieber etwas oder jemanden vor, um uns der Verantwortung zu entziehen und somit einem Konflikt aus dem Weg zu gehen. Auf der anderen Seite sollte auch das Kind keine Ausrede für unser Handeln sein: »Wir müssen leeeiiider schon gehen, das Baby ist müde.« Es ist eine gute Übung für die Elternschaft, mit Klarheit voranzugehen, denn diese Klarheit und Selbstsicherheit brauchen wir in den späteren Jahren mit unseren Kindern. Wir müssen unsere eigenen Bedürfnisse benennen und für sie einstehen können – auch wenn es oft genau das ist, was wir in der eigenen Vergangenheit nicht lernen durften und was uns heute deswegen oft nicht leichtfällt.

»Weil ich das so will!«

Das Bild vom untergebenen Kind, das sich nach unseren Vorstellungen richten soll, weil wir Erwachsenen intelligenter, erfahrener, weitsichtiger sind, kommt oft in der Aussage »Weil ich das so will!« zum Ausdruck. »Warum darf ich da nicht hingehen?«, »Warum darf ich nicht damit spielen?« – »Weil ich das so will!«. *Ich* bestimme, und *du* hast dich unterzuordnen. Kleinen Kindern nehmen wir damit die Chance, Zusammenhänge zu verstehen, wenn wir ihnen nicht erklären, warum etwas so nicht getan werden soll. Das bedeutet nicht, dass es keine Situationen geben darf, in denen unsere Stimme zählt. Aber es ist gut, auch kleinen Kindern einen Grund zu nennen – und sei es: »Weil ich jetzt einfach damit überfordert bin!«, »Weil es mir persönlich gerade zu viel ist!« So bekommen Kinder einen Einblick in unsere Gefühlswelt, in unsere Bedürfnisse. Sie werden nicht verstehen, warum sie nie frisch bekleidet in eine Pfütze springen sollen, wenn wir ihnen nicht sagen, dass es uns einfach zu viel ist, sie immer wieder neu anziehen zu müssen. Wenn das unser Grund ist.

Das »Weil ich das so will!« nutzt sich zudem mit dem Alter der Kinder ab – je weiter sie sich räumlich von uns und von der Schutzbedürftigkeit entfernen, desto weniger hat dieses Scheinargument Gewicht. Größere Kinder und Jugendliche reagieren auf ein »Weil ich das so will!« verständlicherweise mit Abwehr und Neugier. Denn sie bekommen keine Erklärung und wollen ihre eigenen Erfahrungen machen. Und dann probieren sie eben ohne Rückendeckung der Eltern aus, was ihnen pauschal und ohne Erklärung verwehrt wird. Gerade dann, wenn Eltern Dinge verbieten, ohne selbst genau darüber Bescheid zu wissen:

»Ich möchte gerne dieses Online-Koop-Survival-Spiel spielen!«
»Nein, das möchte ich nicht.«

»Aber warum? Alle spielen das!«
»Nein, ich hab gesagt, dass du das nicht spielen darfst, und danach richte dich!«
»Aber warum darf ich das nicht?«
»Weil ich das sage!«
Vielleicht haben wir irgendwo gehört, dass Spiele wie Fortnite nicht gut sein sollen, aber so richtig wissen wir nicht, worum es geht. Wir schieben eine gehörte Theorie vor eine wirkliche Auseinandersetzung mit dem Thema. Vielleicht, weil es kompliziert ist, weil wir uns damit nicht auskennen oder weil wir einfach gerade keine Zeit oder keinen Nerv haben. Aber auch hier entfernen wir uns aus der elterlichen Verantwortung. Wenn das ein Thema unseres Kindes ist, müssen wir uns damit beschäftigen. Hilfreicher ist ein Austausch mit echtem Interesse, und wir können auch zugeben, wenn wir etwas nicht genau wissen: »Ich habe davon nichts Gutes gelesen, aber lass es uns mal zusammen ansehen, und dann besprechen wir es.« Und wenn wir dann immer noch unsere Meinung haben, dann ist es ein Nein aus guten Gründen. Und das ist auch okay, denn es passiert aus einer überlegten, schützenden Beziehungshandlung, nicht aus einer Machthandlung heraus. Aber vielleicht ist es auch ein Ja.

»Ich weiß besser, was du brauchst!«

Betrachten wir Kinder als unvollkommen, unselbständig und als zu erziehende Wesen, so wie es aus der Geschichte der Kindheit und Pädagogik abgeleitet wird, gehen wir davon aus, dass Kinder selbst nicht wissen, was sie brauchen. Im Gegenzug gehen wir Erwachsene davon aus, alles ganz genau zu wissen: »Du bist zu warm angezogen!«, »So lange darfst du nicht rausgehen, weil du sonst morgen müde bist!«, »Wenn du jetzt etwas isst, hast du nachher keinen Hunger!«. Wir greifen ein, wir greifen vor. Weil wir glauben, dass Kinder bestimmte Entscheidungen nicht für sich treffen können. Tatsächlich fehlt ihnen ein gewisses Erfahrungswissen. Doch sie haben durchaus eine Eigenwahrnehmung, zum Beispiel in Bezug auf Schmerz (»Das Haarebürsten tut doch nicht weh!«), Wärme und Kälte (»Du frierst doch, wenn du jetzt keine Jacke anziehst!«) oder auch Hunger, Durst und Sättigung oder das Ausscheidungsbedürfnis (»Geh lieber auf Toilette, du musst doch bestimmt!«). Wenn wir unseren Kindern die Kompetenz für eine eigene Wahrnehmung absprechen, untergraben wir ihr Gefühl für ihre Wahrnehmung. »Dir ist warm, aber ich sage dir, dass du frierst, also zieh die Jacke an!« Und wir schaden unseren Kindern auch auf körperlicher Ebene, wenn wir sie beständig dazu auffordern, noch schnell vor dem Rausgehen auf Toilette zu gehen: So erlernt das Kind ein falsches Blasendranggefühl und entwickelt kein gutes Bewusstsein dafür, wann es wirklich muss. Natürlich ist es anstrengend, wenn das gerade fertig angezogene Kind sagt, dass es nun doch noch einmal auf Toilette muss. Aber es dauert nur eine kurze Zeit, bis das Kind dies besser einschätzen kann. Es ist nicht weniger anstrengend, über Jahre hinweg ein Kind zu haben, das sein Ausscheidungsbedürfnis nicht richtig einschätzen kann.

Beschämung und Entwürdigung

Da wir uns der Würde von Kindern oft nicht bewusst sind und sie weniger respektieren als die erwachsener Menschen, sind Beschämungen und Entwürdigungen an vielen Stellen anzutreffen: Wenn Kinder vor anderen darauf hingewiesen werden, dass ein Junge oder ein Mädchen dieses oder jenes nicht tragen würde. Wenn Erwachsene in der Öffentlichkeit am Po eines Kindes riechen und weil die Windel voll ist eine abfällige Bemerkung darüber machen. Wenn ein Kind ein Oberteil mit einer es beleidigenden Aussage angezogen bekommt, die es noch nicht lesen kann. Wenn wir abfällig über fehlende Kompetenzen des Kindes in seinem Beisein sprechen ... All dies sind Formen psychischer Gewalt, die sich auf das Selbstbild des Kindes auswirken. Eigentlich werden sie verwendet, um das Kind zu disziplinieren oder um unserer eigenen Verärgerung Raum zu geben – auf Kosten der Würde des Kindes.

Gerade im Kontext von Social Media sollten wir unser Augenmerk noch bewusster auf die Demütigung von Kindern richten. Hier werden Videos und Memes von Kindern gern zur Erheiterung von Erwachsenen genutzt. »Witzige« Babyvideos zeigen, wie Kinder mit ihrem Töpfchen umfallen, sich erschrecken oder wie Babys von ihren Eltern dazu aufgefordert werden, in eine Zitrone zu beißen. Diese und ähnliche Videos werden auf Facebook, Twitter und YouTube verbreitet, Erwachsene lachen darüber, obwohl es oft demütigende Situationen sind, die die Persönlichkeitsrechte der Kinder übergehen.[7]

Demütigungen quälen Kinder nicht nur in Erwachsenen-Kind-Beziehungen, sondern setzen sich auch zwischen Kindern fort. Es ist auch ein häufiges Mittel, das bei Mobbing eingesetzt wird – Kinder werden in ihrer Würde verletzt und ausgegrenzt. Auch hier kommt den erwachsenen Personen eine Schutzfunktion zu, da gemobbte Kinder sich oft nicht allein aus der Situation befreien können.

Überwachung

Es gibt nur wenige Räume, in denen sich Kinder frei und ohne Aufsicht bewegen, experimentieren und verhalten können. Beständig sind sie im Blickfeld der Erwachsenen und dadurch oft in ihren Handlungen eingeschränkt, oder sie werden in diesem Blickfeld pädagogisiert: »Mach doch lieber dieses!«, »Spiel doch lieber das!«, »Nein, Kämpfen spielen wir hier aber nicht!« – eine freie Entwicklung nach ihren Wünschen, Ideen und Vorstellungen ist hierbei kaum möglich. Aber Kinder brauchen genau das: Zeiten und Räume, in denen sie ihren Ideen und Vorstellungen nachgehen können. In diesen Freiräumen lernen sie auch den Umgang mit Frustration, aber nur wenn Eltern nicht beständig eingreifen und vorab intervenieren. Die Vorenthaltung von frustrierenden Erlebnissen ist eine weitere Entwicklungseinschränkung zum Nachteil der Kinder.

Setzen wir uns einen Nachmittag auf einen beliebigen Spielplatz, sehen wir deutlich, welche Probleme sich durch beständige Überwachung ergeben können. Der Spielplatz ist schon lange kein Raum des freien Spiels für Kinder mehr. Wenn wir hier sitzen, können wir beobachten, wie ständig in das Spiel der Kinder eingegriffen wird: »Die Rutsche ist aber zum Rutschen und nicht zum Hochlaufen!«, »Jetzt gib dem anderen Kind mal die Schippe ab!«, »Komm, ich helf dir mal, da raufzuklettern, wenn du noch nicht rankommst«. Eltern greifen fortwährend ein und nehmen Kindern so die Chance, Konflikte selbständig zu regeln, sich körperlich auszuprobieren und auch damit umzugehen, wenn sie an ein Spielgerät vielleicht nicht hinanreichen.

Selbst in Kindergärten sind diese Möglichkeiten durch Bildungsangebote immer weniger geworden: Hier wird geforscht, es werden Projekte durchgeführt, und die Tagesstruktur ist genau getaktet. Was Kinder aber brauchen, sind freie Momente und Pausen von der Pädagogik, die die Möglichkeit zum freien Spiel, zum Mut und Selbsttun eröffnen. Durch die ständige Pädagogisierung und ein durchstrukturiertes Programm erfahren die Kinder nicht nur Überwachung, sondern auch eine Informationsüberflutung, eine Überreizung mit Angeboten, Ansprachen, Aufgaben und Forderungen. Wer ständig im Rampenlicht steht, ständig gesagt bekommt, was getan werden darf und was nicht, ist irgendwann erschöpft davon, überreizt von der Anpassung und dem Sichverstellen. Gerade wenn Kinder am Nachmittag vom Kindergarten abgeholt werden, ist diese aufgebrauchte Kooperationsfähigkeit bei vielen Kindern zu beobachten: Auf einmal, wieder in den Armen der primären Bezugspersonen, geht nichts mehr: kein Anziehen, kein Laufen. Erst einmal wird Luft abgelassen, werden Sicherheit und Bindung eingefordert. »Ich kann nicht laufen, trag mich!« oder »Ich hab Hunger!« können Sätze sein, hinter denen das Bedürfnis nach Beziehung und Zuwendung steht, nach Loslassen und endlich nicht mehr Kooperierenmüssen. Und auch der Wunsch danach, endlich wieder ganz gesehen zu werden, nachdem viel Zeit in einem Raum der Anpassung und Pädagogik verbracht werden musste. Die oft schlechte Laune beim Abholen aus Kindergarten oder Schule können wir als ein Ausatmen betrachten. Auch wenn wir die Kooperation der Kinder als selbstverständlich annehmen und einfordern, ist sie das nicht. Beständige Kooperation ist anstrengend, nicht nur für kleine Kinder.

Werden die Kinder größer und können – auch sozial anerkannt – sich aus dem Wirkungskreis der Eltern selbständig fortbewegen, nutzen viele Eltern sogenannte Tracking-Apps. Und auch wenn dahinter die Sorge der Eltern über das Wohlergehen steht, sind solche Apps dennoch einschränkend, überwachend und disziplinierend. Das eigentliche Problem, das dahintersteht, ist das mangelnde Vertrauen der Eltern in die Kompetenz, Selbständigkeit und das Verantwortungsgefühl der größeren Kinder und Jugendlichen. Dies rührt entweder daher, dass dieses Vertrauen nie ausgebaut wurde oder dass die Eltern den Absprung von der Kinderphase zur Jugendlichenphase nicht schaffen und nicht loslassen können. Dieses Problem basiert meistens nicht in erster Linie auf den Handlungen der Kinder, sondern auf den Gedanken und Einstellungen der Eltern. Wenn ich als Elternteil meinem älteren Kind nicht vertraue, sollte ich nicht zuerst meinem Kind die Schuld dafür geben, sondern überlegen, warum genau ich das nicht tue und welchen Anteil ich persönlich daran habe. Kompetenz, Selbständigkeit und Verantwortungsgefühl können Kinder nicht ausbauen, wenn sie beständig überwacht werden und sich auch (notgedrungen) der Überwachung ausliefern müssen. Ohne echtes Vertrauen lernen weder die Kinder nachhaltig einen kreativen Umgang mit Problemsituationen, noch bilden die Eltern irgendwann echtes Vertrauen aus, das sich auf die Kompetenz der Kinder bezieht und nicht auf das schnöde Einhalten der elterlichen Regeln. Kindern zu vertrauen bedeutet, sich darauf zu verlassen, dass sie in schwierigen Situationen die passenden Entscheidungen treffen. Diese Fähigkeit können sie ausbilden, wenn wir sie mit Lösungsstrategien experimentieren lassen. Als Eltern stehen wir bei älteren Kindern vor allem als Back-up zur Verfügung, wenn die eigenen Lösungen nicht funktionieren. Als sichere Notfalllösung. Aber wir müssen in Problemsituationen nicht immer die erste Wahl sein.

Vergleiche mit anderen und Ausschluss aus Gruppen

Auch Vergleiche in sozialen Kontexten spielen mit Ängsten von Kindern, in einer sozialen Gruppe weniger wert zu sein oder nicht dazuzugehören. Werden wir Menschen aus einer Gruppe ausgeschlossen, fühlen wir uns in Bezug auf Kontrolle, Selbstwert, Zugehörigkeit und dem Bedürfnis nach einem sinnvollen Dasein bedroht. Der Ausschluss aus einer Gruppe, Ablehnung und Zurückweisung aktivieren dieselben neuronalen Netzwerke wie körperliche Schmerzen. Die Schmerzschwelle sinkt, und wir werden empfindsamer. Stellen wir uns folgende Situation vor:

Zwei Geschwisterkinder sollen sich anziehen. Das jüngere Kind bekommt die Jacke nicht zu, das Elternteil sagt: »Jetzt beeil dich endlich. Warum kannst du das noch nicht? In deinem Alter konnte sich dein Bruder schon längst die Jacke zumachen!« Natürlich befördert dies nicht das Können des Kindes. Aus Hast klemmt es sich den Finger im Reißverschluss ein. Vielleicht wäre es sonst darüber hinweggegangen. Jetzt aber weint es laut auf. »Und jetzt heulst du auch noch herum, als sei sonst was passiert. Stell dich nicht so an!«

Kinder sind einzigartig und wollen als individuelle Personen wahrgenommen und wertgeschätzt werden. Aus einem unhinterfragten Wettbewerbsdenken heraus nutzen Eltern Vergleiche mit anderen Kindern oft als Ansporn: Wenn das Kind sieht, dass ein anderes etwas schon kann, dann will es das bestimmt auch. Kleine Kinder denken aber noch nicht in solchen Kategorien, und wir sollten viel mehr auf Kooperation statt Wettbewerb setzen. Dies nicht nur im Alltag, sondern auch in angeleiteten Spielen, in denen oft Wettbewerb statt Kooperation im Fokus steht. Vergleiche dienen daher nicht einer Schulung, sondern einer Beschämung des Kindes; es fühlt sich weniger wert. In der oben genannten Situation hätte das Kind gefragt werden können, ob es Hilfe braucht, oder das größere Kind hätte zur Unterstützung angeregt werden können: »Vielleicht kann dein Bruder dir noch mal zeigen, wie es geht.«

Bevorzugung und Vernachlässigung

Gerade bei mehreren Kindern in einer Familie kann es sein, dass einzelne Kinder bevorzugt behandelt werden. Von Eltern ist oft zu hören: »Natürlich liebe ich alle meine Kinder gleich stark!« Aber wenn wir ehrlich sind, ist das nicht immer der Fall. Manche Kinder stehen uns wegen ihres Temperaments oder ihrer Interessen näher, manchmal fühlen wir uns vielleicht über eine Zeit von einem Kind emotional etwas distanziert. Auch bei Familien mit Stiefkindern können zwiespältige Gefühle vorkommen. Das ist normal. Wichtig ist aber, einen Blick dafür zu haben, ob wir generell ein Kind über längere Zeit bevorzugen beziehungsweise ein anderes vernachlässigen. Die fehlende Balance in der Zuwendung wird schon von kleinen Kindern als Ungerechtigkeit empfunden und kann sich ebenfalls auf ihr Selbstwertgefühl auswirken: Sie erfahren, dass andere mehr wertgeschätzt werden, und können sich aufgrund ihrer Temperamentseigenschaften diskriminiert fühlen. Obwohl sie das natürlich so noch nicht in Worte fassen können, übertragen sie es auf sich selbst, was mitunter zu einer Veränderung des Verhaltens führt. Kinder, die sich nicht gesehen fühlen, zeigen dann manchmal ein auffälliges Verhalten, um Aufmerksamkeit zu erlangen.

Nach der Geburt ihres kleinen Bruders ist Florentine lauter und aufbrausender als zuvor. Wenn sie etwas nicht bekommt, schreit sie laut auf, wirft auch mal Dinge herunter, und bei den Mahlzeiten des Babys drängt sie sich dazwischen. Ihre Eltern Birte und Sven sind ratlos. Sven hat extra Elternzeit genommen, um sich Florentine zu widmen, aber trotz seiner Aufmerksamkeit ist Florentine wie ausgewechselt. Aus Florentines Sicht hingegen hat sich alles verändert, und sie fühlt weniger Zuwendung und Aufmerksamkeit von der Person, mit der sie bisher am meisten Zeit verbracht hat und die bislang die meiste Zeit mit ihr zusammen war: ihrer Mutter. Da Sven eigentlich einen Vollzeitjob hat und Birte nur halbtags gearbeitet hat und die letzten Wochen vor der Geburt in Mutterschutz war, ist Birte in der Hierarchie an Bezugspersonen ganz oben bei Florentine. Der plötzliche Wechsel der Bezugspersonen und die vermehrte Sorge von Birte um das kleine Geschwisterkind lassen in ihr ein Gefühl der Vernachlässigung aufkommen, obwohl ihr Vater sich um sie kümmert. Hier wird nun eine andere Aufteilung benötigt, sodass Florentine auch Zeiten ganz allein mit ihrer Mutter hat, um an die frühere Situation anzuknüpfen und langsam in das veränderte Familienleben überzugehen. Sven kann dafür intensiv die Beziehung zum Baby aufbauen in dieser Zeit.

Bei emotionaler Vernachlässigung entstehen schnell negative Zuwendungskreisläufe: Das Kind ist auffällig, wird ausgeschimpft und zieht aus dieser negativen Aufmerksamkeit wenigstens das Gefühl, gesehen zu werden; es zeigt dieses Verhalten daher weiter, wodurch sich die Bezugsperson immer stärker gestört fühlt. Auf der anderen Seite kann das Kind, das immer bevorzugt wird, auch ein falsches Bild von sich selbst und durch das unbewusste Vorbildverhalten der Eltern sogar eine Abneigung gegenüber dem anderen Kind entwickeln. Wir können vielleicht nichts an unseren Gefühlen ändern, aber wir können an unserem Verhalten gegenüber dem benachteiligten Kind arbeiten und uns Problemsituationen bewusst machen und andere Handlungsmöglichkeiten in Betracht ziehen.

Schutzverweigerung und Abhärtung

Das »Abhärten« als Erziehungsmittel ist tief in uns verankert und begegnet uns immer wieder. Kinder sollen abgehärtet werden, damit sie mit den Herausforderungen des Lebens später besser zurechtkommen. Sie sollen körperlich abgehärtet werden, um den Herausforderungen der Umwelt zu trotzen. Wie wir aber aus der Resilienzforschung wissen, hilft in Bezug auf den Umgang mit belastenden Lebensumständen nicht, wenn Kinder schon früh Schwierigkeiten allein meistern müssen und schutzlos Problemen ausgeliefert werden.

Als mein erstes Kind in einen Schwimmkurs kam, gab es dort eine große Variation in der Altersspanne: im Kurs waren Kinder im Alter von vier bis zum Alter von sieben Jahren. Sie verfügten dementsprechend neben ihrer unterschiedlichen Motivation auch über unterschiedliche körperliche Kräfte und Fähigkeiten. Eines der jüngeren Kinder weinte jedes Mal bereits in der Umkleidekabine: Es wollte nicht schwimmen lernen. Die Mutter war unnachgiebig und erklärte dem Kind jedes Mal, es müsse schwimmen lernen, sonst würde es untergehen, alle Kinder müssten schwimmen können, und außerdem hätte sie nun den teuren Schwimmkurs bezahlt. Natürlich war es auch für den Schwimmlehrer nicht möglich, gut mit dem Kind zu arbeiten, und er weigerte sich, das Kind zu drängen, auch wenn die Mutter darauf beharrte. Die anderen Eltern forderten den Lehrer dazu auf, das Kind des Kurses zu verweisen, weil der Unterricht so nicht richtig stattfinden konnte. Die Mutter war, trotz des Angebots, den ganzen Kurs erstattet zu bekommen, sehr verärgert und erklärte schließlich, sie würde sich eine andere Schwimmschule suchen, denn das Kind müsse ja irgendwo schwimmen lernen. Es ist nicht klar, was genau die Mutter leitete: Angst vor dem Ertrinken? Ein Wettbewerbsgedanke? Das Kind aber wurde in seinen Fähigkeiten und Bedürfnissen nicht gesehen. Die Angst, die es vor dem Wasser hatte, vielleicht auch über die Angst der Mutter vermittelt, konnte es nicht bei der Bezugsperson auflösen. Es wurde immer wieder schutzlos in eine ängstigende Situation gebracht, in der glücklicherweise der Schwimmlehrer als vorübergehender Schutz eintrat.

Als Schutzfaktoren haben sich neben persönlichen, kindbezogenen Faktoren unter anderem stabile Beziehungspersonen erwiesen, die Vertrauen und Autonomie fördern, ein demokratischer Erziehungsstil, enge Geschwisterbindungen sowie ein unterstützendes familiäres Netzwerk.[8] »Abhärtung« ist einer der dunklen Schatten aus unserer Vergangenheit, der sich immer wieder ausbreitet, wenn uns Gedanken wie »Da muss das Kind durch!«, »Später nimmt auch niemand Rücksicht!«, »Kindheit ist die Schule für das Leben!« durch den Kopf gehen. Es ist wichtig, dass Kinder lernen, soziale Konflikte untereinander auszutragen und Lösungen gemeinsam zu finden. Manchmal gelangen Kinder aber an einen Punkt, an dem sie keine Kompromisse finden können, in dem sie aus Mangel an Alternativen übergriffig werden, weil vielleicht Machtpositionen ungleich verteilt sind (viel älteres Kind versus wesentlich jüngeres Kind, mehrere Kinder versus ein Kind). Hier braucht es nicht zwangsweise eine Klärung durch eine erwachsene Person, aber eine Moderation: jemanden, der den Stand des Konfliktes kurz von beiden Seiten ohne Wertung beleuchtet und Handlungsmöglichkeiten benennt. Gegenüber körperlichen Übergriffen müssen erwachsene Personen das Kind grundsätzlich aktiv schützen. Das betrifft nicht nur das Schlagen von Kindern, sondern beispielsweise auch Situationen, wenn Kinder erzählen, dass sie sich bei Körpererkundungsspielen unwohl fühlen oder von anderen Kindern im Kindergarten oder in Freundeskreisen zu Handlungen oder Berührungen/Zustimmungen aufgefordert werden, die sie nicht wünschen. Die gegenseitige Erkundung des Körpers unter Kindern ist normal und wichtiger Teil der Entwicklung, allerdings immer unter dem Aspekt der Selbstbestimmung. Kinder, die hier Übergriffe erleben, müssen geschützt werden und vermittelt bekommen, dass niemand das Recht hat, über ihren Körper zu bestimmen. Auch übergriffige Kinder benötigen eine Aufklärung über die Bedeutung der Selbstbestimmung und Wahrnehmung von Signalen.

Diskriminierung

Generell werden Kinder oft aufgrund ihres Alters diskriminiert, wie wir schon beim Thema »Adultismus« gesehen haben. Darüber hinaus kann es aber auch zu anderen Diskriminierungserfahrungen innerhalb von Familien kommen, häufig durch Angehörige, beispielsweise wenn ein Kind durch einen Elternteil eine andere Hautfarbe hat, ein Kind mit einer Behinderung geboren wurde oder sie im Laufe der Zeit erworben hat etc.

Isabel ist seit acht Jahren mit ihrem Partner Zahir zusammen, der als Kind mit seiner Familie aus Afrika nach Deutschland gekommen ist. Ihre gemeinsame Tochter Jamila ist fünf Jahre alt. Gemeinsam leben sie in einer Großstadt und sind dort alltäglichem Rassismus ausgesetzt. Bestürzend ist für Isabel insbesondere, dass sie in ihrer eigenen Familie Rassismus gegenüber Zahir und Jamila wahrnimmt, obwohl die Familie gut in das Familienleben integriert ist. Isabels Mutter sagt beispielsweise zu Jamila Sätze wie »Meine kleine Kraushaarpuppe« und hat auch schon einmal thematisiert, dass Isabel bald besser auf sie aufpassen müsse, weil »exotische Mädchen« ja sehr beliebt wären bei Jungs. Wenn Isabel mit ihren Eltern darüber spricht, sehen sie kein Problem darin. Isabel aber wünscht sich einen anderen Umgang mit ihrer Tochter.

Wie schon beschrieben, haben wir viele Formen von Diskriminierung in unseren Alltag übernommen, die wir nicht sehen, weil sie so tief durch Geschichten, Märchen und Vorbilder in uns verankert sind. Manchmal werden wir erst durch eigene Erfahrungen darauf aufmerksam, wie Isabel durch ihre Tochter spürt. Es ist wichtig, dass wir unsere eigenen Kinder vor Diskriminierung durch andere, auch durch Familienmitglieder, schützen. Diskriminierung wirkt sich auf das Selbstbild und den Selbstwert aus und kann zahlreiche Probleme nach sich ziehen. Gerade im Schutzraum der Familie sollten Kinder davor absolut sicher sein, damit sie Resilienz für negative Erfahrungen im Alltag aufbauen können, von denen leider viele Kinder immer wieder betroffen sind. In Bezug auf andere Kinder ist es wichtig, dass wir unsere eigenen Denkweisen immer wieder hinterfragen, denn auch als Eltern werden wir damit konfrontiert, wenn unsere Kinder Freund*innen mit nach Hause bringen.

Logische Konsequenzen

Angst als Erziehungsmethode ist oft auch mit Strafe verbunden, wie wir beispielsweise im Krampus-Beispiel sehen: Du hast dies oder das getan, deswegen wirst du bestraft. Das Konzept der Bestrafung wird heutzutage oft gleichbedeutend mit einer »logischen Konsequenz« verwendet, wobei es sich aus der Sicht des Kindes meist doch um eine Bestrafung handelt. Der Gedanke des Strafens hängt auch mit dem Gesetz des Stärkeren zusammen: Wenn du nicht richtig handelst, bist du unterlegen und musst die Konsequenzen tragen.

Christian und Franziska haben mit ihrem vierjährigen Sohn Noel das immer gleiche Problem: Er räumt nicht (richtig) auf. Vor dem Abendessen soll er sein Kinderzimmer aufräumen, damit Noel anschließend ohne Ablenkung und in Ruhe ins Bett gebracht werden kann. Allerdings räumt Noel oft nur einen kleinen Teil auf oder erklärt, er könne das einfach nicht. Franziska sieht das als Bequemlichkeit an, schließlich wisse er sehr genau, wo seine Spielsachen eigentlich stehen. Mehrfach hat sie nun schon Sachen von Noel in Müllbeutel getan und in den Keller geräumt, wenn er wieder nicht richtig aufgeräumt hat. Das hat bisher aber nicht geholfen. Christian ist von dem abendlichen Chaos ebenfalls genervt und fordert von Franziska, dass sie nicht nur drohen soll, sondern auch wirklich einmal Sachen wegschmeißen muss, damit Noel endlich lernt, dass es so nicht geht. Franziska ist genervt davon, dass Noel einfach nicht auf diese Drohung anspringt und endlich richtig aufräumt, möchte aber eigentlich die Spielsachen nicht wirklich wegwerfen. Sie fühlt sich gefangen zwischen dem erfolglosen Versuch, Noel an das Aufräumen zu gewöhnen, und der Forderung ihres Partners, endlich mal konsequent zu sein.

Dass das Kinderzimmer am Abend aufgeräumt werden soll, damit Noel nach dem Essen entspannt zu Bett gebracht werden kann, ist durchaus eine gute Idee. Dass es ordentlich ist, ist allerdings ein Bedürfnis der Eltern, die in dieser Situation auch die Verantwortung für die Erfüllung ihres Bedürfnisses übernehmen sollten. Kinder haben in diesem Alter ein anderes Verständnis von Ordnung als Erwachsene, und Aufräumen ist schwer, weshalb sie dabei zumindest Begleitung brauchen, um eine sinnvolle Abfolge einzuhalten und nicht von ihren Spielsachen abgelenkt zu werden.

Von Noel einzufordern, er möge sich wie ein Erwachsener verhalten, ist nicht sinnvoll oder altersentsprechend. Ihn für dieses Unvermögen auch noch zu bestrafen, ist noch unsinniger. Franziska merkt, dass ihre Erziehungsmethode nicht funktioniert, weigert sich aber, davon abzurücken, und soll nach Christians Vorstellung sogar noch härtere Methoden der Strafe anwenden, die natürlich ebenfalls nicht den gewünschten Erfolg bringen werden. Beide Eltern nennen ihre Reaktion »logische Konsequenz«, wobei es sich weder um die unabdingbare Folge einer bestimmten Ursache handelt noch sinnvoll ist in Anbetracht von Noels Kompetenzen. Logische Konsequenzen sind ausschließlich Situationen, in denen es keine andere Alternative gibt: »Wenn du nicht aufräumst, bleibt es unordentlich«, »Wenn du die Zähne nie putzt, steigt die Wahrscheinlichkeit, an Karies zu erkranken«. Oft werden als Konsequenzen auch Strafen benannt, die noch weniger in Zusammenhang mit der Handlung des Kindes stehen: »Wenn du nicht aufräumst, darfst du nicht fernsehen.« Für Kinder ist an solchen Handlungen nichts logisch oder sinnvoll. Sie lernen lediglich Anpassung oder werden verunsichert, weil sie überhaupt nicht passend reagieren können. Ihr Blick richtet sich zunehmend auf sich selbst und ihr eigenes Handeln, um einer Bestrafung zu entgehen, verliert dabei aber die Umwelt und das Soziale aus dem Blick. Mögliche Folgen sind Verhaltensveränderungen, beispielsweise eine Hemmung von Noel, überhaupt entspannt spielen zu können. Ältere Kinder lernen dadurch, zur Vermeidung der Strafe ein bestimmtes Verhalten zu zeigen. Strafen nehmen Kindern aber die Möglichkeit, durch aktive Auseinandersetzung mit einem Thema nachhaltige Problemlösungsstrategien zu entwickeln und ein eigenes moralisches Urteil zu bilden. In Noels Fall ist es sinnvoller, wenn die Eltern entweder als Vorbild fungieren (»Ich räume auf, du kannst mir etwas helfen, damit es schneller geht«) oder mit ihm zusammen aufräumen und ihm dabei zeigen, wie es geht: »Komm, zuerst heben wir alle Bausteine auf und legen sie in diese Kiste mit dem Bausteinsymbol, damit wir wieder laufen können im Zimmer. Danach räumen wir alle Figuren auf und stellen sie nebeneinander in das Regal.« Noel lernt, dass alle Dinge einen festen Platz haben, wo sich dieser befindet und wie ein sinnvolles System zum Aufräumen geschaffen wird, was später auf andere Situationen übertragen werden kann. Er lernt, selbst wirksam zu sein. Bestrafungen hingegen wirken sich negativ auf das Selbstbild und Selbstvertrauen aus.[9] Zudem bergen sie die Gefahr in sich, sie immer weiter steigern zu müssen. Je älter Kinder werden, desto härter müsste das Strafmaß werden: vom Fernsehverbot zu Hausarrest und Medienverbot bis hin zu …? Und was machen wir mit Teenagern, die sich nicht mehr durch herkömmliche Strafen beeindrucken lassen? Werden Strafen als Erziehungsmethode verwendet, geraten Eltern spätestens in dieser Zeit in Not und haben Beratungsbedarf, wobei es schwer (aber nicht unmöglich) ist, die Eltern-Kind-Beziehung noch einmal auf neue Beine zu stellen. Kinder hingegen bauen durch Bestrafung Wut in sich auf, übernehmen das Konzept, dass »Macht vor Recht geht«[10], und verlieren die sichere, vertrauensvolle Verbindung zu ihren Eltern.

Viele Eltern nutzen in solchen Situationen Kompromisse: »Räum jetzt alle Bausteine auf, dann mach ich später den Rest.« Wenn wir uns dies genauer ansehen, ist es aber eigentlich kein Kompromiss, sondern auch wieder nur eine Forderung der Eltern. Ein echter Kompromiss wäre es, wenn das Kind wirklich gleichberechtigt an der Lösungsfindung beteiligt wäre: »Was schlägst du vor, was wir tun können?« Vielleicht schlägt das Kind zunächst keine wirklich sinnvolle Lösung vor, dann können wir erklären, dass diese Lösung für uns nicht stimmig ist und wir noch weitersuchen müssen. Auf diese Weise ist ein wirklicher Kompromiss möglich. Nicht sinnvoll ist es auch, das Aufräumen dann heimlich und allein zu übernehmen, wenn das Kind schläft oder in der Kita oder Schule ist, um dem Problem aus dem Weg zu gehen. Auch hier gilt: Wir müssen uns den Herausforderungen auf der Beziehungsebene stellen und mit ihnen umgehen. Und Kinder dürfen auch sehen und erleben, dass sich Care-Arbeit nicht von allein und unsichtbar erledigt.

Belohnung

Wer dem Thema Strafe/Konsequenz/logische Konsequenz abgeschworen hat und dennoch das Verhalten des Kindes beeinflussen möchte, nutzt im scheinbaren Gegensatz zur Bestrafung die Belohnung: Gutes, erwünschtes Verhalten wird belohnt, anderes einfach nicht beachtet. Während von der Bestrafung auch in der pädagogischen Praxis häufig abgeraten wird, wird die Belohnung oft propagiert, und wir finden sogenannte Token-Systeme (Belohnungspläne) zur Verhaltensbeeinflussung in vielen Ratgebern: Bei dieser Methode, die aus der Verhaltenstherapie kommt und wie die Bestrafung auf Konditionierung beruht, wird ein erwünschtes Verhalten durch die Verwendung von Anreizen aufgebaut. Während das System in bestimmten therapeutischen Kontexten durchaus sinnvoll sein kann, ist es in den meisten Familien ohne therapeutischen Bedarf nicht notwendig. Beim Trockenwerden bekommt das Kind im Token-System alle soundso viel Tage einen Aufkleber, wenn es nicht in die Windel gemacht hat, in der Schule gibt es Sternchen. Und auch außerhalb dieser bewusst eingesetzten Belohnungssysteme ist die Belohnung ein häufiges Mittel zur bewussten Veränderung von Verhalten. Doch wie andere Methoden zur Verhaltensbeeinflussung kann auch die Belohnung ihre Tücken und Folgeprobleme aufweisen.

Wanja ist 4,5 Jahre alt und braucht nachts noch eine Windel. Seine Eltern wünschen sich, dass das endlich ein Ende hat, weil die meisten anderen Kinder aus dem Freundeskreis keine Windel mehr brauchen. Auch dass die Windel manchmal nachts ausläuft, macht das Problem für die Eltern noch drängender. Von Freunden haben sie gehört, dass es bei ihnen mit einem Aufkle-

ber-Trick geklappt hat: *Jeden Morgen, wenn das Kind nicht in die Windel gemacht hat, kann es einen Aufkleber auf ein kleines Aufkleberposter kleben. Sie probieren es aus, aber die Nächte mit vollen und leeren Windeln wechseln sich weiter unregelmäßig ab. Wanja ist traurig, wenn er morgens keinen Sticker aufkleben kann. Nach mehreren erfolglosen Tagen brechen die Eltern das Experiment ab, weil sie merken, dass es Wanja immer schlechter damit geht, erfolglos zu bleiben. Die Kinderärztin überprüft zunächst, ob es organische Ursachen für das nächtliche Einpullern gibt, bevor sie erklärt, dass das nächtliche Urinieren an bestimmte Hormone gekoppelt ist und es bei manchen Kindern länger dauert, bis sie nachts bei Harndrang von ihrem Gehirn geweckt werden. Das Belohnungssystem konnte bei Wanja daher nicht als Ansporn helfen, sondern hat ihn verunsichert und beschämt.*

Belohnung funktioniert oft als Erziehungsmaßnahme, weil Belohnungen angenehm sind. Allerdings bringen sie die Gefahr der Gewöhnung mit sich, und es kann sich eine Abhängigkeit davon entwickeln: Das Kind handelt nicht mehr aus Altruismus, weil es als Teil der Familie agiert und darin einen wertvollen Platz einnimmt, sondern um Belohnung zu erlangen.

Die Abhängigkeit von Lob wird oft noch dadurch verstärkt, dass Eltern ein scheinbares Lob einsetzen, um echte Aufmerksamkeit zu ersetzen. Das kleine Kind macht etwas und wünscht eigentlich unsere Aufmerksamkeit: »Papa, schau mal hier!« Anstatt aber wirklich aufmerksam zu sein und zu beschreiben, was das Kind gerade tut, wird oft ein »Oh, das machst du toll!« vorgeschoben, um das Kind zu beruhigen. Ein Kommunikationsmissverständnis: Das Kind wünscht nämlich Aufmerksamkeit und Zuwendung, kein Lob. Wird es in solchen Situationen immer wieder »nur« gelobt, anstatt echte Aufmerksamkeit zu bekommen, bildet es ein Bild von sich aus, bei dem es Aufmerksamkeit nur durch lobenswerte Tätigkeiten erlangt. In der Folge wird es Aufmerksamkeit durch genau dieses Verhalten suchen: Es kommt beständig zu den Eltern und fragt, ob es dieses oder jenes toll gemacht/gemalt/gebastelt hat. Die Eltern sind irgendwann genervt von dem von ihnen anerzogenen Verhalten und weisen das Kind zurück, das nun nicht mehr weiß, wie es Aufmerksamkeit und Zuwendung erlangen soll.

Natürlich können wir unsere Kinder im Alltag loben, wenn wir echt Anteil nehmen, uns mit ihnen freuen oder begeistert sind. In diesem Moment teilen wir mit ihnen ein Gefühl. Wenn wir aber Lob nutzen wollen, um ihr Verhalten zu beeinflussen, nutzen wir es als Machtinstrument zur Verhaltensänderung – die Intention macht also einen erheblichen Unterschied.

»Alles nur für dich!«

Der Schatten unserer eigenen Vergangenheit kann auch in eine andere Richtung zeigen: Dann nämlich, wenn wir versuchen, allen Konflikten aus dem Weg zu gehen. Wir haben bereits bei Sonja und Ben (siehe »Wie Kinder an unsere Vergangenheit rühren«, Seite 72) gesehen, dass auch Stille und Rückzug eine Reaktion auf die eigenen Verletzungen sein können. Wir können unseren Kindern Gewalt antun in dem Versuch, sie mit Liebe, Achtsamkeit und Rücksichtnahme zu überschütten. Denn auch dann enthalten wir ihnen echte Beziehungen und wichtige Lernprozesse vor. Elternschaft bedeutet nicht, unseren Kindern alles aus dem Weg zu räumen, sie nie scheitern zu lassen oder dass es keine Konflikte geben darf. Wichtig ist der Umgang mit Konflikten. Wenn wir unseren Kindern alles aus dem Weg räumen, auch die Beziehungserfahrungen, die sie durch Konflikte erlernen, wenn wir ihnen vorenthalten, dass sie in einem gesunden, familiären Umfeld Frustration auszuhalten lernen können, nehmen wir ihnen viel. Und wir vermitteln ihnen auch etwas Falsches: dass Liebe bedeutet, nur Dinge zu erhalten. Dass Liebe ausschließlich bedeutet, versorgt zu werden, und dass andere ihre Bedürfnisse übergehen müssen, damit Liebe möglich ist. Die Erwartungshaltung unserer Kinder steigt ins Unermessliche, wenn sie keine natürlichen Grenzen aufgezeigt bekommen, keine Grenzen spüren dürfen. Sie lernen nicht, dass Konflikte Teil von Beziehungen sind und wie damit umzugehen ist, und wir enthalten ihnen wichtige Beziehungsaspekte vor, die sie für ihre Entwicklung brauchen.

Lisa hat mit ihrem Sohn Raffael (2) Probleme: Raffael schlägt sie, wenn er unzufrieden ist, zieht an ihren Haaren und tut ihr weh. Er hört »immer erst, wenn sie ganz laut wird und ihn zurechtweist«, und sie würde sich wünschen, dass es anders klappt. Dass Kinder mit zwei Jahren hauen, beißen und spucken, ist recht weit verbreitet. Dennoch ist es natürlich das Recht der Eltern, die eigenen Grenzen zu wahren. Es hilft Kindern, wenn wir ihnen Alternativen aufzeigen und beispielsweise anbieten, dass sie auf unsere Handinnenflächen hauen dürfen, wenn das für uns in Ordnung ist. Bei Lisa zeigt sich allerdings das Problem, dass sie Raffaels Wut nicht annimmt und ihm keinen Kanal dafür anbietet, sondern ihn immer sofort besänftigen will. Oft lächelt sie zunächst und sagt liebevoll, dass das aber nicht in Ordnung ist oder dass Raffael seiner Mami doch nicht weh tun will. Wenn Raffael aber ein »Doch!« hervorbringt und weiter zuschlägt, reagiert sie noch eine Weile besänftigend, bis sie irgendwann rabiat einschreitet, schimpft und ihn festhält. Hilfreicher ist in solchen Situationen, schon vorher die eigenen Grenzen mit einem »Stopp!« klar zu vertreten und dem Kind dennoch den Raum zu geben, das aktuelle Gefühl auszuleben.

Viele Eltern, die bedürfnisorientiert erziehen wollen, halten aber auch eine beständige Konfliktvermeidung und Zuwendung nicht aus, und so kommt es in einigen Situationen oder bei ganz bestimmten Verhaltensweisen zu einem Durchbruch des Gegenteils: Eigentlich sind sie immer liebevoll, respektvoll und vorausschauend, um Problemen aus dem Weg zu gehen, aber wenn es ihnen zu herausfordernd wird, schlagen sie in das Gegenteil um. Das ist für Kinder natürlich besonders schwierig, weil sie nicht vorhersagen können, wie sich die Mutter oder der Vater verhält, was zu Verunsicherungen führt. Manchmal kommt diese widersprüchliche Haltung auch nur in bestimmten Situationen zum Ausdruck: Immer wird das Kind zuvorkommend behandelt, außer wenn es um das Insbettgehen geht, wo ein strenger Ton herrscht und das Kind gehorchen soll. Den ganzen Tag über ist es den Eltern gelungen, alle Probleme zu umschiffen und immer das Kind in den Vordergrund zu rücken, aber am Abend sind die Kräfte erschöpft. Gerade kleine Kinder können mit einem solchen Wechsel des Erziehungsstils nicht umgehen, sind verunsichert und reagieren verständlicherweise mit Unmut und dem Versuch, durch Weinen und Protest wieder Nähe und Beziehung herzustellen.

In Bezug auf die Funktion des Kindes als Substitut eigener Erziehungserlebnisse ist zudem fraglich, ob wir mit »Alles nur für dich!« tatsächlich alles auf unser Kind ausrichten oder nicht vielmehr auf uns selbst. Natürlich tut es in gewisser Weise gut, wenn wir die Dinge, die wir selbst vermisst haben in unserer Kindheit, *mit* unseren Kindern nachholen können. Aber wir sollten sie nicht *über* unsere Kinder nachholen. Kinder haben nicht den Zweck, unsere psychischen Wunden zu heilen. Durch sie mögen wir im Laufe der Zeit die ein oder andere Verletzung aufdecken, aber die Heilung müssen wir selbst als Erwachsene in Angriff nehmen. Es ist nicht die Aufgabe unserer Kinder, dies zu tun. Als Erwachsene sind wir verantwortlich für unsere Kinder und gleichsam für unser inneres Kind und uns selbst.

Das besondere Kind

Die meisten Eltern lieben ihre Kinder. Und für die meisten Eltern sind ihre Kinder ganz besonders. In der Nähe zu ihnen sehen wir, was anderen Menschen manchmal verborgen bleibt: wie unglaublich humorvoll oder scharfsinnig dieses Kind ist, wie besonders empathisch. Und vielleicht sehen wir auch, wie wertvoll diese Eigenschaften sind und dass eine Gesellschaft aus solchen Unterschieden besteht und durch sie bereichert wird. Problematisch wird es nur da, wo das »Besonderssein« zum Merkmal wird, zur Hervorhebung. Wo das Kind dann auch wieder als Wesen zurücktreten muss und in eine Schublade gesteckt wird.

Im Babykurs ist Amon immer etwas weiter als die anderen Babys seiner Gruppe. Er kann früher rollen, robben, krabbeln. Seine Mutter nimmt dies sehr freudig auf und spornt ihn oft weiter an, stellt seine schnellere Entwicklung besonders in den Vordergrund und erklärt, dass sie glaubt, dass er sicherlich hochbegabt sei. Wir wissen nicht, wie sich Amon weiter entwickeln wird. Es gibt eine große Varianz in Bezug auf die Ausbildung von Fähigkeiten in der Babyzeit und einige Kinder krabbeln mit fünf, andere beispielsweise mit zehn Monaten. Manchmal sind Kinder auch in der motorischen Entwicklung anfangs sehr schnell, was sich später wieder verläuft. Ein zu frühes Augenmerk der Eltern auf »Besonderheit« kann dazu führen, dass das Kind nicht mehr in seiner Ganzheit betrachtet wird und dem Anspruch der Eltern folgen muss. Natürlich gibt es hochbegabte Kinder, für die besondere Angebote hilfreich sind, aber im Babyalter lässt sich dies so noch nicht diagnostizieren.

Schubladendenken gibt es nicht nur für negative Eigenschaften, sondern auch im Sinne des Besonderen. Die Besonderheit hat heute einen wichtigen Stellenwert, wie Dr. Sabine Seichter umschreibt: »Kindliches Aufwachsen findet heute im harmonischen Dreiklang von Wettbewerbsorientierung, Leistungssteigerung und Perfektionierung unter der Maxime, stets anders zu sein als andere, statt. Der neue ›mittlere Mensch‹ besteht nicht wie ehedem im Mittelmaß, sondern in der Besonderheit. Das besondere Kind ist jetzt das Phantombild des ›normalen‹ Kindes. Wenn jedoch das Besondere zum ›Normalen‹ wird, dann ist Heterogenität die neue Homogenität!«[11] Kinder sind nicht einfach Menschen mit verschiedenen Temperamenten, Eigenschaften und Fähigkeiten, sondern »jedes Kind ist hochbegabt«, wie Gerald Hüther eins seiner Bücher nannte. Selbst wenn wir positiv klassifizieren, klassifizieren wir und heben Kinder voneinander ab – ähnlich wie bei Strafe und Belohnung –, anstatt das Denken zu verbreiten, dass Kind- und Menschsein bedeutet, sich in einem breiten Spektrum zu befinden. Auch durch eine positive Klassifizierung von Menschen werden wir die Diskriminierung in unserer Gesellschaft nicht beenden können, im Gegenteil. Denn sie beinhaltet zugleich auch immer den Gegensatz. Natürlich gibt es immer Kinder, die sich außerhalb des Durchschnitts bewegen. Und natürlich ist mitunter wichtig, dass Kinder und deren Eltern über eine Diagnosestellung entsprechende Unterstützung bekommen. Aber außerhalb dessen sind eher im privaten Umfeld getroffene Diagnosen und Beurteilungen vielen Kindern keine Hilfe.

Die Last, besonders sein zu müssen, ist für Kinder schwer zu tragen. Und es ist schwer, eine einmal als Besonderheit hervorgehobene Eigenschaft wieder abzulegen, wenn Eltern ihre Sicht des Kindes darauf aufbauen. Das Schöne an Kindern ist doch: Sie müssen gar nicht besonders sein, sie dürfen einfach sein. Weil dieses »einfach sein« Kindheit ausmacht.

Reflexion: Ein ehrlicher Blick auf eigene Erziehungsmethoden

Wahrscheinlich findet sich auch in eurem Alltag an der ein oder anderen Stelle eine dieser Methoden aus dem Erziehungsalltag, die hier aufgezählt sind. Das ist normal. Viel problematischer ist es, wenn wir uns von Fehlern freisprechen und behaupten, wir würden keine machen. Es ist gut, wenn wir persönlich einschätzen können, wie sich unsere Handlungen und Gedanken im Alltag wiederfinden. Trage in die Skalen von »gar nicht« bis »sehr« ein, wo du dich siehst. Bewerte dich nicht, sondern sieh es als Ist-Stand, den du verändern kannst – und wirst, weil du dir jetzt darüber klar geworden bist.

Ich verwende:

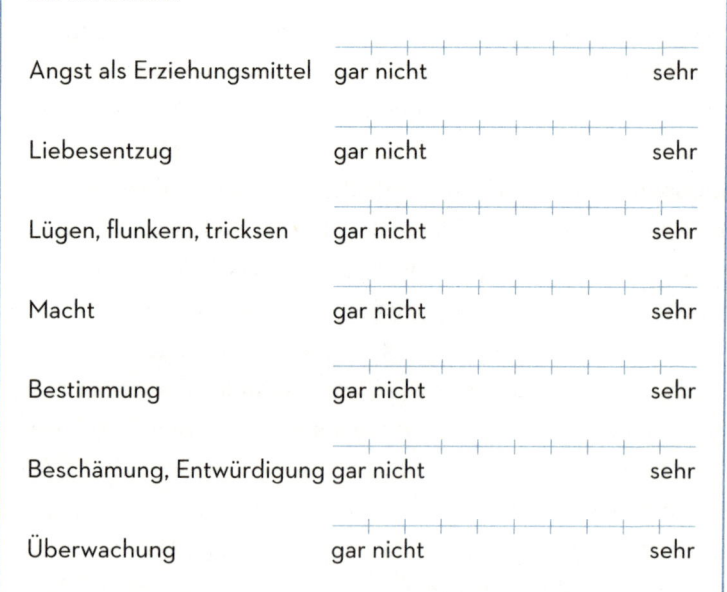

Angst als Erziehungsmittel	gar nicht	sehr
Liebesentzug	gar nicht	sehr
Lügen, flunkern, tricksen	gar nicht	sehr
Macht	gar nicht	sehr
Bestimmung	gar nicht	sehr
Beschämung, Entwürdigung	gar nicht	sehr
Überwachung	gar nicht	sehr

Vergleiche mit anderen	gar nicht	sehr
Bevorzugung	gar nicht	sehr
Abhärtung	gar nicht	sehr
Diskriminierung	gar nicht	sehr
Logische Konsequenzen	gar nicht	sehr
Belohnung	gar nicht	sehr
Elterliches Selbstvergessen	gar nicht	sehr
Klassifizierung, Besonderheit	gar nicht	sehr

»Eine gesunde psychische Entwicklung wird nicht dadurch gefördert, dass wir Brüche vermeiden, sondern dadurch, dass wir für Wiedergutmachung sorgen.«

Kent Hoffman/Glen Cooper/Bert Powell[1]

VIER
Die Aufgaben der Eltern

Wahrscheinlich denkst du nach den ersten drei Teilen: »OMG, ich mache alles falsch!« Ja und nein. Ja, wir machen noch recht viel falsch in unserem Alltag, immer wieder. Obwohl »falsch« nicht das richtige Wort ist, denn viele Dinge passieren ganz unbewusst – bis zu dem Zeitpunkt, an dem wir erkennen, dass scheinbar »normales« Erziehungsverhalten eben nicht so gewaltfrei ist, wie wir dachten. Und genau in diesem Moment wird sich etwas in deinem Alltag ändern. Denn mit der Lektüre der letzten Kapitel hat sich dein Blick dafür geweitet, was in unserer Gesellschaft seit Jahrhunderten passiert und an welchen Stellen wir diese Last weitertragen. Vielleicht hast du auch an der ein oder anderen Stelle den Schmerz der eigenen Erinnerung verspürt. Vielleicht hast du gemerkt, dass das, was du selbst erlebt hast, gar nicht in Ordnung war, obwohl du zuvor nie so darüber nachgedacht hast, beispielsweise über düstere Schlaflieder, die dir vorgesungen, oder gruselige Geschichten, die dir erzählt wurden. Und vielleicht hast du angefangen, zu erkennen, wo im Alltag Problemfelder liegen: in eurer Familie, aber auch in den Strukturen, die euch umgeben. Vielleicht hat sich dein Blick dafür geweitet, wie Kinder strukturell benachteiligt sind, beispielsweise durch die Bebauung und den Verkehr in großen Städten, oder dir sind in Kita und Schule Dinge aufgefallen, die auch nicht gerade gewaltfrei sind.

Ich schreibe bewusst: »wir machen noch viel falsch«, denn ich nehme mich davon nicht aus. Obwohl ich Pädagogik, Soziologie und Psychologie studiert habe, obwohl ich mich seit über einem Jahrzehnt mit Bindung und auch intensiv mit Kinderrechten beschäftige, bin ich ein Mensch, dem auch die persönliche und gesellschaftliche Vergangenheit anhängt. Es gibt Situationen, in denen ich direkt merke, dass ich gerade etwas falsch mache. Denn gibt es Situationen, bei denen ich erst später in der Reflexion merke, was schiefgelaufen ist. Und wahrscheinlich werden mir meine Kinder später auch einige Dinge vorhalten können. So wie mir geht es unglaublich vielen Eltern: Wir wollen etwas ändern, aber wir scheitern auch manchmal. Manche öfter, manche seltener. Je nachdem, welchen Rucksack wir tragen und ob es mit diesem Rucksack gerade einen steilen Berg hinaufgeht oder ob wir entspannt bergab laufen. Unsere persönlichen Belastungen wirken sich auf unser Vermögen, gewaltfrei zu handeln, aus. Einige dieser Lasten können wir leichter bearbeiten, andere schwerer. Daher wollen wir uns in diesem Teil des Buches dieser Bearbeitung zuwenden, ebenso wie der Frage, wie es denn dann überhaupt möglich ist, Kinder ohne all die uns bekannten Erziehungsmittel im Aufwachsen zu begleiten. Geht das denn überhaupt? Manchmal scheint es eine unmögliche Utopie zu sein. Oder anders formuliert: Was bleibt uns denn noch, wenn wir nicht auf das zurückgreifen können, was uns vertraut ist? Das ist doch die große Angst, die die meisten Eltern haben, wenn sie sich damit auseinandersetzen, dass Erziehungsmittel nicht gut sein sollen.

Die Antwort ist aber gar nicht so schwer: Wenn wir nicht mehr auf alte Erziehungsmethoden zurückgreifen wollen, dann bauen wir alles auf Beziehung auf. Und es funktioniert. Aber bevor wir uns dieser Möglichkeit zuwenden, wollen wir erst einmal eine Last, die sich vielleicht nach den ersten Kapiteln aufgebaut hat, wieder abbauen: die quälende Frage, ob wir denn nun alles falsch machen.

Eine neue Fehlertoleranz entwickeln

Um dieser Frage schon entlastend vorzugreifen: Nein, wir haben nicht alles falsch gemacht, aber Eltern machen immer auch Fehler auf die ein oder andere Weise. Und Kinder sind glücklicherweise neben aller Verletzlichkeit und aller Bedeutung eines psychisch gesunden Aufwachsens auch recht robust und vertragen viel mehr, als wir manchmal denken. Es geht gar nicht darum, dass Eltern alles richtig machen müssen. Auch die Forschung belegt, dass Fehler nicht nur normal sind, sondern in gewissem Rahmen sogar wichtig. Wir müssen dabei aber beachten, dass das, was einzelne Personen ertragen können, ohne einen Schaden davonzutragen, unterschiedlich sein kann: Resilienz ist abhängig von persönlichen Eigenschaften und Umweltfaktoren, die auch im Wandel sind, wodurch sich unsere Fähigkeit, mit belastenden Situationen umgehen zu können, im Laufe der Zeit verändert. Resilienz ist nichts, was man hat oder nicht hat, sondern etwas, das sich ändern kann. Deswegen ist es wichtig, mögliche Problemfelder weitestgehend zu beseitigen – an den Stellen, wo es möglich ist. Es kann nur gut für die ganze Gesellschaft sein, wenn Gewalt (in der Familie) weniger wird, während es durchaus negative Auswirkungen hat, Gewalt aufrechtzuerhalten oder sogar weiter zu begünstigen.

Wir müssen als Eltern also sehen: Wo kann ich etwas anpacken, wo kann ich persönlich beginnen? Und dabei ist es wichtig, dass wir uns selbst gegenüber gütig, wertschätzend und tolerant sind. Denn bevor wir an unseren Handlungen etwas ändern, müssen wir etwas an unserer Sicht auf Elternschaft ändern: Wir brauchen eine neue Fehlertoleranz für Eltern und alle Menschen, die mit Kindern umgehen. Nach all dem, wie Kindheit bisher gestaltet war, wie sie gelebt wurde und wie Kinder bis heute gesehen werden, ist es unmöglich, von Eltern einzufordern, perfekt gewaltfrei und absolut bindungs-

und bedürfnisorientiert mit Kindern umgehen zu können. Das Verschweigen dieses Umstands, der Druck bei vermeintlichen Fehlern und die Tabuisierung eigener Schwächen ist so groß, dass Eltern immer weiter in den privaten Raum der Familie gedrängt werden. Wer heute in einer Facebookgruppe postet, dass er Probleme hat, die eigene Wut zu kontrollieren, wenn das Kind wütet und schreit, bekommt unter Umständen Antworten wie »Dann hättest du eben keine Kinder bekommen sollen!« oder »Dein Kind wäre in einer Pflegefamilie besser aufgehoben!«. Solche und ähnliche Reaktionen verstärken die Last der Eltern und erhöhen die Hemmschwelle, sich Hilfe zu holen. Und wie oft tun wir im öffentlichen Raum etwas – kaufen eine Brezel für das Kind beim Bäcker, eine Süßigkeit an der Nörgelkasse – nicht, weil wir das wirklich wollen und davon überzeugt sind, sondern um das kindliche Jammern zu beenden, weil die anderen uns schon schief anblicken?

Kim ist vier Monate alt und schreit sehr viel. Schon zwei Wochen nach der Geburt ging es los, und diese Zeit wurde für die Eltern zu einer großen Belastungsprobe. Die Geburt war anstrengend, auch die Schwangerschaft war nicht leicht, und Kims Mutter hatte durch den Tod ihres Vaters und die damit einhergehenden Erbschaftsprobleme viel Stress. Nun gibt sie sich die Schuld daran, dass dieser Stress, wie sie gelesen hat, zu Kims Schreien führt, und versucht zusammen mit Kims Vater, dieser Schuld durch sehr viel Liebe und Aufmerksamkeit entgegenzuwirken. Es ist ihr unangenehm, dass sie so früh schon »versagt« und Kim den Start so schwer gemacht hat. Sie traut sich auch kaum noch zu anderen, weil Kim so weint und weil sie sich schämt und die Ursache auf sich projiziert. Lange hat sie geglaubt, dass sie es einfach aushalten müsse und dass es irgendwann besser werden würde. Erst als sie zufällig bei einem Besuch bei einer Vertretung des Kinderarztes auf ihre Erschöpfung angesprochen wird und dabei das viele Schreien thematisiert, wird der Weg zu einer Diagnose geebnet. Die Ärztin findet heraus, dass Kim unter einem Reflux leidet, der Schmerzen bereitet. Die Scham vor ihrem von Stress begleiteten Schwangerschaftsverlauf und die selbst zusammengesuchten Falschinformationen hatten dazu geführt, dass die Eltern nicht früher den Ursachen des Schreiens nachgegangen waren.

Auch wenn das Problem scheinbar auf Seiten des Kindes liegt, kann die mangelnde Toleranz gegenüber Fehlern beziehungsweise einem »falschem Verhalten von Kindern« uns darin bremsen, Hilfe zu holen. Natürlich gibt es – gerade mit älteren Kindern – auch Situationen, in denen wir feststellen, dass sich beim Kind eine falsche Verhaltensweise eingeschliffen hat. Unabhängig von dem Urteil, ob diese nun durch Eltern oder Freunde hervorgerufen wurde, führt allein das Vorhandensein eines problematischen Verhaltens bei Eltern oft zu Scham, und sie haben das Gefühl, versagt zu haben. Auch das kann die Bereitschaft hemmen, Hilfe in Anspruch zu nehmen.

Wir müssen uns darüber bewusst werden, dass jede Verurteilung anderer Eltern die Gewalt weiterträgt und am Leben erhält. Wer heute verurteilt wird, nur weil er nicht genau weiß, welche Beikost/Windel/Schlafsituation für das Baby die richtige ist, traut sich morgen vielleicht nicht mehr, nach Alternativen zu Auszeiten zu fragen oder einer Freundin zu sagen, dass er sein Kind geschlagen hat, und sich dabei helfen zu lassen, dass das nicht wieder passiert. Wir brauchen dringend eine größere Fehlertoleranz und eine Fehleroffenheit, von der aus es möglich wird, neu zu starten. Denn wir alle machen Fehler, jeden Tag. Viele davon verlaufen sich ohnehin im sonst liebevollen Alltag, andere können wir aufrichtig entschuldigen, und bei den dritten brauchen wir Hilfe – aber ohne Abwertung.

Fehler und Unsicherheit sind normal

Die Geschichte der Kindheit und Elternschaft vermittelt ein Bild, dass wir Eltern immer wissend und unfehlbar sein sollten. Natürlich waren Eltern das weder damals, noch sind sie es heute. Während aber früher mit harter Hand durchgegriffen wurde und sich Gehorsam und Autorität allein durch den Status »Elternteil« legitimierten, ist es heute anders: Wir sind nicht mehr überzeugt davon, richtig zu handeln, nur weil wir eben Eltern sind. Wir sind überzeugt davon, richtig zu handeln, wenn die Erziehungshandlungen durch Ratgeber legitimiert werden oder es sich wirklich gut anfühlt, was wir tun. Wir wissen um unsere Unsicherheit und Fehlbarkeit. Doch auch das sehen wir als Fehler an, anstatt den Fortschritt darin zu erkennen: Unsicherheit bedeutet, dass wir uns Gedanken machen und reflektieren. Wir gehen nicht davon aus, auf alles eine eindeutige Antwort haben zu müssen und immer richtigzuliegen. Anstatt dies positiv zu sehen, lassen wir uns verunsichern und haben Angst, falsch zu handeln, zu enttäuschen. Zu wissen, dass Fehler normal sind, bedeutet auch, dass wir von dem Gefühl entlastet werden, richtig handeln zu *müssen*, unter Erfolgsdruck zu stehen.

Es ist nichts Schlechtes, nicht sofort eine Antwort zu haben. Wir müssen nicht sofort reagieren, nicht sofort alles besser wissen. Wir können in Situationen, in denen wir unsicher sind, erst einmal nachdenken, Informationen einholen und dann handeln. Aus einem so erarbeiteten Handlungskonzept gewinnen wir Selbstbewusstsein und Stärke, die uns in der nächsten Situation tragen. Und auch Kinder lernen von unserer Fehlbarkeit: Sie erfahren, dass Fehler normal sind und wie mit ihnen umgegangen werden kann, dass sie nicht vertuscht oder durch Gewalt unterdrückt werden müssen, sondern dass Fehler es ermöglichen, sich selbst zu überdenken und im konstruktiven Miteinander neue Handlungsmöglichkeiten zu erproben. Kurz: Sie lernen Flexibilität und Kreativität.

Auch aus Bindungssicht müssen Eltern nicht perfekt und unfehlbar sein. Aber es ist wichtig, dass wir insgesamt über die Zeit hinweg und in der Mehrheit der Situationen unseren Kindern vermitteln, dass sie von uns geliebt und respektiert werden und wir sie als ihre vertrauensvollen Bezugspersonen schützen und unterstützen. Dafür gibt es keine Maßeinheiten. Und es ist gut, dass es diese nicht gibt, denn Bindung ist kein Wettstreit und keine Leistung. Wir sollten nicht darauf fokussiert sein, heute noch schnell das Pensum für den Tag zu erfüllen, sondern einfach im Blick haben, ob sich unsere Kinder wohl und sicher fühlen.

Reflexion: Keine Angst vor Fehlern!

Fehler zu machen und sich einzugestehen ist nicht einfach. Besonders nicht, wenn wir durch die Last der eigenen Vergangenheit ein geringes Selbstwertgefühl haben und/oder das »Recht des Stärkeren« verinnerlicht haben und keine Schwäche zeigen wollen. Auch dann, wenn wir nie einen guten Umgang mit Konflikten und echte Diskursfähigkeit lernen konnten, fällt uns ein aufrichtiges »Es tut mir leid« zu sagen oder zu denken schwer. Wenn auch du Probleme mit dem Umgang mit Fehlern haben solltest, nutze diese Gelegenheit, um aufzuschreiben, wovor du Angst hast, wenn du Fehler eingestehst. Das Ziel ist natürlich, Fehler in Zukunft zu vermeiden, aber auf dem Weg dorthin ist es zunächst wichtig, anzuerkennen, dass wir sie machen, warum wir sie machen und warum uns der Umgang damit so schwerfällt.

Du musst nicht sofort reagieren!

Unsere Erfahrungen mit Macht, Autorität und Gewalt haben uns gelehrt, dass wir als Eltern Antworten wissen, weil wir eben Eltern sind. Und unser Bild vom Kind vermittelt uns, dass wir in Konflikt- oder Problemsituationen immer richtig und schnell reagieren müssen: sofort eingreifen, wenn etwas schiefläuft! Bloß keine Zeit verstreichen lassen, in der das Kind sich tyrannisch ausleben könnte. Das Eisen schmieden, solange es heiß ist. Ein solcher Gedanke verursacht Stress, denn wir wissen eben nicht immer gleich, was wir tun sollen, und wenn wir übereilt reagieren, greifen wir vielleicht auf falsch erlernte Muster zurück. Stress lässt uns härter durchgreifen, als wir eigentlich wollen, ebenso ein gekränktes Ehrgefühl, das dadurch entsteht, dass wir denken, das Kind würde uns persönlich angreifen und mit seinem kindlichen Verhalten infrage stellen. Und warum denken wir eigentlich, wir müssten ständig etwas tun? Welch angenehme Vorstellung ist es, bei einem Wutanfall mit einem Kind »einfach« erst einmal durchzuatmen. Im Streit mit dem Teenager ruhig zu bleiben und zu sagen: »Ich denk da jetzt erst mal drüber nach.« Die Wahrheit ist nämlich: Wir müssen überhaupt nicht sofort irgendetwas tun (außer natürlich in Gefahrensituationen). Wir können uns erst einmal Zeit für uns nehmen. Auch neurologisch ist es sinnvoll, dass wir uns Zeit nehmen, besonders in Stresssituationen: Die Neurowissenschaftlerin Jill Bolte Taylor erklärt, dass, nachdem ein emotionales System bei uns getriggert wurde, es circa 90 Sekunden braucht, in denen die chemische Reaktion auf diesen Trigger unseren Körper durchläuft. Nach diesen 90 Sekunden können wir wieder rational mit der Situation umgehen. Sind wir dennoch weiter wütend, dann nicht mehr aufgrund unseres stressauslösenden Hormoncocktails.[2]

Das Kind wird nicht gleich zum Tyrannen, bloß weil wir erst mal tief durchatmen. Es wird durch eine Pause keine Verhaltenstörung erwerben. Im Gegenteil: Wenn wir uns nicht gezwungen sehen, sofort zu handeln, wird das Kind nicht sofort in eine Gegenwehr gehen müssen. Wir dürfen uns erlauben, uns Zeit zu nehmen! Und dann im nächsten Moment bewusst und überlegt zu reagieren. Oder bei größeren Kindern zu sagen: »So, ich habe jetzt darüber nachgedacht, lass uns mal darüber reden.«

Zudem sind viele Situationen, Einstellungen und Handlungen von Kindern nicht durch eine konkrete Situation und Handlung zu verändern. Wir können das von uns gewünschte Verhalten unseres Kindes nicht durch Streit erzwingen: Kein Kleinkind wird, nur weil es ausgeschimpft worden ist, aufhören, sich auf den Fußboden zu werfen und wütend zu sein. Und kein*e Jugendliche*r wird für immer das Zimmer aufräumen, nachdem wir einmal Hausarrest gegeben haben. Veränderungen brauchen Zeit, und unser elterliches Verhalten ist kein einmaliger Eimerguss, sondern ein steter Tropfen. Und es ist kein Zeichen elterlichen Versagens, eine Situation nicht sofort klären zu können.

Reflexion: Handreichung zur Ruhe

Du musst nicht sofort reagieren – das ist leichter gesagt als getan. Je nach Temperament und Triggern kann uns das ganz schön schwerfallen. Doch es hilft bereits, zu wissen, dass wir nicht sofort reagieren müssen. Die Frage ist aber oft: Wie schaffen wir es, in der konkreten Situation erst einmal die Wut verrauchen zu lassen? Reich dir selbst die Hand für solche Situationen: Umrande mit einem Stift deine Hand auf einem Blatt Papier. In die Mitte der Hand schreibst du »Ruhe«. In jeden deiner Finger kannst du schreiben, was dir ganz persönlich dabei hilft, diese Ruhe zu erlangen oder zu behalten. Wir alle sind unterschiedlich, daher gibt es nicht *die* Methode. Was hilft dir? Ein Glas Wasser trinken gehen? Tief durchatmen? Dich einfach kurz auf den Boden setzen? Die Augen schließen, atmen und sich einen Drehschalter vor Augen führen, der von »aufgeregt« auf »ruhig« umgelegt wird?

Sich entschuldigen

Wir können Fehler nicht einfach wegwischen, und auch vieles von dem, was wir selbst erlebt haben, ist nicht durch liebe Worte oder eine Entschuldigung ausradierbar. Und dennoch ist diese Entschuldigung in vielen Fällen wichtig für beide Seiten. Entschuldigungen gehören zur zwischenmenschlichen Verantwortung. In ihrem Buch *Stärke statt Macht* erklären Haim Omer und Arist von Schippe hierfür so passend: »Die Bereitschaft der Eltern, Fehler zuzugeben und zu beheben, trägt wesentlich zur Verbesserung der Familienatmosphäre und zur Vertiefung der Beziehung zum Kind bei.«[3] Fehler sind ein Teil des Menschlichen, und auch echte Entschuldigungen sind ein Teil davon. Natürlich sollten wir Entschuldigungen nicht nutzen, um unser Verhalten im Nachhinein zu relativieren. Zu denken: »Ist ja nicht so schlimm, wenn ich das Kind jetzt anschreie, ich kann mich später ja entschuldigen«, ist nicht das Ziel davon, Entschuldigungen im Familienalltag zu implementieren. So verkommt eine Entschuldigung zu einer hohlen Phrase – wie auch bei Kindern, bei denen wir mit Druck Entschuldigungen einfordern und sie diese dann einfach nur aussprechen, aber nicht meinen. Unsere Kinder nehmen eine echte Entschuldigung nicht nur über unsere Worte wahr, sondern auch über unsere Gestik und Mimik. Eine echte Entschuldigung meint, dass wir wirklich reflektiert und verstanden haben, dass wir falsch gehandelt haben, und sie eröffnet den Raum, um über die erlebten Gefühle zu sprechen. So kann das Kind sich mitteilen und wird letztlich doch noch verstanden. Wir nehmen uns dabei Zeit für das Kind, erklären uns und hören vor allem der Verletzung des Kindes zu. Es steht uns nicht zu, die Annahme einer Entschuldigung zu verlangen oder ein »Jetzt sei nicht mehr böse« einzufordern. Das Kind bestimmt, wodurch und wie lange es sich verletzt fühlt. Wenn wir uns aber immer wieder darum bemühen, uns für einen Fehler zu entschuldigen, erlebt das Kind, dass wir verschiedene Eigenschaften in einer Person vereinbaren können und dass Menschsein auch bedeutet, Unterschiedlichkeit in sich zu tragen. Es lernt die schon erwähnte Ambiguitätstoleranz. Diese kann es letztlich auch auf sich übertragen und ein gesundes Selbstbild ausbilden in dem Wissen, dass Menschen »gut« und »böse« in sich vereinen können.[4]

Wenn Kinder über lange Zeit negative Erfahrungen gemacht haben und ungünstigen Entwicklungsbedingungen mit Gewalt und Druck ausgesetzt waren, reichen Entschuldigungen nicht aus. In den sensiblen Phasen der frühen Kindheit, in denen das kindliche Gehirn aufgrund von Synapsenauf- und -abbau besonders empfindlich für Erfahrungen ist, wird auch die psychische Entwicklung und spätere psychische Gesundheit beeinflusst. Hier wird beispielsweise das Stressbewältigungssystem eingestellt, weshalb Kinder, die in der frühen Kindheit durch familiäre oder institutionelle Betreuungspersonen viel Druck erfahren haben, nachhaltig in ihrer Stressbewältigung gestört werden können. Nicht alle negativen Erfahrungen können später wieder ausgeglichen werden, und je älter das Kind ist – und damit aus dem Wirkungsraum der primären Bezugspersonen gerät –, desto schwieriger wird es. Manchmal braucht es dann therapeutische Aufarbeitung, um diese Verluste in gewissem Rahmen auszugleichen.[5]

Wer als Elternteil merkt, dass er immer wieder die gleichen Fehler macht, und sich danach entschuldigt, aber nicht herausfindet, wie es langfristig anders geht, braucht therapeutische Hilfe, um alte, verinnerlichte Muster loszulassen. Je früher, desto besser. Und wie schon oben angemerkt: Dafür muss sich keiner schämen. Über Reflexion und Verarbeitung eigener negativer Kindheitserfahrungen ist es durchaus möglich, trotzdem ein sicheres inneres Bindungsmodell zu entwickeln.[6]

Auch Eltern haben Grenzen

Wir alle haben Grenzen. Sie ergeben sich auf natürliche Weise aus unseren Bedürfnissen und Fähigkeiten. Im Alltag gibt es daher eine Vielzahl an Grenzen, auf die unsere Kinder stoßen: »Ich kann dir das nicht kaufen, weil ich kein Geld habe« gehört ebenso zu den natürlichen Grenzen wie »Ich kann mit dir heute nicht mehr auf den Spielplatz gehen, weil ich einfach zu erschöpft bin«. Es ist okay, diese Grenzen zu haben und sie nach außen zu vertreten. Grenzen aufzuzeigen ist keine Gewalt. Wenn wir aber Grenzen nur aus dem Gedanken heraus setzen, dass wir damit das Kind erziehen müssten, und nicht aufgrund unserer tatsächlichen Grenzen, bewegen wir uns in den falschen Bereich hinein. Dann setzen wir ein Machtgefälle ein, um den kindlichen Willen zu unterwerfen, und entziehen uns der Aufgabe, unser Kind wirklich auf die Welt vorzubereiten und Formen der Auseinandersetzung zu lernen. Natürlich brauchen Kinder die Erfahrung, dass Menschen, Dinge und soziale Systeme Grenzen haben. Das ist wichtig, und das dürfen wir nicht nur, sondern *sollen* wir unseren Kindern auch vermitteln. Hier können und sollten wir auch ganz bestimmt sein: Da ist eine Grenze von mir erreicht! Wir müssen nicht lächeln, wenn das Kind uns so an den Haaren zieht, dass es schmerzt, und wir es darum bitten, sofort aufzuhören. Auch hier treffen wir oft auf die Last der eigenen Vergangenheit, wenn wir nicht lernen durften, eigene Grenzen zu setzen und zu wahren. Wessen Grenzen als Kind immer übergangen wurden, der versucht auch als Erwachsener noch in freundlichem und vielleicht unterwürfigem Ton, darum zu bitten, dass sie doch bitte jetzt eingehalten werden. Das muss nicht sein: Du kannst dich selbst dazu ermächtigen, heute und jetzt deine eigenen Grenzen zu wahren. Denn du bist es wert, und es ist richtig, dich klar zu positionieren.

Reflexion: Selbstbestimmt Nein sagen

»Nein« zu sagen fällt vielen Eltern heutzutage schwer, wenn sie ihre Kinder anders erziehen wollen, als sie selbst erzogen wurden. Ein »Nein« aber ist wertvoll – für unsere Kinder und auch für uns selbst, denn durch die Möglichkeit eines Nein wird erst der Raum für das Ja eröffnet. Dein Nein ist richtig und in Ordnung.
Nimm dir drei Situationen vor, in denen du zukünftig ein klares, selbstbestimmtes Nein vorbringen möchtest, in denen es dir bislang schwergefallen ist.

Natürlich haben wir Eltern mehr Macht

Wenn wir uns fragen, ob wir Macht oder Gewalt ausüben, werden die meisten Leser*innen dieses Buches das wohl erst einmal verneinen. Auch, weil wir uns selbst manchmal in schwierigen Situationen so hilflos fühlen. Aber Tatsache ist, dass wir als Eltern in einer machtvolleren Position sind. Wir bestimmen die Tagesstruktur beispielsweise durch geregelte Essenszeiten, wir haben den Zugang zu Ressourcen wie Geld, wir verfügen über ein längeres Erfahrungswissen, auch im Hinblick auf soziale Regeln, die wir weitervermitteln. Und dies ist für unsere Kinder auch wichtig, denn sie brauchen von uns Schutz. Der schon genannte »Kreis der Sicherheit« betont die Funktion der Eltern als größer, weiser, stärker und gütig. Kinder brauchen uns als starke, sichere Bezugspersonen. Ob wir auch weiser und gütig sind, hat viel mit unserem Verhältnis zur Macht zu tun: Wie gehen wir mit unserer Macht um?

Viele von uns haben verinnerlicht, dass sich friedvolles Miteinander, Respekt, Toleranz und Akzeptanz gegenüber einer klaren, starken und Sicherheit ausstrahlenden Position ausschließen. Aber das stimmt nicht: Wir können genau das sein: »größer, weiser, stärker und gütig«, wie es im Kreis der Sicherheit heißt, oder »eine neue Autorität«, wie Haim Omer es nennt – und trotzdem unsere Macht nicht missbrauchen, sondern gewaltfrei mit unseren Kindern umgehen.

In den Situationen, in denen wir uns machtlos fühlen, laufen wir am stärksten Gefahr, unsere Macht auszuüben und unsere Vorstellungen, Denkweisen, Bedürfnisse und Wünsche über die des Kindes zu stellen. Oft gehen wir auch per se davon aus, als Erwachsene Dinge aufgrund unseres Erfahrungsvorsprunges besser beurteilen zu können, und diese Denkweise bestimmt unser Handeln. Aber nicht nur das: Auch unsere Kinder übernehmen nach und nach das Denken, dass wir besser wissen würden, was für sie in Ordnung sei.

Alina hat bereits eine Tochter im Teenageralter, als sie zum zweiten Mal schwanger wird und wieder eine Tochter zur Welt bringt. Sie erzieht diese kleinere Tochter, Camilla, zunächst sehr ähnlich wie ihr erstes Kind. Über Instagram kommt sie aber mit Bedürfnisorientierung und »unerzogen« in Kontakt und entschließt sich, nachdem sie zunächst unsicher war und nur »mitgelesen« hat, dieses Konzept auszuprobieren, weil es sich irgendwie richtig anhört. Camilla ist zu diesem Zeitpunkt schon vier Jahre alt, und Alina beschreibt sie als ziemlich willensstark und gibt an, immer wieder Konflikte in Bezug auf Ernährung, Schlafen und Spielen mit ihr zu haben. Als sie anfängt, Camilla mehr selbst bestimmen zu lassen, ist sie allerdings verunsichert: Es funktioniert einfach nicht. Camilla will sich ihr Essen nicht selbst auftun (es gab zuvor immer Konflikte, wenn sie zu viel auf dem Teller hatte und nicht aufessen wollte), und auch das selbstbestimmte Einschlafen klappt nicht wie erhofft. Alina glaubt, das ganze Konzept würde nicht stimmen beziehungsweise bei ihnen nicht passen. Tatsächlich aber hat Camilla über die Jahre verinnerlicht, dass Alina als Erwachsene besser weiß, was sie wie tun soll, wie viel sie, Camilla, zu essen hat, und ist nun verunsichert.

Der Übergang, die Bedürfnisse von Kindern zu respektieren und die Individualität des Kindes im Alltag zu berücksichtigen, ist nicht einfach, wenn man vorher ganz anders erzogen hat: sowohl auf Seiten der Eltern als auch auf Seiten des Kindes. Ein abrupter Wechsel im Sinne von »ab heute leben wir eben bedürfnisorientiert« funktioniert nicht, da Kinder oft erst wieder an ihr eigenes Gefühl herangeführt werden müssen. Dieser Prozess ist oft auch bei Kindern festzustellen, die die Lernform wechseln und von einer Schule, die klassischen Frontalunterricht anbietet, zum freien Lernen mit eigenen Zielvereinbarungen an freien Schulen übergehen. Auch hier brauchen die Kinder oft eine Zeit der Umgewöhnung, um zu lernen, mit der neuen Freiheit umzugehen und diese zu akzeptieren. Auch in der Zeit des Distanzlernens zu Hause während der Corona-Pandemie haben viele Eltern berichtet, dass ihre Kinder zunächst nicht zum Lernen zu motivieren waren, da die bisherige Struktur und die sich von der Eltern-Kind-Beziehung unterscheidende Lehrer*innen-Kind-Beziehung weggefallen sind. Die Kinder haben scheinbar einfach keine Lust gehabt. Andere Eltern haben dies als Autoritätsproblem identifiziert und als Machtkampf ausgefochten. Tatsächlich aber war es eine recht normale Reaktion auf die Umstellung und plötzliche Veränderung, und es ist unpassend, von Kindern zu erwarten, sie würden zu Hause schulisches Lernen ohne Probleme nachahmen können.

Es ist nicht möglich, das Machtgefälle zwischen Eltern und Kindern vollständig aufzuheben. Wenn sich Eltern der Verantwortung entziehen und Kindern gänzlich die Führung überlassen oder alles gleichwertig aushandeln wollen, kann das je nach Alter des Kindes zur Überforderung führen.

Doreen hatte eine eigene schwierige Kindheit und möchte mit ihrer mittlerweile dreijährigen Tochter Elsa »alles anders machen«. Sie hat sich zum Ziel gesetzt, absolut gewaltfrei zu erziehen, auf Elsas Bedürfnisse zu achten und so einen bedürfnisorientierten Alltag zu gestalten. Allerdings ergeben sich immer wieder große Konflikte in verschiedenen Bereichen. Doreen beschreibt Elsa als lustlos und/oder wechselhaft. Wenn sie beispielsweise nach der Kita fragt, was Elsa machen möchte, gibt diese oft keine genaue Antwort. Sind sie dann beispielsweise auf dem Spielplatz, möchte sie doch lieber woandershin. Ähnlich ist es beim Essen, wo Doreen hin- und hergerissen ist zwischen ihrem Bedürfnis, Elsas Wünschen zu entsprechen und gleichzeitig nicht so viele Lebensmittel zu verschwenden, da Elsa gekochte Speisen oft ablehnt und doch etwas anderes haben möchte. Manchmal bereitet Doreen abends drei verschiedene Mahlzeiten für Elsa zu. Doreen erlebt sich als inkompetent, und auch ihr Partner Philipp, der allerdings wenig anwesend ist, findet, dass es so nicht weitergehen kann. Doreen erkennt zunächst nicht, dass sie in ihrem Wunsch, es ganz anders machen zu wollen, in das gegenteilige Extrem gerutscht ist und Elsa mit zu vielen Auswahlmöglichkeiten zu wenig Halt und Sicherheit bietet. Die Beteiligung an Entscheidungen ist gut und wichtig für Elsas Entwicklung, aber in ihrem Alter sollte sie in einem begrenzten Rahmen wirksam sein können. So könnte sie bei einem Abendessen zwar wählen, was sie als Belag auf ihr Brot nimmt, oder auch nur Belag oder Gemüse essen, aber Doreen muss ihr nicht auch noch Nudeln kochen, wenn sie das Brot nicht haben möchte.

Kinder brauchen uns Erwachsene als schützende und versorgende Personen. Das ist einer der Grundpfeiler der Bindungstheorie. Die Frage aber ist, wie genau wir diese machtvolle Position einsetzen. Wir müssen, wie wir sehen werden, unsere Macht nicht mit Druckmitteln umsetzen, sondern können sie auf eine gewaltfreie, natürliche Autorität zurückführen. In einer Auseinandersetzung zwischen »Ich will das« und »Mein Kind will etwas anderes« sollte das Lösungsziel nicht sein, dass wir Erwachsene gewinnen und damit unsere Machtposition untermauern, sondern wir sollten auf gegenseitiges Verständnis und kreative Lösungen setzen. Die Position von »größer, weiser, stärker und gütig« meint genau dies.

Sechs L für eine friedvolle Elternschaft

Gewaltfreie und friedvolle Elternschaft ist möglich, ohne dass wir uns und unsere Grenzen selbst vergessen oder übertreten. Im Gegenteil: Das sichere, selbstbestimmte Einhalten der eigenen und sozialen Grenzen ist sogar zwingend notwendig, um gewaltfrei mit Kindern zu leben und ihnen anhand dieser Grenzen den Entwicklungsrahmen zu bieten, in dem sie sich entfalten können, gemäß Immanuel Kants Ansatz »Die Freiheit des Einzelnen endet dort, wo die Freiheit des Anderen beginnt«. Stoßen Kinder an diese Grenzen, können wir sie ihnen gewaltfrei aufzeigen: Sie müssen nicht bestraft und unterdrückt werden, um Grenzen zu akzeptieren, sondern lernen die Bedeutung der Wahrung von Grenzen durch Empathie. Im Alltag können wir auf sechs Lerninhalte zurückgreifen, die uns dies ermöglichen:

1. Lerne deine Problemsituationen kennen
Stress begünstigt negative Erziehungsmethoden. Sind wir gestresst, schreien wir mehr, übergehen eher andere, nehmen fremde Bedürfnisse weniger wahr. Es ist deswegen wichtig, die individuellen Stresspunkte zu kennen: In welchen Situationen fühle ich mich angespannt und gestresst? Was versursacht Stress bei mir, und wie kann ich bestimmten Stresssituationen durch bessere Organisation, Verteilung von Aufgaben auf andere Personen oder das Annehmen von Hilfe aus dem Weg gehen?

Darüber hinaus ist es wichtig, die eigene »Haifischmusik« zu kennen. Der Begriff »Haifischmusik« stammt aus dem schon erwähnten »Kreis der Sicherheit« und verbildlicht wunderbar diese Angst, die manchmal in uns auftaucht: Wenn wir ein und dieselbe Filmsequenz einmal mit normaler Musik unterlegen und einmal mit dem gefährlich erscheinenden Soundtrack von *Der weiße Hai*, dann sehen wir diese Sequenz in einem ganz anderen Licht. In der Begleitung unserer Kinder geht es darum, herauszufinden, wann und in welchen Situationen unser Gehirn eine solche Haifischmusik spielt und wir auf einmal eigentlich normale Situationen als gefährlich einstufen: gefährlich für das Kind (»Oh nein, es sollte lieber nicht klettern, es fällt bestimmt gleich!«), gefährlich in Bezug auf unsere Beziehung (»Diese Nähe ist mir zu anstrengend, ich will lieber meine Ruhe haben«) oder auch gefährlich für uns (»Das Kind macht das nur, um mir zu schaden«). Wir alle haben unterschiedliche Problemsituationen, die sich aus unseren Geschichten ergeben, und wir müssen uns individuell auf die Suche danach machen. Hilfreich ist es, ein Tagebuch zu führen, aus dessen Einträgen wir ersehen können, welche Situationen uns immer wieder Schwierigkeiten bereiten.

2. Lerne, dein eigenes Denken und Fühlen zu ändern

Oft nehmen wir an, dass wir mit unseren erzieherischen Handlungen das Denken und Fühlen der Kinder einfach ändern könnten: Ich sage oder mache etwas, und auf einmal ist das Kind einsichtig und handelt anders. Das funktioniert natürlich nicht. In einigen Fällen können wir das Denken von Schulkindern durch Argumentationen verändern. Bei Kindern in der sogenannten Autonomiephase oder jünger ist das nicht möglich. Wir müssen deswegen allein die Verantwortung für uns selbst und unser Denken und Fühlen übernehmen: Ich kann ändern, wie ich über mein Kind denke (siehe nächstes Kapitel). Ich kann meine Gefühle beeinflussen, wenn ich weiß, was mich aufregt oder triggert und wie ich gut durch eine solche Welle der Wut, Enttäuschung, Angst oder gefühlten Machtlosigkeit kommen kann.

3. Lerne, dass du als erwachsene Person die Beziehung ändern kannst

Du bist die erwachsene Person in dieser Beziehung und trägst die Verantwortung dafür, die Beziehung zu deinem Kind zu gestalten und auf Respekt und Sicherheit zu bauen. Wenn du in den vergangenen Kapiteln gesehen hast, dass du mit Druck oder unterschiedlichen Formen von Gewalt als Erziehungsmittel arbeitest, hast du es in der Hand, dies zu ändern: Zu jedem Zeitpunkt in eurer gemeinsamen Familiengeschichte kannst du das Ruder herumreißen und eure Beziehung neu gestalten. Manche Wunden sind schwer aufzuarbeiten, aber du kannst neue verhindern und alte zu heilen versuchen.

4. Lerne, dass deine Sprache viel bewirkt

Nicht nur unsere Handlungen nehmen einen Einfluss darauf, wie sich unsere Kinder fühlen, sondern auch unsere Worte. Denn das an das Kind gerichtete Wort ist auch eine Handlung: Es kann ein Befehl, eine Beschämung, ein Druckmittel sein. Wie wir mit unseren Kindern reden, macht wesentlich aus, wie sich das Kind sieht und fühlt. In unseren Aussagen spiegeln sich viele verschiedene Botschaften wider. Gerade dann, wenn wir in Konfliktsituationen mit unseren Kindern sind, ist die Art unserer Kommunikation wichtig. Die Gewaltfreie Kommunikation nach Marshall Rosenberg[7] kann hier eine gute Unterstützung sein, denn sie ermöglicht uns, unsere respektvolle Denkweise in Sprache zu übersetzen: Zunächst betrachten wir die Situation ganz ohne Bewertung, dann ermitteln wir das in uns hervorgerufene Gefühl und überlegen dann als dritten Schritt, welches Bedürfnis damit in Verbindung steht. Wenn wir wissen, was wir in dieser Situation wirklich brauchen, können wir eine Bitte formulieren. Auch hier gilt: Gewaltfreie Kommunikation ist keine Methode, sondern eine Haltung. Es hilft uns nicht, bestimmte Sätze oder ein Kommunikationsmuster abzuspulen, wenn wir die dahinterstehende Haltung der Gewaltfreiheit nicht verinnerlicht haben. Die Basis unserer Kommunikation ist das Mitgefühl und die Selbstreflexion: In Konfliktsituationen können wir die Situation zunächst beobachten, ohne sie zu bewerten, denn wir müssen nicht – wie wir schon gesehen haben – sofort reagieren. Dann können wir wahrnehmen, was die Situation in uns auslöst, um schließlich zu überlegen, welches Bedürfnis damit in Verbindung steht. Auf dieser Basis ist weiteres Handeln möglich, weil wir sehen, was wir selbst und unser Gegenüber braucht.

5. Lerne, dass du deine Rituale ändern kannst
In vielen von uns ist verankert, dass Disziplin, Strenge und Regelmäßigkeit wichtig sind. Und tatsächlich können Rituale im Alltag mit Kindern eine gute Unterstützung sein. Aber ebenso wichtig ist auch Flexibilität, denn Kinder und ihre Bedürfnisse ändern sich über die Zeit, und manchmal sogar wochenweise: Was heute funktioniert, klappt morgen vielleicht nicht mehr. Es ist in Ordnung, verschiedene Rituale wie die Kleiderstraße oder Musik beim Zähneputzen auszuprobieren. Es ist kein Zeichen von Inkonsequenz oder falschen Erziehungsprinzipien, wenn wir unsere Methoden und Handlungen an unsere jeweiligen Familiensituationen anpassen. Es zeichnet dich sogar aus, wenn du eure Situation so im Blick hast, dass du darauf abgestimmt handeln kannst und flexibel reagierst.

6. Lerne, dass kindlicher Widerstand gut ist
Eine der wohl provokantesten Thesen für uns ist, dass kindlicher Widerstand gut ist. Es ist gut, wenn Kinder sich einbringen wollen, wenn sie ihre Bedürfnisse äußern. Je nach Temperament tun sie das auf ganz unterschiedliche Weise. Wir müssen lernen, dass kindlicher Widerstand kein Zeichen eines Fehlers auf Seiten der Eltern

ist, sondern dass das Autonomiestreben von Kindern absolut normal und richtig ist. Und mehr noch: Wir können und sollten unsere Kinder im Widerstand stärken und gerade mit unseren größeren Kindern ganz bewusst Diskussionen führen. Wir dürfen dabei unsere Meinungen ändern, wenn Kinder gute Argumente vorbringen, und können sie so in ihrer Diskursfähigkeit stärken. Sie sollten in Familienkonferenzen und Alltagsgesprächen beteiligt sein und eine aktive Position übernehmen können. Und wir dürfen ihnen auch sagen: Wenn dich etwas daran stört, was ich mache oder sage, dann kannst du mir das sagen. Ja, wir dürfen unsere Kinder zum Widerstand ermächtigen.

Ist das überhaupt noch Erziehung?

Wie im ersten Teil beschrieben, gibt es eine ganze Reihe von Personen und pädagogischen Richtungen, die sich per se gegen Erziehung wenden und erklären, warum Erziehung falsch sei, um mit Kindern das Leben zu gestalten. Auch in diesem Buch geht es darum, dass es für Kinder nachteilig ist, wenn wir sie aufgrund ihres jungen Alters diskriminieren und unsere Macht zur Unterdrückung und Formung einsetzen. Immer wieder wird erklärt, dass wir statt *Er*ziehung die *Be*ziehung in den Blick nehmen müssen. Und das ist richtig. Die Vorstellung davon, dass wir zu einem Zusammenleben mit Kindern gelangen, das nicht auf Formung und Anpassung basiert, sondern auf Anerkennung, Rücksicht und Respekt, ist wunderbar. Und dies sollte unser Leitstern sein, nach dem wir unser Handeln ausrichten.

Dennoch ist es auch ein utopischer Gedanke, von heute auf morgen Erziehung hinter uns zu lassen und »nichterziehend« zu leben. Denn wir leben in einer Gesellschaft mit anderen Menschen, und diese Gesellschaft ist durch ihre Geschichte mit diversen Problemen behaftet – sie diskriminiert auf vielfältige Weise andere Menschen, nimmt wenig Rücksicht auf Natur und Gesundheit, und wir geraten – wenn wir gar nicht erziehen wollen – an vielen Stellen in eine Zwickmühle. Beispielsweise dann, wenn das Kleinkind ein Spielzeug haben möchte, das gegen unsere Wertvorstellungen verstößt, oder es unbedingt ein Quetschie haben will, weil die anderen Kinder im Kindergarten das auch immer trinken. Oder wenn das Kind sich einer politischen Gruppierung anschließen möchte, hinter der wir nicht stehen oder die wir sogar vehement ablehnen. Dann treffen unsere Werte auf die kindlichen Wünsche. Nicht selten siegt der Adultismus, wir stellen unser Wissen über das des Kindes, und es ist für uns natürlich logisch, so zu handeln.

Wir treffen wahrscheinlich die richtigen Entscheidungen, wenn wir Konsum einschränken, politisch korrekt handeln etc., aber dennoch treffen wir Erwachsene die Entscheidungen durch unsere elterliche Macht. An vielen Stellen ist die »Generation Greta« vielleicht einsichtiger, als wir es von ihr erwarten, an anderen Stellen können wir wahrscheinlich durch Diskussionen unsere größeren Kinder von bestimmten Dingen überzeugen – aber eben nicht an allen. Doch sollten wir auf Umwelt, Rassismus und Diskriminierung pfeifen, damit unser Kind sich Wünsche erfüllen kann? Wohl kaum. Wir sind daher nicht frei von Erziehung. Noch nicht. Denn die in unserer Gesellschaft aufgebaute Schieflage erfordert an einigen Stellen Erziehung, um sich wieder in eine andere Richtung zu bewegen, und zwar in Richtung Freiheit.

Durch unser Handeln heute können wir die Welt verändern, wir können viele Baustellen der Gesellschaft in Angriff nehmen, sodass unsere Kinder, wenn sie vielleicht einmal Eltern werden, sich gegen weniger Dinge auflehnen müssen. Wir alle können an den wunden Punkten arbeiten, wenn wir uns ihnen ganz persönlich stellen, und damit gesamtgesellschaftlich etwas bewegen. Und vielleicht schaffen wir sogar die große Wende, sodass in späteren Generationen Erziehung auf die Weise, wie wir sie kennen, nicht mehr notwendig ist und sich die Menschen ganz auf das friedvolle Miteinander konzentrieren können. Momentan müssen wir erst einmal daran arbeiten und an manchen Stellen eben auch erziehen, wenn wir dem Kind sagen, dass Sprüche wie »Das ist voll behindert« oder »Das ist voll schwul« bei uns nicht gesagt werden, weil sie andere Menschen diskriminieren. Aber wir können mit den uns möglichen Schritten in Richtung Erziehungsfreiheit vorangehen – indem wir uns selbst reflektieren und unsere Kinder in ihrem Wesen so annehmen, wie sie sind.

Reflexion: Unsere Werte

Wir können für uns festlegen, dass in unserer Familie *Beziehung* vor *Erziehung* steht und wir ein respektvolles, friedfertiges Miteinander anstreben. Um sich das immer wieder vor Augen zu führen, ist es gut, gemeinsame Werte auszuformulieren und zu verschriftlichen. Sie können auch aufgeschrieben und in einem Bilderrahmen an die Wand gehängt werden. Mit größeren Kindern (ab Vorschulalter) empfiehlt es sich, so eine Wertedefinition und ihre gelegentliche Anpassung oder Überarbeitung im Rahmen einer Familienkonferenz festzulegen, in der gemeinsam darüber gesprochen wird, was wem im Zusammenleben wichtig ist. So wird das Miteinander nicht nur schriftlich festgehalten, sondern auch aktiv gelebt. Für die Wertedefinition könnt ihr euch an den Worten unter der Aufgabe »Reflexion: Zeitreise« orientieren (Seite 49 f.).

»Obwohl ich kein ›pflegeleichtes‹ Kind war, förderte und bestärkte mich meine Mutter, wo und wie sie nur konnte. Vielleicht wünschte sie sich manches Mal, dass ich mich anders verhielte. Aber sie versuchte nicht, mich zu ändern, sondern unterstützte konsequent das, was mein Wesen ausmachte und meinem Wesen entsprach.«

Lore Maria Peschel-Gutzeit[1]

FÜNF

Wie Kinder wirklich sind und was sie brauchen

Wenn wir uns beständig verbiegen und anpassen müssen, wenn wir nie erfahren dürfen, dass wir so, wie wir sind, »richtig« sind, wenn wir immer versuchen müssen, jemand zu sein, der wir nicht sind, macht uns das auf Dauer krank. Wir können kein gutes Bild von uns ausbilden, von unseren Fähigkeiten und auch nicht von unseren Bedürfnissen, da wir immer im Sinne anderer handeln müssen. Diese Erkenntnis ist nicht neu. Schon der britische Psychologe Donald Winnicott, jener, der auch das »Gut genug«-Sein von Müttern betonte, hat herausgefunden, dass die meisten Probleme von Erwachsenen daher rühren, dass sie nie sein durften, wer sie sind.[2]

Vielen Menschen in der heutigen Elterngeneration geht es noch immer so, und es ist an der Zeit, dass wir damit aufhören, Menschen zu verbiegen, und beginnen, jeden einzelnen Menschen als die Person zu betrachten, die sie wirklich ist. Und nicht nur das: Wir müssen anerkennen, dass es ein ganz wichtiger Bestandteil der kindlichen Entwicklung und völlig normal ist, dass Kinder sich in den ersten Jahren intensiv mit sich selbst beschäftigen, sich selbst finden und erproben und dass es ein riesiger Eingriff in ihre natürliche Entwicklung ist, von ihnen Anpassung und Folgsamkeit zu erwarten. Schon der Entwicklungspsychologe Jean Piaget hat die Natürlichkeit dieses Egozentrismus beschrieben. Dies gesellschaftlich zu verankern, erscheint eine 180-Grad-Wende zu unserem bisherigen Denken zu sein: Viele Eltern gehen davon aus, dass das Kind gerade in den ersten Jahren lernen müsste, sich anzupassen, um kein Tyrann zu werden. Tatsächlich aber ist es umgekehrt: In den ersten Jahren darf das Kind – und mit ihm zusammen die Eltern – erst einmal herausfinden, wer und wie es ist, um dann den Weg zu finden, sich mit seinem ganzen Wesen in die Gesellschaft einzubringen. Das Wissen darum, wer es wirklich ist, was es mag und was nicht, trägt das Kind durch seine Kindheit und Jugend. Natürlich verändern sich einige Wesenszüge und Interessen im Laufe der Zeit, aber das grundlegende Gefühl, zu wissen, wer man ist, und genau so akzeptiert zu werden, trägt unsere Kinder und Jugendlichen gut durch ihr Leben. Laut Winnicott haben jene, die sich in der Kindheit selbst erfahren konnten und nicht beständig verbiegen mussten, in späteren Jahren auch nicht vehement das Gefühl, etwas verpasst zu haben, während die in früher Kindheit angepassten Kinder diesen Verlust des Sein-Dürfens dann auf extreme Weise nachzuholen versuchen. Psychische Probleme können auf viele verschiedene Arten auftreten; sie können grob zwischen internalisierten Problemen (d. h. Problemen mit sich selbst) und externalisierten Problemen (im Umgang/Zusammenleben mit anderen) unterschieden werden. Beide Arten belasten das zukünftige Leben.

Es ist also etwas dran an dem Gedanken, dass die Teenagerzeit (und die weiteren Jahre) leichter wird, weil die Kinder weniger rebellieren müssen, wenn wir die Wut der Autonomiephase erst einmal gut mit ihnen gemeistert haben. Was an der landläufigen Meinung allerdings nicht stimmt, ist, dass die Jugendlichen gegen die Eltern rebellieren. Sie rebellieren vielmehr gegen den Zwang und dafür, sich selbst finden zu dürfen. Ermöglichen wir dies von Anfang an, investieren wir in unsere Beziehung. Das bedeutet nicht, dass es nicht auch andere Reibungspunkte geben wird und darf – aber dieser eine, sehr wichtige, fällt weg. Mit unseren Kindern sind wir zeitlebens in Diskussion – um viele äußere Rahmenbedingungen, Ansichten, Ausgehzeiten, Kleidungsfragen etc. Aber ihr inneres Wesen sollten wir nicht zur Diskussion stellen. Denn diese Diskussion würde nie aufhören und alle Beteiligten nur unglücklich und erschöpft zurücklassen.

Während in den vergangenen Jahrzehnten ein gewaltsames Verbiegen im Sinne von Anpassung und Sittsamkeit des Kindes vollzogen wurde, ist unser Familienleben, wie wir gesehen haben, auch heute nicht frei davon. Darüber hinaus biegen wir Kinder heute oft in eine andere Richtung, die weniger gewaltvoll erscheint, denn wir wollen ja das Beste und setzen auf sichere Bindung, beste Bildung, Individualität im Sinne eines »Besondersseins« und auf Abgrenzung statt Annahme ihres Wesens. Wir messen und normieren unsere Kinder, um keine Zeitfenster zu verpassen, in denen mögliche Probleme durch Förderung überwunden werden können. Wir biegen, verbiegen. Nur scheinbar richtig und freundlich – oder nicht?

Es ist an der Zeit, dass wir aufhören, die Richtung vorzugeben; aufhören, unsere Kinder zu verbiegen, an ihnen zu ziehen, ihnen zu viele Steine aus dem Weg zu räumen. Stattdessen sollten wir an der Seite unserer Kinder gehen, um sie auf ihrem persönlich richtigen Weg zu begleiten. Dafür müssen wir sie kennenlernen, von Anfang an. Kinder auf ihrem eigenen Weg zu begleiten bedeutet nicht, dass wir ihnen hinterherlaufen, sondern dass wir an ihrer Seite sind: sie begleiten, und auch, dass wir sie auf Stolpersteine hinweisen können, dass wir sie ab und zu ermutigen, sich zu überwinden oder ihnen eine Schulter anbieten, an der sie sich anschmiegen können, wenn sie ängstlich sind. An den Weggabelungen des Lebens entscheiden wir nicht *für* sie, sondern *mit* ihnen. Wir bringen unser Wissen und unsere Erfahrungen ein, damit wir gemeinsam den für das Kind richtigen Weg auswählen können. Wir gehen mit ihnen auf Augenhöhe, und das bedeutet, dass wir uns je nach Situation zu ihnen hinunterbeugen müssen und sie manchmal zu uns hochnehmen und respektvoll miteinander umgehen. Kinder nicht zu verbiegen und sich frei entwickeln zu lassen bedeutet nicht, dass wir sie nicht unterstützen können oder sollen. Es bedeutet aber, dass wir unsere Unterstützung auf sie abstimmen, an sie anpassen und ihr eigenes Wesen in den Vordergrund der Begleitung stellen: Wir zwingen ein schüchternes Kind nicht durch Abhärtung dazu, auf andere zuzugehen und allen die Hand zu geben. Aber wir schauen, wie wir unser Kind ganz individuell stärken können, damit es seine eigenen Fähigkeiten gut in die Gesellschaft einbringen kann, und wir stärken die Vorteile, die ihr Wesen hervorbringt. Das schüchterne Kind kann beispielsweise lernen, wie es auch ohne Körperkontakt freundlich mit anderen umgehen und dabei seine eigenen Grenzen gegenüber anderen wahren kann. Oder, um einem bekannten Internet-Meme »Sei Pippi, nicht Annika« zu widersprechen: Sei weder Annika noch Pippi, sondern du selbst. Denn jedes Kind ist schon, bevor wir es zu etwas machen wollen.

Das ist nicht immer einfach, weil wir uns von unseren Vorstellungen und eigenen Plänen ein Stück weit distanzieren müssen, um wirklich zum Wohl und im Interesse des Kindes zu handeln. Der Gedanke, unsere Macht auszuspielen, ist so verlockend, da Kinder aufgrund des Bindungssystems von uns abhängig sind und uns gefallen wollen. Denn ja: Kinder wollen in unseren Augen leuchten. Damit sie geliebt werden, ändern sie sich – was auch immer es kostet und auch, wenn es schwer ist. Aber trotz der gewollten Anpassung führt dieses Verhalten immer wieder zu Konflikten, die uns letztlich belasten, unser Familienleben erschweren und uns Erwachsene müde und ratlos zurücklassen. Die Energie, die wir anfangs investieren müssen, um diese Denkweise zu überwinden und Kinder auf den für sie persönlich richtigen Wegen zu begleiten, ist hoch. Aber dafür brauchen wir im Laufe der Zeit dann weniger

Energie, wenn wir einmal auf diesem Weg angekommen sind, weil wir nicht mehr beständig formen und gegen etwas anarbeiten müssen. Es lohnt sich, sich selbst die Frage zu stellen: Möchte ich lieber jetzt viel Energie in mein Denken und Handeln stecken, um später entspannt bleiben zu können, oder möchte ich zu Beginn weniger Energie investieren, weil kleine Kinder sich besser anpassen lassen, brauche dann aber später mehr Energie, um sie auf dem gewünschten Weg zu halten? Der energiesparsamere und für alle glücklichere Weg ist tatsächlich der erste. Dazu müssen wir in einer ganz besonderen Weise Vertrauen in unser Kind fassen. Nicht nur darin, dass es gut ist, wie es ist, sondern auch darin, dass es so, wie es ist, auch einen guten Weg für die Zukunft gehen wird. Wir müssen unseren Blick von den angeblichen Fehlern oder Mängeln abwenden und einen Blick entwickeln, der die Stärken im Kind wahrnimmt. Denn jedes einzelne Kind mit seiner individuellen Art von Ausprägung eines Temperaments, von Hobbys oder Lernmethoden hat individuelle Stärken. Dieses Vertrauen in das Kind gewinnen wir, wenn wir verstehen und erfahren, dass alle Ausprägungen von Menschsein wichtig, notwendig und wertvoll sind. Sehen wir uns also an, wer dein Kind ist, welche Stärken es besitzt und wie diese geschützt und gestützt werden können.

Von Anfang an verschieden: Der Zusammenhang von Genen, Verhalten und Temperament

Wenn wir uns Empfehlungen für den Umgang mit Kindern ansehen, ist daran bemerkenswert, dass Kinder in ihrer Vielfalt in den meisten Empfehlungen zu »dem Kind« gemacht werden. Als würde aus der Vielfalt an Hintergründen, genetischen Einflüssen und sozialen Umgebungsfaktoren immer die gleiche Art von kleinem Menschen herauskommen, der immer auch gleich behandelt werden könnte: das Kind. Tatsächlich aber sind Kinder von Anfang an unterschiedlich, weshalb sie auch unterschiedliche Arten von Begleitungen benötigen.

Camilla und Julia sind Mütter von zwei Kindern: Mogli (4 Jahre) und Mila (1,5 Jahre). Mogli war von Anfang an ein sehr entspanntes Kind, absolut genügsam, leicht zufriedenzustellen und ruhig. Er hat wenig geweint und ist auch nach der Babyzeit sehr entspannt gewesen – mit wenigen Wutanfällen und oft einfach gut gelaunt. Selbst wenn er sich einmal verletzt, ist er schnell mit Körperkontakt und lieben Worten zu beruhigen. Als Mila zur Welt kam, stand die Welt von Camilla, Julia und Mogli kopf: Mila schrie sehr viel, war kaum zu beruhigen. Camilla ging in Teilzeit, um Julia, die in Elternzeit war, mehr zu Hause zu unterstützen und sich mehr um Mogli kümmern zu können. Das war zusätzlich zur emotionalen auch eine finanzielle Belastung, aber sie sahen keinen anderen Ausweg. Julia ging es schlecht, weil sie ihr Kind nicht beruhigen konnte und sich damit als Mutter unfähig fühlte. Sie zweifelte an sich und ihrer Kompetenz, zog sich zurück. Als Mila 9 Monate alt war, wurde es langsam etwas besser, aber sie blieb schnell reizbar und brauchte viel Unterstützung bei der Regulation von Unruhemomenten durch ihre Mütter. In ihrer Erschöpfung probierten Camilla und Julia viele verschiedenen Methoden aus, von Federwiege, Allergietests, Nahrungsmittelumstellungen bis »Ausschreien lassen« – aber nichts funktionierte. Es hat lange gebraucht, bis sie verstanden, dass Milas Verhalten nicht durch irgendwelche äußeren Faktoren hervorgebracht war und sie nichts von sich aus falsch gemacht haben, sondern dass Mila – anders als Mogli – ein Temperament mitbrachte, das mehr Regulation und Fürsorge verlangte. Die Erkenntnis, zusammen mit einer Therapie, half besonders Julia, wieder Vertrauen in sich zu fassen und die Beziehung anders aufzunehmen. Mit eineinhalb Jahren ist Mila weiterhin lauter und empfindsamer, als Mogli es jemals war, aber Camilla und Julia sind jetzt sicherer im Umgang mit ihr und nehmen ihr Temperament so an, wie es ist, ohne es beständig auf sich selbst zu beziehen.

Die individuellen Unterschiede beginnen bereits vor der Geburt, denn die Ausprägung verschiedener Gene und Genvarianten nimmt Einfluss auf Persönlichkeitseigenschaften, wie Neurobiologin und Psychologin Nicole Strüber ausführlich darlegt:[3] Schon vor der Geburt wird beispielsweise festgelegt, wie die Persönlichkeit durch Gene beeinflusst wird, die mit bestimmten Umwelterfahrungen in Verbindung stehen. Betrachten wir zum Beispiel den Neurotransmitter Dopamin, welcher das Belohnungssystem und Risikoverhalten in uns beeinflusst: Das Gen für die Bindungsstelle von Dopamin kann in verschiedenen Varianten vorliegen, wodurch die Wirksamkeit von Dopamin beeinflusst wird. Kinder mit einer bestimmten Variante des Gens (20 Prozent der Menschen) zeigen mehr aggressives Verhalten als andere und haben aufgrund dieses Umstand ein höheres Risiko, eine problematische Bindungsbeziehung zur Mutter[4] einzugehen, da das Temperament eines Kindes den Aufbau der

Bindung beeinflussen kann. Ein aggressives Kind, das nicht nur gegenüber anderen, sondern auch den Eltern gegenüber aggressiv ist, stellt uns vor besondere Herausforderungen, denn wir fühlen uns schnell angegriffen, in unserem Selbstwert als Eltern erniedrigt. Haben wir selbst auch noch negative Erziehungsmethoden erfahren, lässt uns der Stress eines aggressiven Kindes schneller auf solche zurückgreifen. So gestaltet sich die Beziehung zum Kind dann mehr und mehr negativ, und ein Kreislauf negativer Verhaltensweisen beginnt. Eigentlich benötigt ein Kind mit einem solchen Temperament mehr feinfühlige Fürsorge, da das Kind stressempfindlicher ist und durch negative Interaktionen, die aufgrund seines Temperaments hervorgerufen werden, die Wahrscheinlichkeit einer psychischen Erkrankung steigen kann. Kinder mit dieser Genvariante benötigen eine besonders feinfühlige Begleitung, durch die ihr Stresslevel sinkt. Erhalten sie diese Form der Begleitung, sind sie dann sogar wesentlich weniger aggressiv als Kinder mit einer anderen Genvariante. Das ist aber tatsächlich gar nicht so einfach. Besonders nicht, wenn wir in einem Denken gefangen sind, das Aggressivität immer als eine Folge von Erziehungsversagen und/oder ein Machtspiel des Kindes ansieht. Der Abstand von solchen Gedanken ist der erste wichtige Schritt, um damit umzugehen. Mit den oben vorgestellten »sechs L« können wir gute Wege zum Umgang mit einem aggressiven Kind finden.

Die große Bedeutung der Feinfühligkeit betrifft nicht nur Eltern, sondern auch andere Bezugspersonen: Sind Kinder mit dieser Genvariante in institutioneller Betreuung, zeigen sie dort oft ein unaufmerksameres und impulsiveres Verhalten als andere Kinder. Kinder reagieren also tatsächlich unterschiedlich auf außerfamiliale Betreuung, und die Rahmenbedingungen (Stundenumfang, Erziehungsstil, Rituale etc.) können für einige Kinder viel bedeutsamer sein als für andere.

Die Varianten der Dopamin-Bindungsstellen sind es auch, die laut Stüber einige Kinder zum Beispiel immer wieder die gleichen Hörspiele hören lassen, während andere mehr Abwechslung wünschen. Dieses Bedürfnis nach Abwechslung und Abenteuerlust ist die Kehrseite dieser Genvariante, denn solche Kinder erkunden auch eher, sind neugieriger. Sie sind es auch, die neue Ideen entwickeln und immer ein Abenteuer aushecken. Nur leider passt das nicht immer in die starren Strukturen unserer Gesellschaft, auch wenn diese Eigenschaften so wertvoll sind. Auch an diesem Punkt sind wir in mangelnder Ambiguitätstoleranz gefangen: Je nach Fragestellung denken wir entweder, wir bräuchten nur die bestimmten, aggressiven Kinder, die sich behaupten und so das Überleben sichern. Oder wir sind überzeugt, dass nur die sanftmütigen Menschen ein friedliches Zusammenleben garantieren. Dabei verkennen wir, dass es gerade das Zusammenspiel dieser Kräfte ist, das Zukunft gestaltet. Wir tun gut daran, Kinder weder in die eine noch in die andere Richtung des Eigenschaftsbarometers zu drängen, sondern sie auf ihrem Weg mit ihrer Persönlichkeit so zu begleiten, dass sie gut mit ihrer eigenen Art umgehen und ihr Potenzial in der Gesellschaft gut ausschöpfen können.

Wenn wir erkennen, dass unser Kind zu den eher aggressiven Kindern gehört, ist es an uns, ihm einerseits eine verständnisvolle, nahe Begleitung anzubieten und ihm andererseits gleichzeitig den Raum für seine Abenteuerlust zu geben. Und wir sollten Kitas und Schulen suchen, die seiner Wesensart Rechnung tragen. Diese Kinder sind noch stärker auf ganz starke Wurzeln und ausgebreitete Flügel angewiesen als andere. Als Eltern müssen wir dafür einstehen und klar Stellung beziehen, gerade auch im institutionellen Kontext, wo die unruhigen Kinder – auch durch die strukturellen Gegebenheiten – gern noch auf eine stille Treppe gesetzt oder bestraft werden. Schnell werden wir als Helikoptereltern bezeichnet, wenn wir versuchen, das Verhalten unserer Kinder zu erklären. Und es gibt auch Eltern, die ihren Kindern alle Steine aus dem Weg räumen und aggressives Verhalten, das durch mangelnde Zuwendung und Erziehungsfehler entstanden ist, mit Natürlichkeit entschuldigen. Dennoch brauchen Kinder in beiden Fällen auch in den betreuenden Institutionen Offenheit, Verständnis und eine nahe, zugewandte Begleitung. Aggression von Kindern ist immer eine Einladung, näher hinzusehen und zu erkunden, ob sie im Kind angelegt ist oder durch äußere Faktoren hervorgebracht wurde. Woher sie auch kommt, braucht sie Beachtung und gute Begleitung – keine Unterdrückung, Beschämung oder Gewalt. Wir lösen Gewalt nicht durch noch mehr Gewalt.

Wie mit dem Dopamin verhält es sich auch mit anderen Neurotransmittern. Das Gen für ein Transportprotein des Serotonin-Stoffwechsels kann ebenfalls in unterschiedlichen Varianten vorliegen, was Zurückhaltung und Passivität beeinflusst und impulsive Aggressionen hemmt. Personen mit einer bestimmten Variante sind generell stressempfindlicher und neigen unter Stresseinfluss eher zu depressiven Verhaltensweisen, weshalb auch hier wieder die Umwelt und die Art der Interaktion mit dem Kind besonders wichtig sind.

Auch verträumte Kinder haben es in unserer leistungsorientierten Gesellschaft manchmal schwer. Durch den Druck, schneller, effizienter und weniger tagträumerisch zu sein, fühlen sie sich oft nutzlos und falsch. Verbunden mit dem Glauben, dass verträumte Kinder in der Schule versagen, kann das eine große und nicht zu bewältigende Last werden – für Eltern und Kinder. Denn unsere Kinder sind immer noch Kinder, und mit einer Aussage wie »du musst endlich weniger träumen« können sie nichts anfangen. Das ist in etwa so, als würde jemand zu einem erwachsenen Menschen sagen: »Du musst weniger atmen.« Das Verträumtsein macht einen

Teil des Wesens dieses Kindes aus. Mit viel Druck können wir versuchen, diese Seite seiner Persönlichkeit zu unterbinden, aber das Kind wird dadurch nicht glücklich. Wichtiger ist es, seine Art anzuerkennen und Wege zu finden, wie sich das Kind gut in der Gesellschaft zurechtfindet: Wir können ihm zeigen, wie es große Aufgaben in kleine bewältigbare Päckchen zerlegt, können einfache Ordnungs- und Ablagesysteme gemeinsam erstellen, mit denen es sich besser zurechtfindet, können es als Schulkind mit Dingen wie Bullet-Journaling vertraut machen. Verträumte Kinder sind richtig, so wie sie sind. Und wir brauchen heute und in der Zukunft auch Träumer*innen!

Auch das Gen für den Rezeptor des so oft als »Bindungs- und Kuschelhormon« bezeichneten Oxytocins wie auch das Gen für ein Enzym, das Oxytocin freisetzt, liegen in Varianten vor, die zu unterschiedlichen Oxytocin-Konzentrationen in unserem Körper führen können, was Einfluss auf unsere Grundstimmung, unser Selbstwertgefühl, unseren Umgang mit Stress und die empathische Interaktion nimmt. Auch hier können aggressives Verhalten oder emotionale Gleichgültigkeit hervorgerufen werden. Und auch hier ist die Wirkung des Hormons durchaus auch von der Art der Erfahrung, die Kinder machen, abhängig: Kinder mit einer bestimmten Variante entwickeln in schwierigen Lebenslagen ein größeres Risiko für emotionale Probleme, während Kinder mit einer anderen Variante etwas resilienter sind.

Empathie ist in unserer Gesellschaft ein so wichtiger Wert, dass hier schnell Druck aufkommen kann oder dass Eltern sich sorgen: Mein Kind ist zu wenig empathisch! Was soll ich nur tun? Fast scheint es, als würden weniger empathische Kinder sofort als Soziopathen klassifiziert. Natürlich ist Empathie wichtig für unser Zusammenleben. Sie ist von Bedeutung, um Moral zu entwickeln und sich gerecht anderen Menschen gegenüber verhalten zu können. Doch es bringt nichts, zu einem Kind, das weniger empathisch ist, zu sagen: »Jetzt fühl dich doch mal mehr in die anderen Kinder ein!« Empathie ist kein Lerngut im klassischen Sinne. Sie entsteht in dem genetisch vorgegebenen Rahmen durch gute Beziehungen und sichere Bindungen. Die als so hohes Gut angesehene Moral, die in unserer heutigen globalisierten Welt tatsächlich sehr wichtig ist, basiert auf dieser Empathie, aber ebenso auf dem, was wir als Eltern und Gesellschaft vorleben: Durch unser Handeln entwerfen wir ein Bild für das, was Kindern als moralisch erscheint. Gerade für Kinder, die weniger empathisch fühlen, sind diese Rahmenbedingungen wichtig. Hier sind wir wieder bei der oben angesprochenen Diskrepanz zwischen dem, was Eltern von ihren Kindern wünschen, und dem, was sie selbst zeigen: Wenn Eltern Ausgrenzung, Hierarchien (auch in der Familie!) und Diskriminierung vorleben, ist es für Kinder schwer, einen anderen moralischen Kompass auszubilden, und sie richten ihr moralisches Handeln besonders auf die Gruppe aus, der sie sich zugehörig fühlen. Wenn wir es schaffen, eine breite, diverse Zugehörigkeitsgemeinschaft zu gestalten, und unser Handeln in diesem Raum moralisch ist, können Kinder diese Gruppenverhaltensregeln übernehmen. Zudem können wir Kinder dabei begleiten, mit anderen Menschen empathisch zu interagieren: Wir können mit unserem Kind über Gefühle sprechen und darüber, wie Menschen sie zum Ausdruck bringen. Wir können uns in Büchern Mimiken ansehen oder Gefühlsspiele spielen. Wir können besprechen, was wir vielleicht tun, wenn wir bei einem anderen Menschen einen bestimmten Gefühlsausdruck wahrnehmen. Und wir sollten als Eltern ganz besonders auf unsere Erwartungen achten und nicht immer wieder in Versuchung geraten, von unserem Kind etwas zu erwarten, was es so nicht erfüllen kann. Auch Kinder, die weniger Empathie zeigen, als wir zunächst erwarten, sind wunderbare Kinder.

Wir sehen also: Kinder bringen schon sehr viel Unterschiedlichkeit mit ins Leben. Gerade bei den Eigenschaften, die Eltern und andere Erwachsene oft als »schwierig« bezeichnen, wie Aggressivität, geringere Aufmerksamkeitsspanne und Unruhe, zeigt sich aber, dass nicht ein Vorgehen mit harter Hand, Anpassung oder Abhärtung zielführend sind, sondern dass eine feinfühlige, einfühlsame Begleitung notwendig ist, oft verbunden mit klaren, gleichbleibenden Regeln. Nach Studienlage ist beispielsweise der Grad der Gewalt geringer, je ausgebildeter die elterliche Fähigkeit ist, die Kinder zu begleiten und ihnen Grenzen aufzuzeigen.[5] Kindliche Aggressivität ist in Ordnung, aber Kinder müssen lernen, dafür gute Kanäle zu finden – jenseits von Verletzungen und Beschimpfungen anderer. Für einige Kinder mag Aggressivität in Form von Sport umgesetzt werden, für andere in Form von Kunst und Gestaltung. Auch wenn wir als Eltern durch viel weinende oder aggressive Kinder besonders gefordert sind und wenn das Begleiten dieser Kinder wirklich anstrengend ist, brauchen gerade diese Kinder unter anderem für ihr Stressverarbeitungssystem liebevolle Zuwendung. Wir sollten deswegen eher sehen, wie wir Eltern mit solchen Kindern von anderen Lasten befreien können, wie wir sie stützen und stärken können, damit sie genügend Ressourcen haben, um ihren Kindern das zu geben, was sie brauchen. Wir sehen gerade hier wieder: Mangelnde Unterstützungssysteme für belastete Eltern bringen strukturelle Gewalt hervor. Die Neurobiologin Nicole Strüber hält fest, dass »wir im Angesicht eines schwierigen Kindes nicht aufgeben dürfen. Es benötigt unsere liebevolle Fürsorge noch mehr als die anderen.«[6] Und dies schlägt sich dann auch auf Betreuungs- und Lernkonzepte nieder, die ebenfalls auf die vielfältige Unterschiedlichkeit von Kindern abgestimmt sein müssen. Kinder unterscheiden sich in ihrer Erregbarkeit, Tröstbarkeit, im Ausmaß ihrer Aktivität oder Ablenkbarkeit und auch in ihrem Gefühlsausdruck. Manche holen sich Körperkontakt über lange Kuscheleinheiten, andere raufen und toben lieber und sind darüber in Körperkontakt. Hier gilt es, hinzusehen und zu verstehen, wie unser Kind ist. Das Kind bringt bestimmte genetische Rahmenbedingungen ins Leben mit, die aber von der Umwelt beeinflusst werden und schließlich das ausbilden, was wir als Persönlichkeitseigenschaften ansehen. Je nach Erfahrungen, die das Kind mit seiner Umgebung macht, kann sein Temperament zu unterschiedlichen Persönlichkeiten führen. Dies entlastet uns Eltern zugleich, denn nicht alle schwierigen Verhaltensweisen von Kindern gehen auf die so oft verwendete Argumentation »Erziehungsfehler« zurück, zugleich zeigt es uns aber auch, wie wichtig eine individuelle Betrachtung von Kindern mit ihren jeweiligen Eigenschaften ist.

Das Spektrum der neurobiologischen Unterschiede zwischen Menschen ist groß. Während früher davon ausgegangen wurde, dass bestimmte Neuro-Minderheiten per se pathologisch wären, wird heute auf die Vielfalt neurologischer Unterschiede anders geblickt, und Autismus, AD(H)S, Dyskalkulie, Legasthenie und andere neurologische Verschiedenheiten werden als Variation genetischen Verhaltens betrachtet und respektiert: Wir sprechen von der Neurodiversität des Menschen. Gerade für die Begleitung von Kindern ist dies sehr wichtig, denn es ändert den Blick auf das Kind und führt noch einmal mehr vor Augen, dass jedes Kind einzeln in der persönlichen Besonderheit betrachtet werden muss mit seinen ganz individuellen Bedürfnissen. Vor allem Kinder, die nicht neurotypisch sind, also nicht dem Durchschnitt entsprechen, brauchen in einigen Punkten eine andere Begleitung als andere Kinder, die aber ebenso auf die Bedürfnisse fokussiert wie bei allen anderen – nur dass diese vielleicht in anderer Weise umgesetzt werden müssen. Gerade hier sehen wir, dass Bedürfnisorientierung keine Methode mit To-do-Listen sein kann, sondern eine Haltung gegenüber dem Menschen und der Begleitung von Kindern.

Reflexion: Wie ist dein Kind?

Wir nehmen unsere Kinder im Alltag eben als unser Kind wahr, aber wie ist es in einzelnen Bereichen wirklich? Ist es schüchtern oder aufgeschlossen? Ist es eher aggressiv oder sanftmütig? Wird es schnell wütend, oder muss dafür schon sehr viel passieren? Schau dein Kind einmal ganz ehrlich in seinen Charaktereigenschaften an und erstelle ein Bild von den Eigenschaften deines Kindes – ganz ohne Wertung und ohne deine Wünsche. Kreuze dafür in der Tabelle an, wie du dein Kind siehst. Je nach Alter passen vielleicht einige Themen (noch) nicht, dafür kannst du vielleicht andere hinzufügen. Nutze eine solche Übung gelegentlich, um zu sehen, wie dein Kind gerade ist. Es geht dabei nicht um eine Bewertung oder Kategorisierung, sondern darum, das eigene Kind in all seinen Facetten wirklich wahrzunehmen.

aggressiv	─┼─┼─┼─┼─┼─┼─	sanftmütig
schnell erregbar	─┼─┼─┼─┼─┼─┼─	weniger erregbar
wild	─┼─┼─┼─┼─┼─┼─	zurückhaltend
benötigt Abwechslung	─┼─┼─┼─┼─┼─┼─	benötigt mehr Wiederholungen
liebt Rituale	─┼─┼─┼─┼─┼─┼─	Tagesablauf kann auch ungeregelt sein
redet viel	─┼─┼─┼─┼─┼─┼─	redet eher wenig
beobachtet viel	─┼─┼─┼─┼─┼─┼─	beobachtet wenig

spielt gern mit vielen Kindern	—+—+—+—+—+—	spielt lieber allein/mit wenigen anderen
bewegt sich wenig	—+—+—+—+—+—	ist ständig in Bewegung
flexibel	—+—+—+—+—+—	mag es gleichbleibend
stressempfindlich	—+—+—+—+—+—	stressunempfindlich
malt fantasievoll	—+—+—+—+—+—	malt lieber nach Vorlage
tagträumt nicht	—+—+—+—+—+—	tagträumt viel
trödelt viel	—+—+—+—+—+—	trödelt wenig
kann gut Nein sagen	—+—+—+—+—+—	lässt sich oft überreden
fühlt schnell mit anderen mit	—+—+—+—+—+—	fühlt weniger mit anderen mit
muss lange getröstet werden	—+—+—+—+—+—	beruhigt sich schnell
kuschelt gern	—+—+—+—+—+—	holt sich Körperkontakt eher beim Raufen
	—+—+—+—+—+—	
	—+—+—+—+—+—	
	—+—+—+—+—+—	

Versuche, die besonderen Ausprägungen als Stärken zu betrachten: Was können sie Gutes über dein Kind aussagen? Wenn dein Kind in vielen Bereichen im Mittelfeld liegt, ist dessen Stärke vielleicht die Ausgeglichenheit. Wenn dein Kind wenig auf andere zugeht, ist es vielleicht abwartend, beobachtend, analysierend? Viele Dinge, die wir an anderen Menschen wahrnehmen, sind eine Frage der Interpretation: Wir können Aspekte unseres Denkens umdeuten und somit einen ganz anderen Blick auf das Kind erhalten.

Gefühle wahrnehmen, ernst nehmen und mit ihnen umgehen

Wir neigen dazu, unsere eigenen Empfindungen zu generalisieren: Wenn es draußen kalt ist, dann müssen auch anderen Menschen draußen frieren. Wenn es warm ist, fühlen auch andere so. Und wenn wir einen Scherz gemacht haben, verstehen wir manchmal nicht, dass eine andere Person ihn nicht lustig findet. Gerade bei Kindern stehen Eltern manchmal vor Herausforderungen, zum Beispiel wenn das Kind erklärt: »Mir ist aber nicht kalt, ich will keine Jacke anziehen!« Einerseits sorgen wir uns, das Kind könnte sich erkälten, unterschwellig schwingt aber auch der Gedanke mit, kleine Kinder könnten nicht beurteilen, ob ihnen kalt sei oder nicht. Dass der Gedanke, Kinder könnten nicht richtig fühlen, gar nicht so unüblich ist, haben wir an der Geschichte der Kindheit gesehen: Während heutzutage medizinische Eingriffe an Babys und Kindern glücklicherweise mit Betäubung durchgeführt werden, war das vor noch 30 Jahren keine gängige Praxis.[7] Frühgeborene und Babys wurden bis Ende der 1980er-Jahre für Operationen lediglich gelähmt, aber nicht narkotisiert und erhielten keine Schmerzmittel, da die Wissenschaft davon ausging, dass die Gehirne für das Schmerzempfinden noch nicht ausgereift wären. Und selbst im Jahr 2015 schreibt das *Deutsche Ärzteblatt*: »Auch heute halten viele Intensivmediziner bei schmerzhaften Eingriffen eine Analgesie für entbehrlich. Sie betonen, dass für das Wohlbefinden der Säuglinge Kuscheln und Fütterung wichtiger seien als schmerzlindernde Medikamente. Zuckerwasser galt und gilt vielfach als das beste Mittel gegen schreiende Säuglinge oder wenn eine erhöhte Herzfrequenz andeutet, dass ihnen bestimmte Maßnahmen nicht behagen.«[8] Die fehlende Schmerzbehandlung hat dabei sowohl körperliche als auch psychische Folgen, die sich auf das ganze Leben auswirken können. Gehen wir also davon aus, dass in der zurückliegenden Generation das Thema »Schmerzwahrnehmung bei Kindern« noch weit entfernt vom tatsächlichen Wahrnehmungsgeschehen stattfand. Selbst heute hören wir auf Spielplätzen noch oft:»Das hat doch gar nicht weh getan!«, oder:»Jetzt stell dich mal nicht an!« Die Erkenntnis, dass Babys und Kinder Schmerzen nicht nur spüren, sondern sogar viel stärker wahrnehmen können als wir Erwachsene, ist noch nicht überall in die Gesellschaft eingedrungen.»Zusammen mit allen anderen Berührungsempfindungen ist der Schmerz eine der ausgereiftesten Sinneswahrnehmungen des Säuglings«,[9] erklärt die Professorin für Neurowissenschaften Lise Eliot. Ganz besonders wichtig ist dabei auch das Wissen, dass die Schmerzwahrnehmung keine feste Größe ist, sondern je nach aktueller Befindlichkeit Änderungen unterliegt: Mal kann ein kleiner Splitter furchtbar beklagt werden, am anderen Tag wird einer blutenden Wunde keine Beachtung geschenkt. Beide Male ist das Empfinden der verletzten Person aber real. Als Eltern können wir also nicht einfach nach unserem Eindruck gehen und auch nicht danach, ob etwas blutet oder nicht, oder ob das Geschwisterkind sich in dieser Situation anders verhalten würde. Wir sollten so trösten, wie das Kind einen Bedarf nach Trost anzeigt.

Kommen wir nun aber auf die Frage nach der Jacke zurück: Denn auch hier unterscheiden sich unsere Wahrnehmungen tatsächlich, und wenn das Kind die Jacke ablehnt, ist das nicht der oft angenommene Machtkampf. Auch unser Temperaturempfinden ändert sich je nach Tagesform, und unterschiedliche Menschen haben eine unterschiedliche Dichte und Menge an Kälterezeptoren.[10] Weil mir kalt ist, ist meinem Kind nicht zwangsläufig auch kalt. Besser, als dem Kind die eigene Körperwahrnehmung abzusprechen, ist es deswegen, mit dem Kind über das Empfinden an sich zu sprechen: »Mir ist kalt, ich ziehe meine Jacke an. Und ich nehme deine Jacke mit, dann kannst du sie anziehen, wenn dir auch kalt wird.« Drängen wir ein Kleinkind dazu, sich anzuziehen, wenn wir rausgehen, haben wir in vielen Fällen von Anfang an verloren: Viele Kleinkinder gehen schon aufgrund der Bevormundung sofort in eine Gegenreaktion und blocken dann auch das Einlenken der Eltern à la »Na gut, dann zieh dich jetzt selber an!« ab – und schon geht nichts mehr. Sinnvoller ist es, dem Kind von Anfang an seine Selbständigkeit zu lassen und gegebenenfalls die passenden Kleidungsstücke mitzunehmen. Für Jugendliche gilt das übrigens in gleicher Weise.

Ein anderer Themenbereich, in dem wir unseren Kindern oft das eigene Empfinden absprechen und sie zur Anpassung überreden wollen, ist der Geschmack: »Aber das schmeckt doch lecker!« Kinder haben, wie wir Erwachsene, eine Vorliebe für Salziges und Süßes – und eine natürliche Abneigung gegen Gefahr versprechendes Bitteres und Saures. Viele Gemüsesorten sind zwar heute sanfter gezüchtet, aber ihre Bitterstoffe sind für empfindsame Kinderzungen noch wahrnehmbar.[11] Darüber hinaus bildet sich der Geschmackssinn im Laufe der Kindheit weiter aus, und Geschmacksvorlieben sind sehr formbar. Allerdings gibt es bei vielen Kindern in der Kleinkindzeit eine ablehnende Haltung gegenüber Neuem, denn auch hier schützen sich die nun selbständigeren Kinder davor, Ungenießbares zu verspeisen. Sinnvoller, als dem Kind einzureden, dass es etwas essen müsse oder dass etwas lecker sei, obwohl es dem Kind nicht schmeckt, ist es, ihm immer wieder etwas anzubieten und abzuwarten. Manchmal ändert sich der Geschmack schneller als gedacht, und manchmal ist die gleiche Zutat nur in einer anderen Form auf einmal ansprechender für das Kind. Es ist okay, wenn ein Kind etwas nicht essen möchte. Es ist normal, dass wir unterschiedlich empfinden. Und es ist gleichsam okay, es ihm dennoch immer wieder anzubieten. Deswegen müssen wir dem Kind trotzdem nicht x Alternativen vorlegen, alles neu kochen oder nur Süßspeisen oder Pommes servieren. Denn eine sichere Begleitung des

Kindes meint nicht, dem Kind alles rechtzumachen, sondern seine Grenzen nicht zu überschreiten. Es ist unsere Aufgabe als Eltern, den Kindern ein gesundes und bedarfsgerechtes Essen zur Verfügung zu stellen. Dabei sollten wir in dem für uns machbaren Rahmen die Wünsche der Kinder berücksichtigen, aber wir sollten nicht in das andere Extrem verfallen, keine Orientierung vorzugeben. In diesem Fall für gesunde Ernährung. Und wir sollten aus Angst vor den Gefühlen und der vielleicht unangenehmen Auseinandersetzung mit kindlichen Gefühlen nicht anders handeln: Natürlich ist es anstrengend, wenn unser Kind am Tisch wütend ist, weil es lieber einen Pudding haben möchte statt Kartoffelbrei mit Erbsen. Aber unsere Aufgabe ist es nicht, vor den Gefühlen des Kindes zu flüchten, sondern sie anzunehmen und einen guten Umgang damit zu finden. Als Erwachsene müssen wir auch damit zurechtkommen, wenn ein kleines Kind unser Essen nicht mag, es sagt, dass es eklig aussieht oder schmeckt. Ja, so etwas sagen Kinder. Und ja: Vielleicht findet das Kind das wirklich. Aber wir müssen deswegen nicht wütend werden. Denn was wäre der Grund für unsere Wut? Dass das Kind unser Essen unansehnlich findet? Oder dass wir unsere Mühe nicht gewürdigt fühlen, unsere Anstrengung nicht berücksichtigt? Was ist es, was eigentlich hinter *unserem* Gefühl steht?

Manchmal versuchen wir, einem Gefühl durch Nachgeben aus dem Weg zu gehen oder es durch eine Floskel zur Seite zu wischen. »Das passiert doch jedem mal!«, »Sei nicht traurig!«, sagen wir oder lenken das Kind durch etwas anderes einfach ab. Doch es ist wichtig, dass das Kind seine Gefühle selbst durcharbeiten kann; dass wir es nicht einfach ablenken, sondern beruhigen und für es da sind. Da liegt das schreiende Baby auf dem Wickeltisch und will nicht gewickelt werden, und wir ziehen das Quietscheentchen hervor, um es auf andere Gedanken zu bringen. Doch die Ursache der Wut, dass das Kind nicht beim Wickeln beteiligt wird, lösen wir nicht. Wir lenken es ab. So erfährt das Kind keine konstruktive Problemlösung, sondern lernt Ablenkung von seinen eigenen Gefühlen und Ergebenheit. Auch wenn es schwer ist: Wir müssen als Eltern da durch. Wir müssen uns mit all den Gefühlen auseinandersetzen, und ganz oft müssen wir Gefühle von Kindern aushaltend begleiten. Das ist unser Job als Eltern. Wir können das. Wir müssen nicht ausflippen, nicht wütend, sondern beständig sein. Wir sind der sichere Hafen, in dem die Kinder ankommen und empfangen werden, und auch der Wall, der den Stürmen standhält.

Auch wenn das Baby noch nicht mit uns sprechen kann, könnten wir, statt es mit etwas abzulenken, mit ihm reden: »Oh, du wehrst dich, ich glaube, du möchtest jetzt nicht gewickelt werden.« Die deutliche Benennung dessen, was wir glauben, das das Kind jetzt gerade (wahrscheinlich) fühlt, macht es uns noch einmal klarer, worum es eigentlich geht, und es ermöglicht uns, unser Handeln dem anzupassen.

Es geht bei all dem vor allem darum, dass wir die Gefühle unserer Kinder annehmen. Denn sie sind da, sie sind ein bestehender Wert. Wir haben als Eltern weder die Kompetenz noch das Recht, die kindlichen Gefühle abzustreiten. Viele Situationen mit Kindern, bei denen wir übergriffig einfordern »Nun stell dich nicht so an!«, können wir auf uns Erwachsene übertragen: Dein Partner sagt dir, er will dich nicht mehr sehen. Deine Freundin sagt dir, du seist nicht mehr ihre beste Freundin. Du hast dich auf eine Party gefreut, die dann abgesagt wurde ... Unsere Kinder drücken ihre Gefühle anders aus als wir Erwachsenen, und es ist schwer, mit dieser Trauer, aber auch mit unendlicher Freude umzugehen – besonders dann, wenn wir selbst nie so stark fühlen durften. Schnell rutschen wir in erlernte Muster hinein und unterdrücken, werten ab, verleugnen, schimpfen. Aber die Tatsache des Gefühls, das das Kind hat, ist uns vertraut. Und wir wissen, dass ein »Sei nicht traurig!« oder »Jetzt hör endlich auf, wütend zu sein!« niemals hilft, um diese Gefühle wirklich zu bearbeiten. Das Zur-Seite-Wischen von Gefühlen und die fehlende Anerkennung dieser Regungen hinterlassen in dieser konkreten Situation ein schales Gefühl beim Kind. Je öfter es jedoch solche Erfahrungen mit uns macht, desto mehr merkt es, dass seine echten Gefühle bei uns nicht willkommen sind. Das lässt Kinder uns gegenüber mehr und mehr emotional verstummen. Viele Eltern beklagen sich über das Verhalten von Schulkindern und Teenagern mit einem »Warum bist du damit nicht zu mir gekommen?« oder »Sie hat mir nie erzählt, dass sie unter den anderen so leidet!«. Den Grundstein für die Offenheit gegenüber ihren Gefühlen legen wir in der frühen Kindheit. Daher sollten wir ein Klima der Offenheit schaffen, bei dem jedes Gefühl mitgebracht werden kann.

Auch hier gibt es wieder Kinder, die empfindsamer sind, und solche, die mit den Widrigkeiten des Lebens besser umgehen können. Wir befinden uns in einem Spektrum verschiedener Empfindsamkeiten von »Löwenzahnkindern« (wie der Kinderarzt Thomas Boyce die Kinder beschreibt, die überall gedeihen und hingepflanzt werden können) bis hin zu »Orchideenkindern« (wie er Kinder beschreibt, die besonders auf sorgsame, einfühlsame Pflege angewiesen sind). Und auch wenn die Orchideenkinder besonders darauf angewiesen sind, dass wir sensibel mit ihren Gefühlen umgehen, schadet es Löwenzahnkindern nicht, wenn wir dies auch bei ihnen tun.

Im Alltag gibt es viele Bereiche, in denen wir unseren Kindern ihre Gefühle absprechen und ihnen erklären, sie sollten sich nicht so anstellen, etwas sei gar nicht schlimm, eklig oder jemand wolle einfach nur nett sein: »Der Edgar ärgert sich nur, weil er dich eigentlich so mag. So musst du das sehen, nun sei einfach nett zu ihm!« Damit geben wir unseren Kindern leider ein ganz falsches Bild mit. Wir erklären ihnen, dass ihre Wahrnehmung falsch sei, interpretieren unangemessen und vermitteln dem Kind auch noch, das sei normal und richtig. Kinder, die durch die Reaktion von Erwachsenen dazu gezwungen werden, ihre Gefühle als falsch wahrzunehmen, entwickeln ein gestörtes Bild von sich und ihrer Umgebung. Sie entfremden sich von sich selbst. Gerade bei der Erziehung von Jungen sehen wir, dass ein unterschiedlicher Umgang mit Gefühlen und Gefühlsbeschreibung und -wahrnehmung ihr Selbstbild und ihren Umgang mit anderen prägt, beispielsweise indem ihnen Gefühle wie Schmerz und Enttäuschung oft abgesprochen werden, während Mut, Durchhaltevermögen und Stärke als erstrebenswert erscheinen. Dies gilt nicht nur für Jungen, sondern auch für Väter, die natürlich als Elternteil ebenso Emotionalität zeigen dürfen und sollten wie andere Familienmitglieder. Denn auch Väter können verletzt, erschöpft oder traurig sein.

Alle Gefühle gehören zum Leben dazu

Bunte Gefühlspalette

Kinder unterscheiden sich in: Erregbarkeit, Tröstbarkeit, Ausdruck, Aktivität…

Das Kind entscheidet, wie es sich fühlt, nicht die Erwachsenen

Unser Lebensalltag besteht aus einer breiten Palette an Gefühlen. So ist es auch bei unseren Kindern. All diese Gefühle sind und dürfen sein, denn so ist das Leben. Manchmal ist das schmerzhaft und manchmal zauberschön. Wir denken oft, Kindheit sollte nur aus Bullerbü-Rosa bestehen, aber so ist es nicht. Und wir legen unseren Kindern eine große Last auf die Schultern, wenn wir von ihnen immer Glück und Zufriedenheit erwarten. Kinder sind wütend, glücklich, verletzt, mutig, ängstlich und alles andere – und zwar mehrmals am Tag im Wechsel.

Reflexion: Wie reagiere ich auf bestimmte Gefühle?

Es geht nicht darum, dass wir alle Gefühle unserer Kinder nachempfinden müssen. Es geht auch nicht darum, alle Gefühle zu verstehen. Es geht aber darum, dass wir die Gefühle unserer Kinder respektieren und annehmen, dass sie in bestimmten Situationen so fühlen, wie sie gerade fühlen. Um zu dieser Akzeptanz zu gelangen, müssen wir uns mit unseren eigenen Gefühlen auseinandersetzen: Wann fühle ich wie, und wie reagiere ich auf bestimmte Gefühle?

Wenn mein Kind weint, fühle ich mich _____ und reagiere mit _____

Wenn mein Kind vor Wut schreit, fühle ich mich _____ _____ und reagiere mit _____

Wenn mein Kind ausgelassen vor Freude ist, fühle ich mich _____ und reagiere mit _____

WIE KINDER WIRKLICH SIND

Bindung, Bildung, Lernen – und warum das Spiel die Schule des Lebens ist

Ein weiterer Bereich, den Eltern bei ihren Kindern häufig gern ändern und/oder fördern wollen, ist das Lernen des Kindes. Schließlich wird Bildung als Schlüssel zum Erfolg gesehen – und hier wird einmal mehr der Bruch der Generationen sichtbar. Während Bildung früher besonders als verinnerlichtes Wissen betrachtet wurde, sind wir heute einen Schritt weiter. Der oft belächelte Satz »Ich muss nicht alles wissen, ich muss nur wissen, wo es steht« ist nämlich gar nicht so falsch. Gerade in Anbetracht der sich rasant wandelnden Welt mit ihren großen aktuellen Herausforderungen ist es wichtig, dass Kinder lernen, kreativ mit Informationen umzugehen, und praktische Handlungskompetenzen erwerben. Notwendige Bildung heißt heute nicht das Auswendiglernen des x-ten Gedichts, sondern meint die Fähigkeit, mit Informationen gut umgehen zu können: sie zu gewinnen (Wie und wo komme ich an Informationen?), ihre Qualität zu bewerten (gerade in Bezug auf Fake News), sie zu filtern (Welche Informationen brauche ich wirklich?) und auf praktische Fragen anwenden zu können. Bildung bedeutet darüber hinaus, selbst zu denken, Zusammenhänge erkennen und kritisch hinterfragen zu können. Natürlich braucht es auch fachspezifisches Wissen, beispielsweise für die Entwicklung neuer Technologien, das, wie wir gleich noch sehen werden, auf verschiedene Arten erlernt werden kann.

Hier kann uns die Last der Vergangenheit wieder einholen, wenn nämlich unsere Gehirne durch Traumata nicht fähig sind, komplexe und nachhaltige Lösungen zu entwickeln, sondern immer wieder auf alte Lösungen zurückgegriffen wird, die kurzfristig sinnvoll und einfach erscheinen, langfristig aber nur das Bestehende weiter befördern. Erst wenn wir diese bearbeitet haben, sind wir auch kognitiv in der Lage, andere, neue und kreative Lösungswege einzuschlagen, ohne unbewusst von der Vergangenheit beeinflusst zu werden. Dann können wir neue Gedanken ausbilden, die wir vorher wahrscheinlich nicht in Betracht gezogen hätten. Wir müssen die früheren Prägungen und dunklen Seiten der Pädagogik hinter uns lassen, damit unsere Kinder befähigt werden, in neue Richtungen zu denken und kreativ und spielerisch mit Problemen umzugehen. Auch wenn viele Menschen in den Industrienationen in privilegierten Situationen leben, in denen es ihnen materiell gut geht und sie nicht aktuell durch Naturkatastrophen oder Kriege unmittelbar bedroht sind, tragen viele Traumata oder andere Belastungen mit sich, die beispielsweise einen inneren Druck und eine persönliche Unzufriedenheit erzeugen, die sich auf das Denken und die Kreativität auswirken können. Und manchmal geben wir diesen Druck auch an unsere Kinder weiter, sind unzufrieden mit ihren Lernerfolgen, beobachten und fördern sie bis zur Erschöpfung. Auch unsere eigenen negativen Erfahrungen können den Druck noch verstärken, wenn unser eigenes geringes Selbstwertgefühl dafür sorgt, dass wir angstvoll auf unser Kind blicken und es deswegen zu mehr antreiben, als es kann oder als notwendig wäre. Aber erreichen wir damit wirklich das, was wir wollen? Druck nimmt die Freude, die ein wichtiger Antrieb zum Lernen ist. Wenn wir uns wünschen, dass unsere Kinder Kompetenzen erwerben, geht es ganz besonders darum, dass sie Freude an ihrem Tun haben.

Ein anderer wichtiger Kompetenzbereich ist die Teamfähigkeit, was sich dadurch vermittelt, dass wir das Soziale in den Mittelpunkt stellen, das Miteinander und die Diskursfähigkeit. Denn in einem Team können unterschiedliche Personen ihre jeweils eigenen Schwerpunkte und unterschiedlichen Temperamente und Herangehensweisen so zusammenbringen, dass sie im Miteinander ihr Potenzial entfalten können: Eher ruhige, kalkulierende Menschen können mit abenteuerlustig-kreativen gemeinsam etwas Neues entwickeln. Gerade diese Teamfähigkeit benötigt einen Erziehungsstil und Umgang miteinander, der auf Respekt ausgerichtet ist.

Wahrscheinlich können sich die meisten von uns daran erinnern, wie viele Vokabeln und mathematische Formeln sie stur auswendig lernen mussten. Wie wir mit Eltern über das Lernen gestritten haben und wie sehr das manchmal unsere Beziehung belastet hat. Natürlich ist Lernen auch anders möglich, auch wenn es uns Erwachsenen schwerfällt, Lernen mit Spiel und Freude zu verbinden.

Eigentlich bringen wir als Menschen die besten Bedingungen für das Lernen mit, denn wir kommen als Kinder mit einem flexiblen Gehirn zur Welt, das noch offen und lernfähig ist. Wir lernen, was in unserer ganz spezifischen Situation, an dem Ort, an dem wir leben, und mit den Menschen, mit denen wir zusammen sind, wichtig ist. So kommt es, dass Kinder in den ersten Jahren ganz unterschiedliche Erfahrungen machen und sich Menschen überall auf der Welt an die Gegebenheiten anpassen, in denen sie leben. Anpassung ist nicht nur kritisch zu sehen, zum Beispiel in der Erziehung, sondern auch als überlebensnotwendig für die Menschheit. Darin liegt unsere große Chance für die Zukunft, denn als Menschen haben wir die Fähigkeit, mit den sich wandelnden Rahmenbedingungen umzugehen und neue Wege für das Leben in einer sich ändernden Welt zu finden. Das lernen wir durch aktive Auseinandersetzung, durch Be-greifen und durch Versuch und Irrtum. Schon vor der Geburt entwickeln sich in unserem Gehirn Belohnungszentren, die aktiviert werden, wenn wir ein Problem gelöst haben: Wir freuen uns, und gleichzeitig wird durch die ausgeschütteten Hormone das Wachstum der Nervenverbindungen angeregt. So lernen Kinder von Anfang an durch die aktive Auseinandersetzung mit der Welt im Rahmen ihrer sich entwickelnden Fähigkeiten. Je mehr das Kind reift und lernt, desto mehr neue Erfahrungsmöglichkeiten kommen dazu und wollen selbständig behandelt werden, damit neue darauf aufbauen können. Es ist wie eine Mauer aus vielen Backsteinen, die erst neben- und dann aufeinandergeschichtet werden.

Angela ist mit 42 Jahren zum ersten Mal Mutter geworden. Mit ihrer Tochter Lissy kam sie in einen meiner Babykurse. Sie ist Akademikerin und sehr darauf bedacht, ihr einziges Kind optimal zu fördern. Deswegen besuchte sie neben meinem Kurs auch noch einen PEKIP-Kurs und einen Baby-Zeichensprachekurs. Es fiel ihr in meinen Kursen, in denen es eher um das Verständnis des Kindes und um freies Spiel geht, schwer, Lissy einfach mal liegen zu lassen. Während die Eltern angeregt wurden, ihre Kinder »einfach« nur zu beobachten, griff Angela oft ein: Sie zeigte Lissy, fünf Monate alt, wie die herumliegenden Spielzeuge zu benutzen sind, ermutigte sie sprachlich, sich umzudrehen und auf andere zuzurobben. Obwohl wir oft über die Bedeutung der freien Entwicklung und des freien Spiels sprachen, fiel es Angela sehr schwer, sich darauf einzulassen, und sie brauchte lange, um Lissy mehr Raum zum eigenen Erkunden zu geben. Nach und nach lernte sie es, sich zurückzuziehen, Lissy beim Spiel zu beobachten und ihre Beobachtungen zu notieren, wodurch sie auf die Beobachtung fokussiert und vom Eingreifen abgehalten war.

Als Eltern sind wir oft versucht, in das kindliche Spiel und damit auch in die Entwicklung des Kindes einzugreifen. Denn gerade in den frühen Jahren ist es so einfach, etwas zu tun: Wenn wir sehen, wie das Baby sich müht, sich ganz allein auf den Bauch zu drehen, dann ist es für Eltern oft schwer, es bei diesen Bemühungen nicht zu unterstützen – es nicht einfach selbst auf die andere Seite zu drehen. Und so geht es immer weiter: Wir setzen das Kind hin; führen es mit unnatürlich hochgerissenen Armen, mit denen es sich nicht ausbalancieren kann, an den eigenen Händen, damit es endlich läuft; reichen ihm Dinge, bevor es auf den Stuhl steigt … All das ist lieb gemeint. Und dennoch nehmen wir unserem Kind die Chance, die Welt selbst zu erkunden, und den Stolz, es allein geschafft zu haben.

So schwer es auch manchmal fällt: Wir müssen es lernen, loszulassen. Kinder brauchen die Freiheit des Erkundens für ihre Entwicklung. Ein beständiges Eingreifen stört ihre Leistungsfähigkeit, denn die Neugier und der Entdeckerdrang sind der Motor ihrer Entwicklung. Je größer die Kinder werden, desto wichtiger wird das Vertrauen, das wir in ihre Eigenständigkeit haben und ihnen zugestehen sollten. Denn auch Jugendliche müssen sich noch mit der Welt vertraut machen und darin selbständige Erfahrungen sammeln, von denen auch mal einige schiefgehen. Das ist nicht einfach, denn je größer die Kinder werden, desto größer muss auch der Vertrauensvorschuss sein, den wir ihnen entgegenbringen. Es ist natürlich etwas anderes, ob das Kleinkind eine Tasse zerbrechen könnte oder ob das Kind mit dem frischen Führerschein eine Delle in das Auto fährt. Und es ist ein anderes Gefühl, wenn das Kleinkind allein in ein anderes Zimmer krabbelt oder das größere Kind zum ersten Mal allein mit der Bahn zu einer Freundin fährt.

Dies ist der Bereich, in dem Lernen und Bindung zusammenfallen: Denn das Konzept der Bindung zeigt uns, dass Kinder für eine gesunde Entwicklung Wurzeln und Flügel benötigen. Der schon mehrmals erwähnte »Kreis der Sicherheit« beschreibt, dass Kinder zuverlässig von ihren Bezugspersonen sowohl Sicherheit als auch Ermutigung benötigen. Eltern sollten sowohl den Erkundungsdrang des Kindes unterstützen als auch ihre Kinder willkommen heißen, wenn sie die Sicherheit und Nähe suchen, von der aus sie wieder aufbrechen können. In diesem Kreis bewegen sich Kinder jeden Tag, und es ist hilfreich, wenn wir Eltern das Verhalten unseres Kindes in diesem Kreis einordnen können, um zu verstehen, dass das kindliche Verhalten, auch wenn es nicht unseren Wünschen und Vorstellungen entspricht, sinnvoll ist. Durch die Ermöglichung dieser Freiheit lernen unsere Kinder und machen die für das Leben so wichtigen Erfahrungen. Binden wir sie zu eng an uns, schränken wir sie ein, und nehmen ihnen Erfahrungen ab, dann schränken wir auch ihr Lernen ein. Das bezieht sich nicht nur auf den Umgang mit Dingen, sondern auch auf soziales Lernen. Greifen wir oft vor und ein, wenn Kinder miteinander interagieren, nehmen wir ihnen auch Chancen. An Orten wie Spielplätzen sehen wir, wie Eltern sich ständig einmischen: »Teil das mal mit dem anderen Kind!«, »Nein, jetzt ist das andere Kind dran mit Schaukeln!« Selbst auf dem Spielplatz, dem einzigen Ort, an dem das Zusammentreffen verschiedener Kinder im öffentlichen Raum zum gemeinsamen Spiel überhaupt noch möglich ist, werden Kinder beständig von Erwachsenen gedrängt, erzogen und verbogen und der eigenen (sozialen) Lernerfahrungen beraubt. Auch das geschieht meist in guter Absicht, unbewusst gedrängt durch die Angst, das eigene Kind sei nicht gut genug. Aber Kinder lernen von sich aus und gern. Dieses natürliche, freudige Lernen gilt es zu erhalten. Wir nehmen den Kindern damit die Chance, selbständig miteinander zu kommunizieren, Wünsche auszudrücken, sich durchzusetzen oder von sich aus sozial zu handeln. Auch hier ist ein Abwarten hilfreich: Kann mein Kind das allein regeln? Kann es allein um etwas bitten? Macht es ihm vielleicht gar nichts aus, wenn das andere Kind das Spielzeug nimmt? Wenn das Kind die Chance hat, selbst nach Hilfe zu fragen, oder wir einen hilfsbedürftigen Blick wahrnehmen, lernt es zudem, dass wir ihm immer dann zur Seite stehen, wenn es wirklich Unterstützung braucht und allein nicht weiterkommt.

Aber was, wenn das Kind nicht lernen möchte? Wenn es – aus welchen Gründen auch immer – eine Abneigung gegen das Erlernen bestimmter Dinge hat? Natürlich ist es wichtig, dass Kinder bestimmte Kompetenzen erwerben, und wir können nicht einfach wegsehen und das Kind, beispielsweise im Schulsystem, sich selbst überlassen. Zunächst müssen wir unseren Blick hin zum Kind wenden: Was genau hindert mein Kind am Lernen? Manchmal sind es – gerade bei den pubertierenden Kindern – auch Gründe, die wir erst einmal nicht sehen: Das Kind befindet sich im Stimmenbruch und möchte nicht vor anderen reden. Oder das Kind hat gerade Hautprobleme und möchte nicht vor der Klasse stehen und sprechen. Solche Ursachen lassen sich nur durch Zuwendung und einfühlsame Gespräche feststellen, aber nicht, wenn wir das Kind anklagen. Wir können uns auch fragen: Was findet mein Kind spannend? Für ein Lernen ohne Druck müssen wir den Funken finden, der das Feuer aufglimmen lässt. Schon bei kleinen Kindern kann der Ansatz des Psychologen Kuno Beller[12] hilfreich sein: Verknüpfen wir einen Bereich, den das Kind nicht besonders mag oder in dem es eine geringe Leistung bringt, mit einem Bereich, den das Kind besonders gerne mag und/oder in dem es erfolgreich ist. Auf neurologischer Ebene passiert dann eine Ausschüttung von Dopamin, die auch mit erfolgversprechender Vorerfahrung verknüpft ist, in Zusammenhang mit einer Herausforderung: Das Kind bekommt Lust auf das Lernen. Lernen erfordert manchmal Kreativität – auch von uns Eltern.

Und noch etwas können wir beachten: Für das Lernen ist auch Konzentration wichtig, und für diese braucht es ein ausgewogenes Verhältnis von Spannung und Entspannung. Es hilft Kindern nicht, wenn wir sie einen ganzen Nachmittag hinter den Schreibtisch verbannen. Frustration und Druck steigen so nur an. Kleine und größere Pausen zwischen dem Lernen, schöne Rituale und auch Bewegung fördern dagegen den Lernerfolg. Und natürlich ist auch hier die Beziehungsebene wichtig, indem wir das Lernen des Kindes anerkennen und sowohl Erfolg als auch Misserfolg miteinander teilen. Als Eltern müssen wir Misserfolg einplanen, annehmen und begleiten. Auch er gehört zum Lernen in allen Altersgruppen dazu. Misserfolg durch Strafen zu sanktionieren hemmt das Lernen und lässt das Kind ratlos allein zurück. So kann es nicht lernen, wie gut mit dem Scheitern umgegangen werden kann. Doch auch Scheitern ist ein Bestandteil unseres Lebens, und auch im Umgang damit muss ein Kind Kompetenz erwerben. Gerade heute, in dieser Welt, müssen wir Scheitern und plötzlichen Wandel als mögliche Realitäten mit einplanen. Firmen entstehen und verschwinden wieder, Startups poppen auf und schaffen es, werden verkauft oder gehen insolvent. Erwerbsbiografien sind im Wandel begriffen. Die Kompetenz besteht darin, Scheitern als Möglichkeit anzunehmen, sich Hilfe suchen zu können und dann, wieder gestärkt, das Problem nochmals anzugehen. Und manchmal müssen wir Eltern auch annehmen, dass unsere Kinder andere Lernwege gehen als wir, dass sie vielleicht kein Abitur machen wollen und nicht studieren, auch wenn sie aus einem Akademiker*innenhaushalt kommen. Oder anders herum: dass sie die Ersten sind, die in der Familie an die Universität gehen wollen. Es sind die Wege unserer Kinder. Es ist ihre Zukunft, in der sie glücklich sein sollen. Auch wenn wir denken, wir würden wissen, dass Erfolg, Karriere und berufliche Selbstverwirklichung Wege zum Glück sind, muss das für unsere Kinder nicht stimmen. Mit einer sicheren Bindung und unserer Unterstützung auf ihrem Weg können wir ihnen einen guten Start ermöglichen, aber den Weg zu ihrem Glück bestimmen sie.

Geige, Ballett, Programmieren, Schlagzeug – Talente und Hobbys

Der Weg zum Finden dessen, was wirklich passt und Spaß macht, führt auch über Hobbys. Es gibt Eltern, die Hobbys für ein zusätzliches, erweiterndes Lernprogramm halten und darauf achten, dass die Freizeitbeschäftigungen ihrer Kinder möglichst vielfältig sind und eine Ergänzung zu dem, was die Kinder in Kitas und Schulen lernen. Tatsächlich ist das Gehirn in der Jugend noch so unglaublich flexibel und kreativ, dass Kinder gern Neues ausprobieren. Die Forschung hat aber mittlerweile gezeigt, dass allein das Anbieten von Übungsstunden für Kinder nicht ausreicht, um eine Begabung oder ein Hobby zu vertiefen: Um eine echte Begabung zu entwickeln, ist eine genetische Anlage notwendig. Es macht keinen Sinn, ein Kind zum Ballett oder zur Geige zu überreden, wenn es ihm einfach nicht liegt. Kinder bringen auch hier ihre Talente mit. Durch ein passendes Angebot und die Möglichkeit, sich auszuprobieren, können sie ihr eigenes Talent erkennen und beziehen dann, auch durch die Reaktion anderer, die Bestätigung daraus, sich dem weiter leidenschaftlich zu widmen.[13] Kurz: Es muss dem Kind Spaß machen. Wenn dies nicht der Fall ist, sollte es möglich sein, dass das Kind etwas Neues ausprobiert: Vielleicht ist es ein anderes Instrument oder eine andere Sportart, die richtig für dieses Kind ist. Wir müssen nicht darauf beharren, dass das Kind das, was es einmal gewählt hat, durchzieht. Es ist gut, wenn das Kind mit vielen Dingen in Kontakt kommen kann, um das für sich Richtige zu finden. In Musikschulen gibt es Angebote wie Instrumentenkarussells. Auch hier begleiten wir unsere Kinder auf der Suche nach dem, was passt. Und wir unterstützen die Interessen des Kindes einfach durch unser Interesse: durch Zuhören, Nachfragen, den Besuch von Aufführungen, durch das gemeinsame Ansehen von passenden Videos.

Und wenn das Kind sich für etwas ganz anderes interessiert als wir selbst, können wir respektvoll und interessiert damit umgehen. Manchmal wird es für Eltern schwierig, wenn das größer werdende Kind einem riskanten Hobby nachgehen möchte: Eishockey, Snowboard, Reiten, Klettern, Motocross & Co. Das kann zu Diskussionen führen. Ein Blick auf das jugendliche Gehirn hilft uns auch hier zu mehr Verständnis. Unter dem Einfluss von Hormonen werden die emotionalen Hirnregionen besonders stimuliert und sensibel, der regulierende Gehirnteil kann diesen Wunsch nach Emotion und Aufregung aber noch nicht kontrollieren. Jugendliche haben oft eine Vorliebe für Abenteuer, können das Risiko aber nicht richtig einschätzen. Sie erkunden die Welt und machen mit zunehmendem Alter immer komplexere Erfahrungen. Als Eltern ist es unsere Aufgabe, unsere eigenen Ängste zu reflektieren, die Bedürfnisse und Fähigkeiten des Kindes zu verstehen und mit ihm zusammen passende Lösungen zu finden. Das Begleiten der Kinder hört nämlich nicht auf, es ändert sich nur. Je größer die Kinder werden, umso wichtiger ist es, ihnen Freiheit und Vertrauen mitzugeben, aber gleichzeitig als Sicherheit gebende Basis da zu sein. Und Sicherheit geben wir mit offenen Ohren, offenen Armen und wenn wir uns miteinander austauschen, auch über vermeintlich gefährliche Interessen des Kindes. Das ist wirklich nicht immer einfach, aber im ehrlichen, offenen Austausch können wir auch hier eine Basis finden, wenn wir über unsere Ängste sprechen und das Kind über seine Wünsche und gemeinsam nach der Schnittmenge suchen. Die wahre Gefahr lauert nämlich da, wo wir die Augen verschließen, uns abwenden und das Interesse verlieren. Wenn wir mit unseren Kindern im Austausch bleiben und auch für all die heiklen Fragen der Jugend da sind, finden wir auch einen gemeinsamen Weg durch die schwierigen Fragen und herausfordernden Wünsche der Kinder.

Reflexion: Glaubenssätze hinterfragen

Wenn es ums Lernen und um die Hobbys unserer Kinder geht, ist es besonders wichtig, sich mit verinnerlichten Glaubenssätzen zu beschäftigen und sich von dem Druck zu befreien, der in vielen von uns Eltern sitzt und uns erklärt, wir müssten die Kinder mehr anregen, besser fördern, zum Dranbleiben ermuntern – anstatt auf ihre Fähigkeiten zu achten. Ergänze zur Reflexion deiner Glaubenssätze die folgenden Aussagen:

Lernen bedeutet für mich _____

Bildung bedeutet für mich _____

Als Kind war für mich beim Lernen schwierig, dass _____
_____

Als Kind habe ich gerne gelernt, wenn _____
_____

Mein Kind lernt gern/hat eine Vorliebe für _____
_____

Mein Kind und ich unterscheiden uns in den Vorlieben in ____
_____

Kinder dürfen ihre Wege wählen – Religion

Religion ist kein Hobby, da sie nicht nur rein private Aspekte vertritt. Aber sie ist eine Weltanschauung, die oft einen Einfluss auf das alltägliche Leben hat und manchmal auch darauf, mit welchen Personen in der Freizeit Kontakte bestehen und welchen Beschäftigungen nachgegangen wird. Eng verbunden mit der Religion sind bestimmte Werte, Traditionen und Rituale. Eltern, die eine bestimmte Religion vertreten, vermitteln diese von klein auf, und auch manche Region ist stärker von religiösen Aspekten geprägt als andere. Die in der Kinderrechtskonvention festgelegte Religionsfreiheit von Kindern ist daher schwer durchzusetzen, und es wird Eltern auch zugestanden, Kinder in ihrer Religion anzuleiten.

Dennoch haben Kinder das Recht, sich von ihrer Religion zu lösen. Für Eltern ist es nicht immer einfach, wenn sich das Kind von der Religion der Eltern abwendet oder eine andere Religion wählt. Vielleicht fühlen Eltern sich angegriffen, verletzt oder zurückgewiesen, wenn sie sich mit ihrer Religion besonders stark identifizieren. Vielleicht verspüren sie auch die Scham anderen Religionsmitgliedern gegenüber, das Kind »nicht richtig erzogen« zu haben. Auch hier passiert es schnell, dass die eigene Scham zu Druck und auch Gewalt führt. Es erfordert von Eltern viel Reflexionsarbeit, genau zu spüren und herauszufinden, warum sie sich unwohl damit fühlen, wenn ihr Kind einen anderen Weg gehen will.

Wir werden die Frage danach, ob es Gott oder das Schicksal gibt, nicht am Küchentisch klären können. Wie in vielen Familiendiskussionen sollte es auch hier nicht um Macht oder Recht gehen. Es geht darum, einen respektvollen gemeinsamen Weg zu finden, und diesen finden wir nur durch Akzeptanz des Kindes. Kinder dürfen ihre Wege wählen, und als Eltern sollten wir ihnen diese Wege von Anfang an offenhalten und keine Entscheidungen für sie treffen, die nicht rückgängig gemacht werden können. Auch in religiösen Themen können wir Vorbild sein, aber wir können nicht bestimmen, wie sie selbst eines Tages fühlen und denken.

Von schönen Kindern und Geschlechtern

Das Verbiegen und Anpassen des Kindes macht auch vor Körper und Geschlecht nicht halt. Es beginnt oft schon vor der Geburt des Kindes: Das erste Ultraschallbild der Intimorgane zwischen den Beinen wird als Anlass genommen, um zu verkünden »Wir bekommen einen Jungen!« oder »Es wird ein Mädchen!« – oft verbunden mit der passenden Inszenierung in den Farben Hellblau oder Rosa.

Auf Instagram sehen wir, wie Luftballons zum Platzen gebracht werden, aus denen entsprechend farbiges Konfetti herausrieselt, und Baby-Showers werden – von der Einladungskarte bis zur Serviette – in den »passenden« Farben gestaltet. Von Babykleidung bis zu Kinderspielzeug sind wir gefangen in der »Rosa-Hellblau-Falle«, wie Almut Schnerring und Sascha Verlan in ihrem gleichnamigen Buch schreiben, samt Zuordnung von lieblich-haushaltsnahen Spielwaren für Mädchen und technisch-handwerklichen Spielwaren für Jungen.

Für jene Menschen, die sich mit dem Geschlecht identifizieren, das ihnen bei der Geburt aufgrund von bestehenden zweigeschlechtlichen Normen und Vorstellungen zugeschrieben wird, ist es oft eine Herausforderung, darüber nachzudenken und anzuerkennen, dass es mehr als zwei Geschlechter geben könnte. Schließlich sind wir in einem binären, also dualen System aufgewachsen, welches nach »männlich« und »weiblich« sortiert. Dieses kulturell und besonders auch religiös geprägte Konstrukt bedeutet für all jene Menschen, die davon abweichen, dass sie sich jenseits der Norm bewegen, also »unnormal« sind. Tatsächlich ist aber das, was wir als Geschlecht bezeichnen, eher ein Spektrum mit vielen Facetten, in dem es kein »richtig« und »falsch« und vor allem kein »normal« oder »unnormal« gibt. Zwar findet sich die Mehrheit der Menschen im binären System wieder, aber aufgrund dieser Häufigkeitsverteilung sollte noch längst keine Wertung stattfinden. Jede Art, sein Geschlecht zu leben, oder auch das Bedürfnis, sich gar keinem zuzuordnen, ist in Ordnung. Das *Missy Magazin* schreibt dazu: »Nichtbinär ist sowohl ein Sammelbegriff als auch eine Bezeichnung für eine eigenständige Identität. Er kann nur über einen Teil einer Identität Auskunft geben oder eine politische Position oder Lebensrealität beschreiben. Nichtbinäre Menschen können trans oder cis, inter oder dyadisch sein. Sie können weiblich, männlich, beides, weder-noch, vieles, mehreres, femme, agender, neutrois oder etwas ganz anderes sein. Sie können feminin, maskulin, queer und politisch sein. Sie können unterschiedliche, neue oder alte, mehrere, wechselnde oder keine Pronomen benutzen. Sie können die unterschiedlichsten Körper, Transitionsbedürfnisse oder -erfahrungen haben oder nichts von alldem. Ähnlich wie trans und queer ist nicht-binär eine Selbstbezeichnung. Als solche ist sie nicht sichtbar, und keine*r hat ein Recht auf (ehrliche) Auskunft darüber.«[14] Für Menschen, die sich damit noch nie auseinandergesetzt haben, da in unserer Kultur bisher alles auf ein binäres System ausgelegt war, klingen viele dieser Begriffe erst einmal neu und verwirrend. Zwar gibt es für Deutschland keine eindeutigen Zahlen zur Verteilung, aber in einer Studie der *ZEIT* aus dem Jahr 2017 gaben 3,3 Prozent der Befragten an, ein anderes Geschlecht zu haben als das ihnen bei der Geburt zugewiesene oder sich nicht als männlich oder weiblich zu definieren.[15] Als Eltern müssen wir uns damit beschäftigen. In seiner Autobiografie, in der er sein Coming-out als Transmann beschreibt, erklärt Linus Giese: »Als ich aufwuchs, fehlten mir Begriffe wie trans, genderqueer oder nichtbinär. Identität war für mich nichts Wandelbares, sondern – ganz im Gegenteil – etwas, das für immer und unverrückbar feststand.«[16] Dies hat ihm, wie vielen anderen, den Weg der Selbstfindung erschwert.

Bei der Arbeit in einem Forschungsprojekt während meines Studiums wurde ich in einem der Kindergärten, die ich damals für dieses Projekt regelmäßig besuchte, auf ein Kind aufmerksam: Marius. Marius wurde jeden Morgen von seiner Mutter in die Kita gebracht. Sobald er Schuhe und Jacke ausgezogen hatte, ging er in die »Verkleidungsecke« und zog sich dort Rock und Absatzschuhe an. Das machte er jeden einzelnen Tag. Während die Kinder der Gruppe damit sehr entspannt umgingen und er zwei feste Freundinnen hatte, mit denen er spielte, konnte die Erzieherin schwer damit umgehen. Sie versuchte beständig, Marius zu anderen Aktivitäten zu drängen, die mehr »jungenhaft« waren. Marius aber weinte, wenn er nicht seinem Spiel nachgehen konnte, und die anderen hänselten ihn dann wegen des Weinens. Ich weiß nicht, wie sich Marius weiterentwickelte, aber sein Kindergartenalltag hätte entspannter und respektvoller verlaufen können, wenn die Erzieherin nicht in diesen festen Jungs-und-Mädchen-Kategorien gedacht hätte.

Für viele Eltern, die damit konfrontiert werden, dass ihre Kinder von den anerkannten binären Strukturen abweichen, ist ein Umdenken zunächst schwer. Auch weil sie vielleicht darum fürchten, was dies für ihr Kind bedeuten kann in einer Gesellschaft, die einem offenen Geschlechtersystem gegenüber noch immer eher feindlich eingestellt ist. Vielleicht lasten sie es auch ihrer Erziehung an, dass das Kind sich »so verhält«. Dabei ist die Ursache weder im Erziehungsverhalten der Eltern zu suchen, noch »verhält« sich das Kind. Zudem sollten nicht die Scham der Erwachsenen oder ihr Versagensgefühl im Vordergrund stehen, sondern das Kind und dessen Gefühle: Denn als Eltern geben wir Schutz und Sicherheit, auch – und gerade – bei solchen Themen. Wir sind der sichere Hafen, der unsere Kinder offen und liebevoll empfängt. Denn sie sind, wer sie sind. Und nur sie können entscheiden, wer sie sein wollen. Geschlecht ist eine Identität, aber auch eine staatlich eingerichtete Ordnungskategorie zur Einteilung von Menschen, jedoch keine biologische Tatsache. Auch hier sollten wir also den Fokus auf das richten, was dem Kind in dem Moment hilft: Akzeptanz und Unterstützung. Und wenn wir nicht wissen, wie wir dies anbieten sollen, liegt es in unserer elterlichen Verantwortung, uns dafür Hilfe in Form von Beratung zu holen.

Der erste wichtige Ansatzpunkt ist deswegen, dass Eltern sich darüber informieren, welche Vielfalt an Geschlechtsidentitäten es gibt – unabhängig davon, welcher sich das Kind zuordnet oder irgendwann zuordnen wird. Vielleicht wird es sich dem binären System zuordnen, vielleicht aber auch nicht. Wir wissen es nicht als Eltern! Wenn aber unser Kind im Laufe seiner Kindheit und Jugend zu uns kommen sollte und erklärt, dass es nicht mehr Johanna heißen möchte, sondern Leo, dann ist es gut, wenn wir schon vorher wissen, dass das kein Makel ist, und es auf diesem Weg begleiten – wie auch immer dieser dann aussieht. Und das bedeutet zunächst: zuhören, glauben, annehmen und unterstützen. Wenn wir anerkennen, dass es vielfältige Geschlechtsidentitäten gibt, können wir unsere und andere Kinder wertfrei begleiten. Verweigern wir uns dieser Offenheit gegenüber, üben wir eine Gewalt aus, unter der heute viele Menschen leiden und die sich ein ganzes Leben lang fortsetzen kann. Diese Gewalt schmerzt, unterdrückt, verängstigt, beschämt und nimmt dem Kind die Chance, zu sein, wer es ist.

Auch gegenüber den Selbsterfahrungen unserer Kinder sollten wir offen eingestellt sein. Während Masturbation früher von Eltern und anderen Erziehungspersonen verboten und bestraft wurde, sollten wir Kinder heute darin stärken, mit ihrem eigenen Körper gut umzugehen. Kinder berühren schon in jungen Jahren ihren eigenen

Körper und erforschen ihn, das ist völlig normal. Als Erwachsene sexualisieren wir diese Erkundungshandlungen oft. Auch hier kann die dadurch hervorgerufene Scham von Erwachsenen zu Druck und Verboten führen. Es ist aber für das Kind ein wichtiger Teil der Entwicklung, den eigenen Körper erkunden zu können und zu erfahren, welche Selbstberührungen ihm gefallen. Unsere Aufgabe ist es, dem Kind hierfür einen passenden Raum zu gewähren und ihm – wenn nötig – zu erklären, dass das nicht der Esstisch ist, sondern es sich für seine Körpererkundungen und Berührungen in einen privaten Raum zurückziehen kann, in dem es nicht fremden Blicken ausgesetzt ist und durch seine Handlungen nicht die Schamgrenzen anderer Menschen überschreitet. Auch in Hinblick auf Aufklärung und sexuelle Sicherheit tragen wir Verantwortung, die nicht durch Gebote und Verbote getragen wird, sondern durch das Gespräch. Kinder brauchen eine ehrliche, schambefreite Aufklärung über Sexualität, die sie nicht nur über den sexuellen Akt aufklärt, sondern auch über die dazugehörigen Rahmenbedingungen – und das Stück für Stück je nach Alter. Es ist eine Aufgabe, die uns Eltern über Jahre hinweg begleitet. Zunächst informierend, später auch, indem wir unsere Kinder mit passenden Büchern versorgen oder Beratungsstellen nennen. Sie sollen im Laufe der Zeit lernen, dass alle an Sexualität beteiligten Personen sich wohl damit fühlen müssen und nichts, was begonnen wurde, weitergeführt werden muss, wenn man nicht mehr mag; dass auch Beobachtung von Sexualität und Berührung Zustimmung voraussetzt, dass Sex nicht »Liebe machen« bedeutet, da dies zu falschen Vorstellungen bei Kindern und Jugendlichen führen kann. Es mag für einige Eltern nicht einfach sein, mit dem Kind darüber zu sprechen. Aber es ist wichtig, um sie in ihrer sexuellen Selbstbestimmung zu stärken.

Neben dem Thema der Geschlechtszuschreibung ist es aber auch in unserem Alltag wichtig, dass wir die schon erwähnten Rosa-Hellblau-Zuschreibungen aufbrechen.«Farben sind für alle da!«, heißt es so oft. Aber nicht nur Farben sollten für alle Kinder gleichermaßen verfügbar sein, sondern auch Spielmöglichkeiten und Kleidung. Jungs dürfen keine Röcke tragen? Das sah Autor und Aktivist Nils Pickert[17] anders, als sein Sohn Röcke und Kleider anziehen wollte. Er unterstützte ihn, indem er selbst einen Rock anzog, um das Klischee aufzuweichen und seinem Kind zu zeigen, dass sein Wunsch völlig in Ordnung ist. Warum sollten Jungen keine Röcke tragen, wenn sie es wollen? Wenn wir ein Babykleidungsstück schön finden, es aber zurücklegen, weil es »nicht für Jungs« oder »nicht für Mädchen« gedacht ist, zeigt uns das unser eigenes Schubladendenken auf. Warum sollten wir diesen Rüschenbody nicht kaufen, wenn er uns so gut gefällt? Und wenn unser Kleinkind unbedingt einen schwarzen Hosenanzug tragen will, warum nicht? Weil es dann weniger mädchenhaft aussieht? Warum sollten Mädchen nicht mit einer Spielzeugschleifmaschine an der Kinderwerkbank spielen? Es gibt keine sinnvollen Gründe, einem Kind irgendeinen Erfahrungsraum vorzuenthalten. Aber es gibt viele Gründe, es genau andersherum zu tun und Kindern all das zuzugestehen, was sie gerade tun wollen: Kinder dürfen alle Gefühle haben und auch ausleben. Das bedeutet, dass sowohl die Jungen als auch Mädchen wild, rebellisch, mutig, aggressiv, aber auch sanft, verträumt und fürsorgend sein dürfen. Ein weiterer Nachteil des binären Geschlechtersystems ist es, dass Kinder über die ihnen von Erwachsenen zugeschriebene Geschlechtsidentität auch Geschlechterrollen verpasst bekommen: Mädchen sind ruhig und fürsorglich, Jungs wild und dominant. Wie die Neurobiologie belegt, sind diese Zuschreibungen viel weniger »natürlich«, als wir oft erzählt bekommen. Die Neurobiologin Lise Eliot hält entsprechend fest: »Für die Geschlechtsidentität des Kindes und die vielen spezifischen Verhaltensweisen, die mit diesem zentralen Teil unseres Selbstbildes verknüpft sind, spielt auch die Erziehung eine wesentliche Rolle.«[18] Die angeborenen Differenzen zwischen Menschen mit unterschiedlichen Intimorganen sind sowohl in Hinblick auf die kognitiven Fähigkeiten als auch die Persönlichkeitsmerkmale zwar vorhanden, aber sie sind gering. Deswegen ist es so wichtig, dass wir bei der Erziehung nicht in Stereotype verfallen, sondern die Plastizität der Gehirne im Kopf behalten und das Wissen darum nutzen, um Kinder individuell zu begleiten.

Natürlich ist es einfacher, das Verhalten eines »schwierigen Jungen« auf das Testosteron zu schieben oder eines »zurückgezogenen Mädchens« auf das angeborene weibliche Temperament, aber damit entziehen wir uns dem wirklichen Blick auf das Kind und unserer Aufgabe als Eltern. Freies Begleiten meint nämlich nicht, alles einfach hinzunehmen. Freies Begleiten meint, dass wir wirklich unser Kind sehen und es im Rahmen seiner Möglichkeiten begleiten. Und das bezieht sich auch auf die Geschlechterfrage. Jedes Kind sollte die Möglichkeit haben, Fertigkeiten unabhängig vom Geschlecht auszuprobieren, zu üben und zu perfektionieren.

Alle Kinder müssen Kanäle für ihre Empfindungen finden, weil ein Verstecken und Unterdrücken von Empfindungen zu Problemen führen kann. Und nicht nur dies. Die vorgefertigten Geschlechtsstereotype lassen unsere Kinder in den späteren Jahren in eben jene problematische Gesellschaftssituationen tappen, unter denen bereits wir leiden: Festlegung der Mütter auf die Fürsorge der Kinder statt gerechter Aufteilung der Care-Arbeit, Mental Load bis Burnout bei Müttern, schlechte Altersvorsorge, Ausschluss der Väter von emotionaler Fürsorge und Beteiligung, Unterdrückung von Zärtlichkeit und Verletzbarkeit mit ihren gesellschaftlichen Folgen, toxische Maskulinität etc. Gerade im Hinblick auf eine gesunde, lebenswerte Zukunft für unsere Kinder müssen sie frei von geschlechtlichen Zuweisungen aufwachsen, sowohl in Bezug auf Verhaltensweisen als auch auf Einteilungen in Geschecht. Jungen müssen ebenso wenig Männlichkeitsnormen entsprechen wie Mädchen Weiblichkeitsnormen. Und damit wir uns davon befreien, müssen Kinder frei spielen und sich kleiden dürfen – ohne Bewertung.

Eng verbunden mit den Geschlechtsstereotypen sind auch unsere Körpervorstellungen von Kindern, die schon in jungen Jahren zu einem Erwartungsdruck führen können. Gehen wir durch die Einkaufsabteilungen für Babys und Kleinkinder, sind dort nicht selten schon für die Kleinsten enge Leggings und Jeans zu finden, kurze Röcke oder Shirts mit Aufdruck, die irgendwelche Erwartungen wie »Little Miss Beauty« tragen. Mädchen sollen niedlich, hübsch und schlank sein, manchmal sogar schon sexy; Jungen dürfen immerhin etwas robuster sein, aber auf jeden Fall sportlich. Diese Vorstellungen davon, wie Kinder sein und aussehen sollen, wirken sich auch auf unser Verhalten aus und darauf, wie Kinder mit diesen Anforderungen umgehen. Essstörungen sind wesentlich häufiger, als wir vielleicht annehmen: Die KiGGS-Studie, die zwischen 2003 und 2006 in Deutschland durchgeführt wurde und unter anderem den Verdacht auf Essstörungen erhoben hat, zeigt: »Erwartungsgemäß liegt der Anteil der Mädchen mit Verdacht auf eine Essstörung mit 28,9 % höher als der der Jungen (15,2 %), wenngleich auch diese Quote keineswegs zu vernachlässigen ist.«[19] Mit steigendem Alter nehmen die Hinweise auf eine Essstörung bei Mädchen allerdings zu, während sie bei Jungen abnehmen. Kinder, die über diese Studie mit Verdacht auf eine Essstörung identifiziert wurden, haben zudem häufiger auch psychische und Verhaltensprobleme. Während es auch Faktoren wie den sozioökonomischen Status oder Migrationshintergrund gibt, die sich laut der Studie auf die Entstehung von Essstörungen auswirken, ist es aber auch das Gesellschaftsbild, das bei Eltern und Kindern Druck aufbaut: die Erwartungen an das schöne Kind und die fehlende Akzeptanz des Kindes, wie es ist. Menschen, die wir als schön empfinden, haben es einfacher im Leben: Sie erfahren mehr Unterstützung und Anerkennung. Der HALO-Effekt[20] lässt uns von einer Eigenschaft (Attraktivität) auf andere Eigenschaften schließen, obwohl diese nicht miteinander in Verbindung stehen müssen. Weil wir davon hören und lesen und es vielleicht selbst erlebt haben, wirkt sich der Druck der Schönheit auch auf unser Elternverhalten aus: Wir drücken und formen im wahrsten Sinne des Wortes. Kritisch beäugen wir, was und wie viel das Kind isst, enthalten vielleicht bestimmte Speisen vor oder drängen zu mehr Sport. Und zwar nicht, weil das Kind einfach aus Freude Sport machen kann, sondern bewusst zur Formung einer schönen Figur oder um »den Pölsterchen entgegenzuwirken«.

Und schließlich übernehmen auch unsere Kinder die Bilder davon, wie sie aussehen sollten, und damit den Druck. Nicht nur Barbie und die hübschen Figuren in Zeichentrickserien und Kinderbüchern oder die schönen Kinder in der Werbung vermitteln ihnen, wie Kinder auszusehen haben, sondern auch wir Erwachsene sind oft nicht ganz unschuldig daran, dass Kinder mit einem kritischen Blick auf ihren Körper aufwachsen. Da stehen wir morgens vor dem Spiegel und sagen, dass wir uns »jetzt hübsch machen«, oder wir beklagen nach Feiertagen, dass wir ein »paar Pfunde zu viel auf den Rippen haben«. Und auf Instagram sehen sie, wie wir erst dann Bilder von uns hochladen, wenn wir einen Filter darübergelegt haben. Vielleicht machen wir sogar hier und da abfällige Bemerkungen über andere. Unser Alltag ist durchdrungen von solchen Eindrücken, die Kinder wahrnehmen und auch auf sich übertragen. Und zwar nicht erst, wenn sie anfangen, Modelsendungen im Fernsehen zu sehen oder Jugendzeitschriften zu konsumieren. Kinder sind von Anfang an Schönheitsidealen ausgesetzt.

Es ist deswegen an uns, ihnen zumindest zu Hause einen sicheren Hafen der Normalität und Akzeptanz anzubieten und die Eindrücke, die auf sie einströmen, zu relativieren. Familie ist ein Ort des Geliebtseins und Wohlempfindens. Es ist furchtbar, wenn Familie ein Ort ist, an dem die körperliche Integrität infrage gestellt wird und der Schutz des Körpers, mit dem sich das Kind als Selbst identifiziert, nicht gegeben ist. Jedes Kind (und jede*r Erwachsene) sollte das Recht haben, sich in seinem eigenen Körper wohlfühlen zu dürfen – egal, wie dieser aussieht. Solange die Person sich innerlich wohlfühlt und gesund ist und nicht durch einen äußeren Druck das Gefühl bekommt, nicht richtig zu sein, ist sie gut, so wie sie ist. Und das gilt auch für unsere Kinder. Kinder, die Vertrauen in ihre Eltern haben und sich von ihnen angenommen fühlen, entwickeln ein besseres Verhältnis zu ihrem Körper. Was wir dafür tun können? Sie lieben und begleiten. Wir können Wertungen unterlassen und weder erklären, dass unser Kind »ja leider so große Füße hat«, noch dass es »in so schöne Sachen leider nicht reinpasst«. Und auch Druck beim Essen verstärkt nur die Probleme. Wenn wir ihnen Lebensmittel vorenthalten, führt das zu Streit, Problemen oder auch dem Versuch des Kindes, dem heimlich auszuweichen. Gesunde Ernährung und Bewegung liegen in unserem Verantwortungsbereich. Wenn wir aber pauschalen Zwang ausüben, übertragen wir unsere Verantwortung auf das Kind, das etwas tun oder lassen soll. Ja, diese elterliche Verantwortung ist manchmal anstrengend, aber sich dem zu entziehen, ist ein gewaltvolles und das Kind überforderndes Verhalten.

Auch jenseits der Körpermaße sind eben nicht alle Kinder gleich schön. Auch hier sind sie so unterschiedlich, wie auch ihre Temperamente und Interessen unterschiedlich sind. Als Eltern ist es unsere Aufgabe, dazu beizutragen, dass unser Kind sich so wohlfühlt, wie es ist. Vielleicht sind seine Ohren nach dem aktuellen Schönheitsideal zu groß. Oder die Beine zu kurz. Oder die Haare aschfarben statt glänzend. Das mag alles sein. Und trotzdem hat jedes Kind ein Recht darauf, genau so geliebt zu werden und den eigenen Körper als den für dieses Kind genau richtigen Körper zu empfinden. Weil es ihn genau so in den Augen der eigenen Eltern gespiegelt sieht.

Reflexion: Geschlechterklischees hinterfragen

Gerade in Bezug auf Körperlichkeit und Schönheitsideale tragen viele Eltern ein größeres Päckchen aus der eigenen Vergangenheit mit sich herum, und es lohnt sich, darauf zu schauen und zu reflektieren, was uns wie beeinflusst. Nimm dir daher diese Fragen und Satzanfänge als Anregung, um dich in das Thema zu vertiefen:

Ich habe gelernt, dass Mädchen _____ sind.

Ich habe gelernt, dass Jungen _____ sind.

Geschlechterklischees fallen mir in unserem Alltag an folgenden Stellen auf*: _____

Körperliche Selbstbestimmung und körperliche Selbsterfahrung erinnere ich aus meiner Kindheit so: _____
_____

Meinem Kind möchte ich in Bezug auf Körperlichkeit mit auf den Weg geben: _____

* Sieh hierfür doch einmal das Kinderzimmer und eure Kinderbücher durch.

WIE KINDER WIRKLICH SIND 247

Miteinander reden – Diskussionskultur in der Familie

Auf dem Weg, unsere Kinder frei wachsen zu lassen, gibt es natürlich auch Reibungspunkte: weil unsere verinnerlichten Glaubenssätze sich der Begleitung doch hier und da in den Weg stellen oder weil manche Dinge tatsächlich nicht gehen oder gegen unsere Werte verstoßen, an denen wir nicht rütteln wollen. Es ist nicht nur normal, dass es diese Reibungspunkte gibt, sondern auch gut. Kinder müssen auch eine Streitkultur lernen und verinnerlichen. Und zwar eine, die nicht auf Hierarchien und Unterwerfung beruht, sondern eine, die tatsächlich eine Diskussionskultur ist. Es ist kein Zeichen von Schwäche oder mangelnder elterlicher Kompetenz, sich auf Diskussionen mit einem Kind einzulassen – auch wenn uns das oft vermittelt wird: »Was, du diskutierst mit deinem Kind? Das wird gemacht und Schluss!« Natürlich gibt es Themen und Momente, in denen es keine Alternativen gibt. Aber neben diesen wenigen Momenten ist es wichtig, dass wir uns die Zeit dafür nehmen, Konflikte nicht nur zuzulassen, sondern wirklich auszutragen. Das meint, dass wir nicht unseren Willen durchdrücken oder uns aus dem Konflikt durch Nachgeben zurückziehen, sondern dass wir uns dem Problem stellen. Wir sehen es uns zusammen mit dem Kind an, nehmen uns die Zeit, die wirkliche Ursache des Problems zu erkunden, und gehen dann die Lösung an. Viele Streitsituationen in unserem Familienalltag basieren nicht auf dem, was wir vordergründig als Problem ausmachen: Es ist kein Problem, dass das Kind nicht weiterlaufen möchte. Es ist auch kein Problem, dass das Kind heute keinen Brokkoli mag. Und es ist eigentlich auch kein Problem, wenn das Kind uns zur Seite schubst und erklärt, dass wir kacke sind. Das eigentliche Problem mit der Situation sind oft die verinnerlichten Glaubenssätze, wie ein Kind sein muss oder wie wir als

Eltern reagieren müssen. Das eigentliche Problem ist, dass wir uns unter Druck fühlen, wenn wir wieder zu spät kommen, dass wir ein Ernährungsthema aus der eigenen Kindheit mit uns herumtragen oder dass wir unsere elterliche Position gefährdet fühlen, wenn das Kind uns körperlich angreift. In all solchen Streitsituationen haben wir die Verantwortung, hinter den Anlass des Streits zu sehen und die wirkliche Ursache für den Konflikt zu erkennen. Wenn wir diese kennen, werden wir in vielen Situationen feststellen, dass es keinen Grund für eine Auseinandersetzung gibt: Dann warten wir und rufen die Großmutter, zu der wir gerade wollten, an oder tragen das Kind. Dann lässt das Kind den Brokkoli eben liegen. Und wenn es uns schubst, sagen wir ganz entspannt: »Hey, du kannst wütend sein, aber lass die Energie woanders raus!« Oder wir machen ihm einen Vorschlag: »Wenn du so wütend bist, dann kannst du hier auf meinen Oberschenkel klopfen, denn da ist es für mich okay« (wenn es das ist). Und in allen anderen Situationen gehen wir in eine echte Auseinandersetzung mit dem Kind. Eine, bei der alle Beteiligten genau das vorbringen können, worum es ihnen wirklich geht. Konflikte gehören zu unserem Leben und Alltag dazu. Sie sind eine Bereicherung, damit wir uns wirklich damit auseinandersetzen können, wie es uns geht und was wir brauchen. Kinder brauchen unsere Bereitschaft, mit Konflikten offen und ehrlich umzugehen. Sie brauchen die Chance, sich und ihre Gefühle zu offenbaren, uns gegenüberzutreten und sich wirklich öffnen zu können. All das können sie durch einen gut ausgetragenen Konflikt. Gewaltfreies Leben und freies und unverbogenes Aufwachsen bedeuten nicht, dass es keine Probleme oder Konflikte geben würde. Denn die gibt es überall. Aber wir begreifen Probleme nicht als negativ, nicht als Erziehungsfehler, sondern als Chance. Für unsere Kinder, aber auch für uns selbst.

Reflexion: Die immer wiederkehrenden Konfliktzonen finden

Konflikte als Chance und Bereicherung zu sehen ist wohl eine der schwersten Aufgaben, weshalb ich sie für den Schluss dieses Buches aufgehoben habe. Konflikte laden uns ein, noch einmal genauer hinzusehen und sowohl auf unsere Glaubenssätze als auch auf unser Kind zu blicken. Im Familienleben haben wir oft Konflikte, die in unterschiedlicher Gestalt immer wieder auftauchen, aber eigentlich ein Grundthema bedienen, dem wir uns noch nicht gestellt haben: dass wir Angst haben, nicht gut genug zu sein; dass wir ein Ernährungs- oder Schönheitsproblem haben, das wir auf das Kind abwälzen; dass wir als Kind nicht streiten durften ...
Jetzt ist es Zeit, darauf zu schauen: Welche Konflikte treten bei euch immer wieder (manchmal in unterschiedlicher Gestalt, aber zum selben Thema) auf? Was sind die großen Konfliktzonen in eurer Familie? Wenn du diese wiederkehrenden Kernprobleme notiert hast, überlege, welche Glaubenssätze und Erwartungen von dir als erwachsener Person dahinterstehen.

Schlusswort

Unsere Kinder unverbogen und frei wachsen zu lassen – das ist der Wunsch von vielen Eltern. Besonders dann, wenn sie selbst Druck, Macht und Gewalt kennengelernt haben. Oder auch, wenn sie spüren, dass sich ihr Kind nicht so einfach in eine Form pressen lässt. Es ist, als ob wir mit viel Kraftaufwand versuchen würden, etwas eigentlich Rundes in etwas Eckiges einzupassen. Vielleicht haben wir irgendwann Erfolg, und das Kind gibt nach – und verliert dabei seine eigentliche Form. Aber ist das wirklich ein Ziel von Familienleben? Wir alle sehnen uns nach weniger Druck, nach Entspannung und Freiheit. Vielleicht war das auch der Grund, um dieses Buch in die Hand zu nehmen. Denn es ist möglich, dass wir Familie genau so leben: entspannt, unverbogen und frei. Und damit ohne Druck und Gewalt. Denn das, was uns Druck macht, können und müssen wir hinter uns lassen. Wir müssen Familie nicht in Hierarchien und Machtkonstellationen denken, sondern können uns auf Gleichwertigkeit und Respekt als Werte berufen. Bedürfnisorientierung ist keine Erziehungsmethode, sondern eine Erziehungshaltung. Es ist die Kunst, ein Kind wirklich bedingungslos so anzunehmen, wie es ist, und keinerlei Erwartung zu haben, wie es sein soll.

Dass Kinder verbogen und gewaltsam erzogen werden, hat eine lange Tradition in der Elternschaft. Diese Art der Erziehung ist historisch gewachsen, hat sich mit der Zeit verändert, aber es ist noch immer in uns verankert, dass Kinder nur dann gut werden würden, wenn wir sie »zu etwas machen«. Dabei sind sie schon. Jedes Einzelne. Und jedes ist gut, so wie es ist, und hat den Respekt verdient, genau so angenommen und geliebt zu werden. Auch an den Tagen, an denen es anstrengend ist, an denen es uns beschimpft, Essen auf den Boden schmeißt oder heimlich an einer Zigarette gezogen hat. Wir können die Handlungen unserer Kinder blöd finden, können genervt sein, können Nein sagen oder auch schimpfen. Aber eines sollten wir auch in stressigen Situationen im Herzen behalten: bedingungslose Liebe. Unsere Kinder tun manchmal Dinge, die wir furchtbar finden, aber deswegen sind sie keine furchtbaren Menschen. Sie sind Kinder und Jugendliche, die die Welt kennenlernen und dabei Dinge tun, die Kinder und Jugendliche eben tun. Wir lieben unsere Kinder – aber nicht, weil sie unserer Vorstellung von Kindern entsprechen. Sie sind nicht da, um uns Liebe zu schenken, auch wenn sie Liebe in uns erwecken können. Und sie sind auch nicht da, um unsere Beziehungen zu retten, auch wenn sie in unserem Alltag vielleicht eine Bereicherung sind. Sie sind nicht auf der Welt, um unser Leben schöner zu machen, auch wenn es mit ihnen vielleicht schöner wird. Sie dienen keinem Zweck, auch wenn es in dieser Welt kaum etwas gibt, das nicht einem Zweck unterworfen wird. Es ist nicht ihre Aufgabe, etwas für uns erreichen zu müssen oder nachzuholen. Sie dürfen zum einfachen Selbstzweck in ihrer puren Form da sein und genau so angenommen werden. Das ist etwas, nach dem wir uns eigentlich alle sehnen.

Mit diesem Buch sind wir gemeinsam der Last nachgegangen, die auf unseren Schultern liegt. Wir haben zusammen die Jahrhunderte durchlebt, die unser Bild vom Kind geformt haben, und uns angesehen, welche Spuren davon wir in uns tragen. Ich hoffe, dass allein dieser Blick schon ein wenig Last von deinen Schultern genommen hat, denn er zeigt uns, dass weder unsere Kinder noch wir an diesem Druck schuld sind. Unser Bild von Erziehung und Kindheit wurde von Generation zu Generation weitergereicht und dabei viel zu wenig hinterfragt. Doch es ist an der Zeit, dieses Bild und unseren Blick auf Erziehung zu ändern: Jetzt, wo wir die Geschichte beleuchtet und hinterfragt haben und in diesem Licht die vielen Puzzleteile des Alltags anders sehen, können wir Kindheit anders betrachten. Und mehr noch: Wir müssen sie anders betrachten. Denn die Altlasten tun uns nicht gut und behindern uns dabei, uns und unseren Kindern eine gute Gegenwart und Zukunft zu ermöglichen. Sie hinterlassen offene und versteckte Wunden, die wir unseren Kindern nicht zufügen wollen. Bindung ist ein Schutzsystem, und wir sollten unsere Kinder auch vor diesen Wunden durch uns oder andere schützen.

Wir wissen nicht, was die Zukunft bringt. Deswegen ergibt es keinen Sinn, unsere Kinder an etwas anzupassen, das den Gedanken der Vergangenheit entspringt. Besser ist es, ihnen die Chance zu geben, durch Kreativität, Flexibilität, Toleranz und gegenseitigen Respekt in dieser noch ungewissen Zukunft bestehen zu können. Unsere Kinder und wir brauchen ein grundlegendes Vertrauen darin, dass sie kompetent sind und mit einer großen inneren Freiheit die richtigen Wege gehen können. Freiheit, Respekt und Akzeptanz geben dem Kind ein Grundgefühl von Liebe, das es trägt und das alles zwischenmenschliche Handeln beeinflusst. Es wäre falsch, zu glauben, dass eine neue Generation die Welt retten wird. Und es wäre auch falsch, ihnen das als Aufgabe auf die Schultern zu legen, was wir und vorangegangene Generationen verbockt haben. Vielleicht haben sie noch die Chance dazu. So, wie es heute aussieht, wird die Zukunft unserer Kinder auf jeden Fall nicht nur rosig sein. Sie werden vielen Herausforderungen begegnen. Sie werden scheitern, sich wieder aufrappeln, werden neu denken und handeln müssen. Sie werden großen Problemen gegenüberstehen. Was wir ihnen dafür mitgeben können, was sie am meisten für diese Herausforderungen stärken wird, sind Respekt und Liebe. Damit geben wir ihnen eine psychische Widerstandskraft mit auf den Weg, die sie begleiten wird und die sie in sich tragen, wenn wir einmal nicht mehr bei ihnen sind. Es ist ein kleiner Samen, den wir in ihnen säen und von dem sie sich immer nähren können – komme, was wolle. Wie wir diesen in ihnen anlegen, trotz all der Lasten, die wir tragen, habe ich in diesem Buch gezeigt: Indem wir die Unterschiedlichkeit und Individualität unserer Kinder als großen Schatz und höchstes Gut begreifen.

Wir müssen keine Angst vor unseren Kindern haben. Auch nicht vor ihren Temperamenten, Wünschen und Handlungen. Das Leben mit Kindern ist kein Machtkampf, und es geht nicht darum, wer recht hat, sondern darum, dass wir glücklich sind. Jeder einzelne Teil einer jeden Familie hat das Recht, glücklich zu sein und gewaltfrei zu wachsen. Auch wir Eltern haben endlich die Chance, frei von den Erwartungen zu wachsen, dass wir mit Druck und Macht Eltern sein müssten. Auch wir dürfen unverbogen und frei Eltern sein, wenn wir unsere Kinder genauso wachsen lassen. Auch wir dürfen endlich die Last ablegen, die der Gedanke mit sich bringt, dass wir unsere Kinder formen müssen.

Ja, Kinder sind manchmal eine große Herausforderung und wohl eines der größten Abenteuer, auf das wir uns einlassen können. Denn wir wissen nicht, was passieren wird. Wir wissen nicht, welcher Mensch da zu uns kommt und wie er sich entwickelt. Aber zugleich sind Kinder auch ein wunderbares Geschenk, denn wir dürfen sie dabei begleiten, die Welt auf ihre eigene Weise kennenzulernen, und wenn wir uns bemühen, ein wenig durch diese anderen Augen auf die Welt zu blicken, sehen wir sie noch einmal in einem anderen Licht. Vielleicht so, wie wir sie selbst als Kinder hätten sehen sollen: frei und unverbogen. Welch ein Geschenk!

ICH MUSS NICHT WERDEN, ICH **BIN** JA SCHON.

Ein Dank und eine Entschuldigung

An dieser Stelle steht in vielen Büchern, wie dankbar Autor*innen dafür sind, dass ihre Kinder ihnen die Welt noch einmal neu zeigen. Und auch ich bin dankbar dafür, dass ich durch meine Kinder einen anderen Zugang zur Welt, zum Thema Gewalt und Erziehung bekommen habe. Auch ich schimpfe manchmal zu viel und zu laut, auch ich habe ein Kind schon ohne Worte einfach genommen und weggetragen. Auch ich ertappe mich bei den Gedanken »Aber sollte mein Kind jetzt nicht lieber dieses und jenes lernen und bessere Noten nach Hause bringen oder ein anderes Hobby haben …?«. Gleichzeitig bin ich seit bald zwölf Jahren Mutter und sehe, welch großer Gewinn der Ansatz der Gewaltfreiheit für das Familienleben ist. Ja, er ist nicht einfach, und auf dem Weg passieren Fehler, für die wir Erwachsenen uns entschuldigen müssen, aber er bringt eine Freiheit und Leichtigkeit mit sich, die diese Arbeit wirklich wert ist. Er bringt ein grundlegendes Vertrauen in das Kind, das den Alltag so viel leichter macht. Deswegen hoffe ich, dass sich möglichst viele Eltern dem anschließen. Ich danke also meinen Kindern gleichwohl dafür, dass sie mich in der Auseinandersetzung mit der Elternschaft auf diesen Weg gebracht haben, ebenso wie ich mich dafür entschuldige, dass er manchmal holprig ist. Ich hoffe, dass die Last, die sie einmal selbst abarbeiten müssen, durch meine Vorarbeit geringer ist und dass es ihnen bereits leichter fallen wird, den gewaltfreien Weg zu gehen: mit ihren Kindern, wenn sie welche haben sollten, aber auch mit anderen Menschen. Denn Gewaltfreiheit ist keine Methode, sondern ein Ansatz, der sich auf unser ganzes Leben überträgt. Wenn wir anfangen, uns zu ändern, dann wirkt sich dies nicht nur auf unsere Familie aus.

Ich danke meinem Mann, der auch auf diesem schwierigen Weg mein Partner ist und dann Verantwortung übernimmt, wenn ich erschöpft bin. So, wie es auch andersherum ist. Wir wissen nach so vielen gemeinsamen Jahren und dem steten Austausch um die Dinge, die jedem von uns schwerfallen.

Ich danke den vielen Familien, die ich seit vielen Jahren auf ihren Wegen begleiten darf. Denen ich Impulse geben darf und die mir ihre Geschichten, Sorgen und Nöte auf so vielfältige Weise anvertrauen. Auch von ihnen habe ich sehr viel gelernt. Die Beispiele in diesem Buch stammen aus diesem Erfahrungsschatz, den ich über die vielen Jahre meiner Arbeit als Familienbegleiterin sammeln durfte. Vielen Dank an Felicia Ewert, die mich zum Wording im Kapitel »Von schönen Kindern und Geschlechtern« beraten hat.

Und ich danke meinen Lektorinnen Carmen Kölz und Katharina Theml, die mich mit viel Geduld schon auf der zweiten Reise durch die Geburt eines Buches begleitet haben, das auch dieses Mal – in Zeiten von Homelearning und Kitafrei – unter erschwerten Bedingungen geschrieben wurde, die gleichzeitig als wertvolle Impulse in dieses Buch eingeflossen sind. Ich danke Nadine Roßa, die meine Gedanken auf so wunderbare Weise illustrieren kann, damit sie noch einmal bildlich vor Augen führen, was wichtig ist.

Anmerkungen

Einleitung
1. https://www.fritzundfraenzi.ch/gesellschaft/kindergarten/die-zukunft-ihres-kindes-ist-jetzt?page=all
2. https://www.friedenspreis-des-deutschen-buchhandels.de/alle-preistraeger-seit-1950/1970-1979/astrid-lindgren
3. Fromm, Erich (2005): *Haben oder Sein: Die seelischen Grundlagen einer neuen Gesellschaft*. München: dtv.

Eins: Wie funktioniert Erziehung heute?
1. Heidrich, Mark/Aschermann, Ellen (2019): »Von Erziehungsstilen zu Erziehungskompetenzen«. In: *report psychologie* 44 6|2019.
2. Vgl. Vollmer, K. (2012): »Erziehungsstile«. In: Vollmer, K.: *Fachwörterbuch für Erzieherinnen und pädagogische Fachkräfte*. Freiburg: Verlag Herder. S. 125 f.
3. de Rodriguez, Aida (2016): Erziehung ist Gewalt! Warum es keine Graduierung gibt. http://elternmorphose.de/erziehung-ist-gewalt-warum-es-keine-graduierungen-gibt/
4. Saalfrank, Katharina (2020): *Du bist ok, so wie du bist. Beziehung statt Erziehung: Was Kinder wirklich stark macht*. München: GU.
5. Die Bindungsperson(en) sind in unserer Kultur in der Regel die Eltern beziehungsweise ein Elternteil. Eine biologische Verwandtschaft ist allerdings für die Ausbildung einer Bindung nicht zwingend notwendig. Das Kind bindet sich an jene Person, die besonders viel Zeit mit dem Kind verbringt und dessen Bedürfnisse vorwiegend befriedigt. Bei unterschiedlichen Bezugspersonen, die unter-

schiedlich viel Zeit mit dem Kind verbringen beziehungsweise auch unterschiedlich auf seine Signale reagieren, bildet sich eine Bindungshierarchie aus – mit oft (je nach Familienmodell) einer Hauptbindungsperson.

6. Mehr dazu in Bowlby, John (2001): *Das Glück und die Trauer. Herstellung und Lösung affektiver Bindungen*. 2. Aufl. Stuttgart: Klett-Cotta.
7. Vgl. Forward, Susan (1993): *Vergiftete Kindheit. Elterliche Macht und ihre Folgen*. 20. Aufl. München: Goldmann, S. 31 f.
8. Cassidy, Jude (2008): The nature of the child's ties. In: Cassidy, J./Shaver, P. R. (Hrsg.) (2008): *Handbook of attchment*. 2. Aufl. New York: Guliford Press, S. 3–22. Der Bindungsforscher Prof. Dr. Karl-Heinz Brisch gibt an, dass in Deutschland etwa 60 Prozent der Kinder eine sichere Bindung haben. https://www.khbrisch.de/media/ph_05_2014_bindung_s26s30_2.pdf
9. Powell, Bert/Cooper, Glen/Hoffman, Kent/Marvin, Bob (2015): *Der Kreis der Sicherheit. Die klinische Nutzung der Bindungstheorie*. Lichtenau: G. P. Probst Verlag, S. 48 f.
10. https://www.dgppn.de/_Resources/Persistent/154e18a8cebe41667ae22665162be21ad726e8b8/Factsheet_Psychiatrie.pdf
11. https://www.pharmazeutische-zeitung.de/ausgabe-042017/stressforschung-fruehe-belastungen-wirken-lange-nach/
12. Hopfner, J. (2001): Wie populär ist pädagogisches Wissen? Zum Verhältnis von Ratgebern und Wissenschaft. In: *Neue Sammlung* 41 (1), S. 74 und 77.
13. Mehr dazu in Strüber, Nicole (2019): *Die erste Bindung. Wie Eltern die Entwicklung des kindlichen Gehirns prägen*. 6. Aufl. Stuttgart: Klett-Cotta, S. 156 f.
14. Saalfrank, Katharina (2020): *Du bist ok, so wie du bist. Beziehung statt Erziehung: Was Kinder wirklich stark macht*. München: GU, S. 18.
15. Juul, Jesper (2020): *Respekt, Vertrauen & Liebe: Was Kinder von uns brauchen*. Weinheim, Beltz, S. 20.
16. von Braunmühl, Ekkehard (1983): *Antipädagogik. Studien zur Abschaffung der Erziehung*. 4. Aufl. Weinheim: Beltz, S. 265.
17. Luhmann, Niklas (2002): *Das Erziehungssystem der Gesellschaft*. Frankfurt am Main: Suhrkamp, S. 38.
18. Neubauer, Luisa/Repenning, Alexander (2019): *Vom Ende der Klimakrise. Eine Geschichte unserer Zukunft*. Stuttgart: Tropen, S. 165 f.
19. https://kontrast.at/internat-eton-eliteschulen-boris-johnson/
20. Perry, Bruce D./Szalavitz, Maia (2006): *Der Junge, der wie ein Hund gehalten wur-*

de. Was traumatisierte Kinder uns über Leid, Liebe und Heilung lehren können. Aus der Praxis eines Kinderpsychiaters. 9. Aufl. München: Kösel, S. 303.

21. Rich, Nathaniel (2019): *Losing Earth.* Berlin: Rowohlt, S. 227.
22. Mead, Margaret (2006): *Der Konflikt der Generationen. Jugend ohne Vorbild.* 4. Aufl. Magdeburg: Klotz.
23. Beck U. (1995): Die »Individualisierungsdebatte«. In: Schäfers, B. (Hrsg.): *Soziologie in Deutschland.* VS Verlag für Sozialwissenschaften, Wiesbaden.
24. Hurrelmann, Klaus/Albrecht, Erik (2019): *Generation Greta. Was sie denkt, wie sie fühlt und warum das Klima erst der Anfang ist.* Weinheim: Beltz, S. 251.
25. Ebd., S. 75.
26. Franzen, Jonathan (2020): *Wann hören wir auf, uns etwas vorzumachen? Gestehen wir uns ein, dass wir die Klimakatastrophe nicht verhindern können.* 4. Aufl. Hamburg: Rowohlt Taschenbuch, S. 38 f.
27. Bundesministerium der Justiz und für Verbraucherschutz Referat Öffentlichkeitsarbeit; Digitale Kommunikation (Hrsg.) (2016): Meine Erziehung – da rede ich mit! Ein Ratgeber für Jugendliche zum Thema Erziehung. https://www.bmjv.de/SharedDocs/Publikationen/DE/Meine_Erziehung.pdf
28. https://www.bmfsfj.de/bmfsfj/themen/kinder-und-jugend/kinderrechte/vn-kinderrechtskonvention/vn-kinderrechtskonvention/86544
29. https://www.bmfsfj.de/blob/120474/a14378149aa3a881242c5b1a6a2aa941/2017-gutachten-umsetzung-kinderrechtskonvention-data.pdf
30. Hofmann, Rainer/Donat, Phillip (2017): Gutachten bezüglich der ausdrücklichen Aufnahme von Kinderrechten in das Grundgesetz nach Maßgabe der Grundprinzipien der UN-Kinderrechtskonvention, https://kinderrechte-ins-grundgesetz.de/wp-content/uploads/2018/02/DKHW_Gutachten_KRiGG_Hofmann_Donath.pdf, S. 41.
31. https://www.bmfsfj.de/blob/120474/a14378149aa3a881242c5b1a6a2aa941/2017-gutachten-umsetzung-kinderrechtskonvention-data.pdf, S. 66.
32. Mehr zur Ausformulierung und Kinderrechten beispielsweise hier: https://verfassungsblog.de/warum-kinderrechte-ins-grundgesetz-gehoeren/
33. https://www.stiftung-kind-und-jugend.de/fileadmin/pdf/BVKJ_Kinderschutz_0616_Beitrag_Umfrage_2.pdf
34. Stahl, Stefanie (2015): *Das Kind in dir muss Heimat finden. Der Schlüssel zur Lösung (fast) aller Probleme.* 15. Aufl. München: Kailash, S. 25.
35. Vgl. hierzu auch die Ausführungen zu »Die aufgestaute Wut in uns« in: Mierau,

Susanne (2019): *Mutter.Sein. Von der Last eines Ideals und dem Glück des eigenen Wegs.* 2. Aufl. Weinheim: Beltz, S. 83 f.
36. Perry, Philippa (2020): *Das Buch, von dem du dir wünschst, deine Eltern hätten es gelesen (und deine Kinder werden froh sein, wenn du es gelesen hast).* 3. Aufl. Berlin: Ullstein, S. 29.
37. Der Sozialwissenschaftler Klaus Hurrelmann bezeichnet Sozialisation als »den Prozess, in dessen Verlauf sich der mit einer biologischen Ausstattung versehene menschliche Organismus zu einer sozial handlungsfähigen Persönlichkeit bildet, die sich über den Lebensweg hinweg in Auseindersetzung mit den Lebensbedingungen weiterentwickelt.«
38. Unter dem Begriff »white privilege« wird der Umstand verstanden, dass eine weiße Hautfarbe den Verlauf des Lebens mit hoher Wahrscheinlichkeit positiv beeinflusst, auch wenn auch Weiße Probleme haben und unter Armut leiden können. Weißsein gilt als selbstverständliche Norm, was zu strukturellem Rassismus führt. People of color befinden sich nicht in ausreichender Anzahl in Machtpositionen, um rassistisch gegenüber Weißen zu sein, während es andersherum der Fall ist. Ausführlich nachzulesen in Reni Eddo-Lodge, *Warum ich nicht länger mit Weißen über Hautfarbe spreche.*
39. Mehr über Familienpolitik und rechte Familiennetzwerke hier: https://www.boell.de/sites/default/files/2015-02-meinungskampf_von_rechts.pdf
40. Bargh, John (2018): *Vor dem Denken.* München: Droemer-Knaur, S. 18.
41. Forward, Susan (1993): *Vergiftete Kindheit. Elterliche Macht und ihre Folgen.* 20. Aufl. München: Goldmann, S. 24.
42. Reble, Albert (1999): *Geschichte der Pädagogik.* 19. Aufl. Stuttgart: Klett-Cotta.
43. Das Genogramm ist eine Darstellungsform verwandtschaftlicher Zusammenhänge.

Zwei: Der lange Schatten von Erziehung

1. Eine umfassende Analyse von Kindheit in den vergangenen Jahrhunderten ist schwer durchzuführen, auch mangels passender kulturgeschichtlicher Unterlagen. Im Folgenden wird auf die Entwicklung der Kindheit in Europa eingegangen, wissend, dass es dennoch regionale und weltweite Unterschiede gibt, auch durch unterschiedliche kulturelle und religiöse Einflüsse.
2. Wie später noch ausgeführt wird, gibt es weder jetzt noch gab es früher »die Kindheit«: Kindheit ist unterschiedlich und abhängig von sehr vielen Faktoren.

Wenn wir darüber sprechen, dass es Kindern heute so viel besser gehen würde als vor 150 Jahren oder länger, meinen wir damit insbesondere jene privilegierte Kindheit in Industrienationen, die nicht durch Kinderarbeit, sexuelle Ausbeutung, Krieg oder Vernachlässigung und/oder extreme Armut gekennzeichnet ist.

Die Kinderhilfsorganisation »Save the children« teilte in ihrem Bericht vom Februar 2020 mit, dass sich seit dem Jahr 2010 die Zahl der von der UN bestätigten schweren Verbrechen an Kindern fast verdreifacht hat. Jedes sechste Kind lebte 2018 in einem Konfliktgebiet. Mehr dazu: https://www.savethechildren.de/file admin/user_upload/Downloads_Dokumente/Berichte_Studien/2020/StC_ War_on_Children_2020_deutsch_Einzelseiten.pdf

3. Plutarch: *Moralia*, übers. von Frank C. Babbitt, London 1928, S. 493, zit. nach deMause, Loyd (Hrsg.) (2015): *Hört ihr die Kinder weinen. Eine psychogenetische Geschichte der Kindheit*. 14. Aufl. Frankfurt am Main: Suhrkamp, S. 48.
4. deMause, S. 128.
5. Mehr dazu in Bleisch, Barbara (2018): *Warum wir unseren Eltern nichts schulden*. München: Karl Hanser.
6. Vgl. deMause, S. 139.
7. Müller-Münch, Ingrid (2016): *Die geprügelte Generation. Kochlöffel, Rohrstock und die Folgen*. 5. Aufl. München/Berlin: Piper, S. 61.
8. Keil, Andreas et al. (2015): *Ländliche Lebensverhältnisse im Wandel 1952, 1972, 1993, 2012: Volume 3, Kindheit im Wandel*, Thünen Report, No. 32,3, Johann Heinrich von Thünen-Institut, Braunschweig, http://nbn-resolving.de/urn:nbn: de:gbv:253-201510-dn055820-4
9. Hagner, Michael (2010): *Der Hauslehrer: Die Geschichte eines Kriminalfalls. Erziehung, Sexualität und Medien um 1900*. Berlin: Suhrkamp Verlag.
10. Seichter, Sabine (2020): *Das »normale Kind«. Einblicke in die Geschichte der schwarzen Pädagogik*. Weinheim: Beltz, S. 53 f.
11. Mehr dazu in Chamberlain, Sigrid (2010): *Adolf Hitler, die deutsche Mutter und ihr erstes Kind: Über zwei NS-Erziehungsbücher*. Gießen: Psychosozial-Verlag.
12. Haarer, Johanna (1934): *Die deutsche Mutter und ihr erstes Kind*. München: J. F. Lehmanns Verlag, S. 249.
13. Müller-Münch, Ingrid (2016): *Die geprügelte Generation. Kochlöffel, Rohrstock und die Folgen*. 6. Aufl. München: Piper, S. 98.
14. Ebd., S. 230.
15. Vgl. hierzu Omer, Haim/von Schlippe, Arist (2010): *Stärke statt Macht. Neue Au-*

torität in Familie, Schule und Gemeinde. 3. Aufl. Göttingen: Vandenhoeck & Ruprecht, S. 26 f.
16. https://www.sueddeutsche.de/politik/paedophilie-vorwuerfe-gegen-die-gruenen-tabu-und-toleranz-1.1681357 und https://www.ovb-online.de/weltspiegel/politik/paedophilie-schmerzhafte-verirrungen-70er-jahren-3117806.html
17. https://www.faz.net/aktuell/feuilleton/debatten/der-kentler-fall-kindesmissbrauch-in-staatlicher-verantwortung-16817974.html
18. Seichter, Sabine (2020): *Das »normale Kind«. Einblicke in die Geschichte der schwarzen Pädagogik*. Weinheim: Beltz, S. 116.
19. Die Psychologin Patricia Cammarata führt in ihrem Buch *Raus aus der Mental Load-Falle* aus, dass nicht nur in heteronormativen Familien ein Ungleichgewicht der Belastungen besteht, sondern auch in gleichgeschlechtlichen Familien eine Person stärker mit den häuslichen Aufgaben vertraut ist, sobald ein Kind in die Familie kommt.
20. Vgl. Mierau, Susanne (2019): *Mutter.Sein. Von der Last eines Ideals und dem Glück des eigenen Wegs*. Weinheim: Beltz, S. 34 f.
21. Perry, Bruce D./Szalavitz, Maia (2006): *Der Junge, der wie ein Hund gehalten wurde. Was traumatisierte Kinder uns über Leid, Liebe und Heilung lehren können. Aus der Praxis eines Kinderpsychiaters*. 9. Aufl. München: Kösel, S. 293.
22. Goldstein, Hillary (2016): »The Relationship between Grandparents and the Caring, Resilience, and Emotional Intelligence of Grandchildren«. ETD Collection for Pace University. AAI10182953.
23. Ebd., S. 299 f.
24. Zur »Verinselung« der Kindheit siehe Zeiher, Helga (1990): »Organisation des Lebensraums bei Großstadtkindern. Einheitlichkeit oder Verinselung?« In: Bertels, Lothar/Herlyn, Ulfert (Hrsg.): *Lebenslauf und Raumerfahrung*. Opladen: Leske & Budrich.
25. Seichter, Sabine (2020): *Das »normale Kind«. Einblicke in die Geschichte der schwarzen Pädagogik*. Weinheim: Beltz, S. 60.
26. https://www.bka.de/DE/AktuelleInformationen/StatistikenLagebilder/Lagebilder/Partnerschaftsgewalt/partnerschaftsgewalt_node.html geht nur bis 2018
27. https://www.bmfsfj.de/bmfsfj/themen/gleichstellung/frauen-vor-gewalt-schuetzen/haeusliche-gewalt/haeusliche-gewalt/80642
28. Obwohl sich dieses Buch nicht im Schwerpunkt mit der körperlichen und sexuellen Gewalt an Kindern befasst, sei hier dazu noch etwas angemerkt: Gewalt an

Kindern drückt sich in unterschiedlicher Form aus und kommt in unterschiedlichen Schweregraden vor. Einzelne Arten von Gewalt gehen auch ineinander über, sodass physische Gewalt, Vernachlässigung und sexuelle Gewalt zugleich auch psychische Gewalt bedeuten. Körperliche Gewalt umfasst gewaltsame körperliche Handlungen wie Schläge, Schütteln (besonders auch bei Babys und Kleinkindern), Stöße, Verbrennungen und Verbrühungen. Sexuelle Gewalt an Kindern kann körperliche Gewalt durch körperlichen Kontakt beinhalten (Vergewaltigung, sexuelle Nötigung), kann aber auch ohne körperlichen Kontakt erfolgen durch Anleitung (zur Prostitution), obszöne Anreden oder Missbrauch von Kindern zur Erstellung von Pornografie (Amelang, Manfred/Krüger, Claudia (1995): *Misshandlung von Kindern. Gewalt in einem sensiblen Bereich*). Gerade die sexuelle Gewalt und Ausbeutung von Kindern (weltweit) ist in den vergangenen Jahren zu wenig beachtet worden und verzeichnet einen Anstieg der gemeldeten Fälle. Das Bundeskriminalamt hat für das Jahr 2019 festgehalten, dass in Deutschland jeden Tag durchschnittlich 43 Kinder Opfer sexueller Gewalt wurden, zudem wurde in 12 262 Fällen wegen Darstellung sexueller Gewalt ermittelt, was einem Anstieg um fast 65 Prozent entspricht. Sexuelle Gewalt an Kindern ist ein noch immer zu wenig beachteter und in seinen Folgen berücksichtigter Themenkomplex im gesamten Gewaltspektrum. In Bezug auf die 2020 entdeckten Fälle von sexueller Gewalt in Münster sagt der nordrhein-westfälische Innenminister Herbert Reul im Interview mit der *Süddeutschen Zeitung* dementsprechend: »Wir finden mehr Täter und mehr Opfer, wir sehen besser hin. Und wir sehen, dass Kindesmissbrauch ein Massenphänomen ist.« https://www.sueddeutsche.de/pan orama/muenster-kindesmissbrauch-herbert-reul-1.4939429. Während mit der Darstellung von sexueller Gewalt in Bild und Video auch finanziell ein Gewinn gemacht wird, treibt den Markt aber besonders die Abhängigkeit der Nutzer*innen an, die immer auf der Suche nach mehr und neuen Videos sind und diese insbesondere durch Tausch erwerben, was die weitere Expansion der Gewalt verstärkt. UNICEF erklärt in einem Bericht, dass die Hälfte aller Kinder weltweit (ca. 1 Milliarde Mädchen und Jungen) jedes Jahr physische, sexuelle oder psychologische Gewalt erleiden (https://www.unicef.de/informieren/aktuelles/presse/2020/ report-gewalt-gegen-kinder-schutz-nicht-ausreichend/220752). Die Gewalt, die Kinder in Kriegsgebieten wie Syrien erfahren, liegt mit ihren Auswirkungen auf die Psyche von Kindern jenseits aller bekannten möglichen Diagnosen, weshalb hierfür der Begriff »Human Devastation Syndrome« (Menschliches Vernich-

tungssyndrom) geprägt wurde (https://www.sams-usa.net/wp-content/uploads/2018/11/Mental-health-report-17.pdf).
29. https://www.zeit.de/gesellschaft/zeitgeschehen/2019-09/kinderschutz-gewalt-misshandlung-vernachlaessigung-kindeswohl
30. Maywald, Jörg (2019): *Gewalt durch pädagogische Fachkräfte verhindern*. Freiburg: Herder, S. 7.
31. https://www.sueddeutsche.de/politik/elite-internat-am-bodensee-missbrauch-auch-in-salem-1.17388
32. https://www.spiegel.de/panorama/leute/jamie-oliver-starkoch-bestraft-kinder-mit-chilis-a-1003622.html
33. Mehr zu den Hintergründen und der therapeutischen Einordnung der »Elternschule« in Gelsenkirchen hier: https://www.dhz-online.de/das-heft/aktuelles-heft/heft-detail-abo/artikel/elternschule-therapie-oder-ideologie/
34. Zitat Dietmar Langer im Film *Elternschule*.
35. https://www.dksb.de/de/artikel/detail/elternschule-kinderschutzbund-zu-der-umstrittenen-erziehungs-doku/
36. https://www.dgspj.de/wp-content/uploads/servive-stellungnahmen-film-elternschule-dezember-2018.pdf
37. Eine genaue Dokumentation von Stellungnahmen und Presseberichten findet sich bei Dr. Herbert Renz-Polster, https://www.kinder-verstehen.de/aktuelles/elternschule-ein-rueckblick/
38. Vgl. Mertes, Lilli (2018): *Psychische Gewalt in der Eltern-Kind-Beziehung. Risikofaktoren und Erkennungschancen*. Hamburg: Diplomica-Verlag, S. 34 f.
39. Techniker Krankenkasse Landesvertretung Sachsen-Anhalt/Ministerium für Gesundheit und Soziales des Landes Sachsen-Anhalt/Kultusministerium des Landes Sachsen-Anhalt (Hrsg.) (2010): *Gewalt gegen Kinder und Jugendliche. Ein Leitfaden für Lehrerinnen und Lehrer, Erzieherinnen und Erzieher in Sachsen-Anhalt zu Früherkennung, Handlungsmöglichkeiten und Kooperation*. 2. Aufl. Magdeburg. https://www.bundesaerztekammer.de/fileadmin/user_upload/downloads/Sachsen-Anhalt.pdf
40. https://www.der-paritaetische.de/schwerpunkt/kindertagesbetreuung/partizipation-und-demokratiebildung/das-abc-der-beteiligung/adultismus/, 12. Juli 2020.
41. Ritz, Manuela (2008): »Adultismus – (un)bekanntes Phänomen: Ist die Welt nur für Erwachsene gemacht?« In: *Handbuch Kinderwelten. Vielfalt als Chance*.

Grundlagen einer vorurteilsbewussten Bildung und Erziehung, Freiburg: Herder, S. 135.
42. Hurrelmann, Klaus/Albrecht, Erik (2019): *Generation Greta. Was sie denkt, wie sie fühlt und warum das Klima erst der Anfang ist.* Weinheim: Beltz, S. 174.
43. https://childrenvsclimatecrisis.org/wp-content/uploads/2019/09/2019.09.23-CRC-communication-Sacchi-et-al-v.-Argentina-et-al.pdf
44. https://www.unicef.org/publications/files/An_Everyday_Lesson-ENDviolence_in_Schools.pdf
45. https://www.wiwo.de/politik/ausland/schulen-in-den-usa-schlaege-statt-strafarbeit/14510288.html
46. Vgl. Winkelmann, Anne Sophie (2019): *Machtgeschichten. Ein Fortbildungsbuch zu Adultismus für Kita, Grundschule und Familie.* Limbach-Oberfrohna: edition claus, S. 39 f.
47. https://www.sueddeutsche.de/politik/schleckerfrauen-zu-erzieherinnen-ringelreihen-in-der-schlecker-kita-1.1376781
48. Maywald, Jörg (2019): *Gewalt durch pädagogische Fachkräfte verhindern.* Freiburg: Herder, S. 20.
49. Tietze, W. et al. (Hrsg.): *NUBBEK. National Untersuchung zur Bildung, Betreuung und Erziehung in der frühen Kindheit. Forschungsbericht.* Weimar/Berlin: Verlag das Netz.
50. Arbeitsgemeinschaft für Kinder- und Jugendhilfe (Hrsg.) (2010): *Zwischenbericht des Runden Tisches »Heimerziehung in den 50er und 60er Jahren«*, Berlin: AGJ, S. 46.
51. Hurrelmann, Klaus/Albrecht, Erik (2019): *Generation Greta. Was sie denkt, wie sie fühlt und warum das Klima erst der Anfang ist.* Weinheim: Beltz, S. 184.

Drei: Wo überall Gewalt enthalten ist und wie wir es anders machen können

1. Mahatma Gandhi (2019): *Es gibt keinen Weg zum Frieden, denn Frieden ist der Weg.* München, Kösel, S. 92
2. Das Konzept »Kreis der Sicherheit« bzw. Circle of Security® ist geschützt und darf in der Praxis nur von speziell ausgebildeten Personen unter diesem Titel genutzt werden.
3. Vgl. Kohn, Alfie (2015): *Liebe und Eigenständigkeit. Die Kunst bedingungsloser Elternschaft, jenseits von Belohnung und Bestrafung.* 4. Aufl. Freiburg: Arbor, S. 39 f.

4. https://www.haz.de/Hannover/Aus-der-Stadt/Uebersicht/Verwaltungsgericht-urteilt-Super-Nanny-Folge-verstiess-gegen-Menschenwuerde
5. Wie sehr diese Praxis auch heute noch gerechtfertigt wird, sieht man beispielsweise an einigen Kommentaren hier aus dem Jahr 2020: https://www.facebook.com/GeborgenWachsen/posts/1489142917936477?__tn__=-R
6. https://www.youtube.com/watch?v=GThKRpHjx_g
7. Das Thema »Kinderbilder im Netz« ist generell wichtig und wird immer wieder breit diskutiert. Dabei muss abgewogen werden zwischen »Kinder gehören zur Gesellschaft und sollten sichtbar sein – auch im Netz« und der Wahrung von Persönlichkeitsrechten. Eine vielschichtige Perspektive auf das Thema findet sich hier beim Kulturwissenschaftler Caspar Clemens Mierau unter https://www.leitmedium.de/2015/04/22/kinderfotos-im-netz-ja-bitte/
8. Fröhlich-Gildhoff, Klaus/Rönnau-Böse, Maike (2019): *Resilienz*. 5. Aufl. München: Ernst Reinhardt, S. 30.
9. Mehr zu Auswirkungen und Vermeidung von Strafen in de Rodriguez, Aida S. (2019): *Es geht auch ohne Strafen! Kinder auf Augenhöhe begleiten*. München: Kösel.
10. Kohn, Alfie (2015): *Liebe und Eigenständigkeit. Die Kunst bedingungsloser Elternschaft, jenseits von Belohnung und Bestrafung*. 4. Aufl. Freiburg: Arbor Verlag, S. 82.
11. Seichter, Sabine (2020): *Das »normale« Kind. Einblicke in die Geschichte der schwarzen Pädagogik*. Weinheim: Beltz, S. 168.

Vier: Die Aufgaben der Eltern

1. Hoffman, Kent/Cooper, Glen/Powell, Bert (2019): *Aufwachsen in Geborgenheit. Wie der »Kreis der Sicherheit« Bindung, emotionale Resilienz und den Forscherdrang Ihres Kindes unterstützt*. Freiburg: Arbor, S. 182.
2. Taylor, Jill Bolte (2009): *My stroke of insights*. London: Hodder & Stoughton, S. 146.
3. Omer, Haim/von Schippe, Arist (2017): *Stärke statt Macht. Neue Autorität in Familie, Schule und Gemeinde*. 3. Aufl. Göttingen: Vandenhoeck & Ruprecht, S. 33.
4. Hoffman, Kent/Cooper, Glen/Powell, Bert (2019): *Aufwachsen in Geborgenheit. Wie der »Kreis der Sicherheit« Bindung, emotionale Resilienz und den Forscherdrang Ihres Kindes unterstützt*. Freiburg: Arbor, S. 180 f.
5. Strüber, Nicole (2019): *Risiko Kindheit. Die Entwicklung des Gehirns verstehen und Resilienz fördern*. Stuttgart: Klett-Cotta, S. 288 f.

6. Strüber, Nicole (2019): *Die erste Bindung. Wie Eltern die Entwicklung des kindlichen Gehirns prägen.* 6. Aufl. Stuttgart: Klett-Cotta, S. 265.
7. Rosenberg, Marshall B. (2011): *Konflikte lösen durch gewaltfreie Kommunikation. Ein Gespräch mit Gabriele Seils.* 13. Aufl. Freiburg im Breisgau: Herder.

Fünf: Wie Kinder wirklich sind und was sie brauchen

1. Peschel-Gutzeit, Lore Maria (2012): *Selbstverständlich gleichberechtigt. Eine autobiographische Zeitgeschichte.* Hamburg: Hoffmann und Campe, S. 19.
2. Winnicott, Donald (1990): *Der Anfang ist unsere Heimat: Essays zur gesellschaftlichen Entwicklung des Individuums.* Stuttgart: Klett-Cotta.
3. Strüber, Nicole (2016): *Die erste Bindung. Wie Eltern die Entwicklung des kindlichen Gehirns prägen.* 6. Aufl. Stuttgart: Klett-Cotta, S. 62 f.
4. Die Spezifizierung »zur Mutter« wird hier angeführt, da dies die Aussage der Studie ist.
5. Omer, Haim/von Schlippe, Arist (2016): *Autorität durch Beziehung. Die Praxis des gewaltlosen Widerstands in der Erziehung.* Göttingen: Vandenhoeck & Ruprecht, S. 112.
6. Strüber, Nicole (2016): *Die erste Bindung. Wie Eltern die Entwicklung des kindlichen Gehirns prägen.* 6. Aufl. Stuttgart: Klett-Cotta, S. 167.
7. Wesentlich beteiligt an der Änderung der Versorgung von Frühgeborenen und Babys mit Schmerzmitteln war der Fall »Jeffrey«, der 1985 zu früh zur Welt kam, ohne Schmerzmittel operiert wurde und fünf Wochen nach der Geburt verstarb. Mehr dazu in: https://www.faz.net/aktuell/feuilleton/debatten/schmerz/ueber-den-schmerz-2-als-jeffreys-mutter-fragen-stellte-13012474-p2.html
8. https://www.aerzteblatt.de/nachrichten/62565/Neugeborene-fuehlen-Schmerzen-staerker-als-Erwachsene
9. Eliot, Lise (2003): *Was geht da drinnen vor? Die Gehirnentwicklung in den ersten fünf Lebensjahren.* 4. Aufl. Berlin: Berlin Verlag, S. 193.
10. https://www.swr.de/odysso/kaelte-warum-empfindet-jeder-mensch-sie-anders/-/id=1046894/did=12961908/nid=1046894/1u724uj/index.html
11. Renz-Polster, Herbert (2011): Vorsicht, bitter! Achtung, sauer! https://www.spiegel.de/gesundheit/ernaehrung/ernaehrung-fuer-kinder-vorsicht-bitter-achtung-sauer-a-864814.html
12. Kuno Beller hat die Entwicklungstabelle entworfen, die auch heute noch als Instrument zur Beobachtung in Kindertageseinrichtungen eingesetzt wird. Hier wer-

den Kinder in ihren verschiedenen Entwicklungsbereichen beobachtet, und in der Auswertung dieser Bereiche wird abschließend gesehen, welche Bereiche gefördert werden sollten. Hierzu werden diese Bereiche mit den besonders guten Bereichen verknüpft. Während meines Studiums habe ich einige Jahre bei Kuno und Simone Beller arbeiten können und sehr viel aus der Arbeit mit ihnen gelernt.

13. Vgl. Crone, Eveline (2011): *Das pubertierende Gehirn. Wie Kinder erwachsen werden.* München: Droemer, S. 179.
14. https://missy-magazine.de/blog/2017/10/04/hae-was-heisst-denn-nicht-binaer/
15. https://www.zeit.de/zeit-magazin/2017/25/geschlechtsidentitaet-mann-frau-heteronormativ-kampf
16. Giese, Linus (2020): *Ich bin Linus. Wie ich der Mann wurde, der ich schon immer war.* Hamburg, Rowohlt, S. 11.
17. Empfehlenswert zu diesem Thema ist das Buch von Nils Pickert (2020) *Prinzessinnenjungs. Wie wir unsere Söhne aus der Geschlechterfalle befreien.* Weinheim, Beltz.
18. Elitot, Lise (2010): *Wie verschieden sind sie? Die Gehirnentwicklung bei Mädchen und Jungen.* Berlin: Berlin Verlag, S. 61.
19. Robert Koch-Institut (Hrsg.) (2008): https://www.rki.de/DE/Content/Gesundheitsmonitoring/Studien/Kiggs/Basiserhebung/GPA_Daten/Essverhalten.pdf?__blob=publicationFile
20. Die Namensgebung HALO leitet sich ab von englisch halo = Heiligenschein.

Ausgewählte Literatur

Bleisch, Barbara (2018): *Warum wir unseren Eltern nichts schulden*. München: Karl Hanser

Bowlby, John (2001): *Das Glück und die Trauer. Herstellung und Lösung affektiver Bindungen*. 2. Aufl. Stuttgart: Klett-Cotta

von Braunmühl, Ekkehard (1983): *Antipädagogik. Studien zur Abschaffung der Erziehung*. 4. Aufl. Weinheim: Beltz

Chamberlain, Sigrid (2010): *Adolf Hitler, die deutsche Mutter und ihr erstes Kind: Über zwei NS-Erziehungsbücher*. Gießen: Psychosozial Verlag

Crone, Eveline (2011): *Das pubertierende Gehirn. Wie Kinder erwachsen werden*. München: Droemer

Eliot, Lise (2003): *Was geht da drinnen vor? Die Gehirnentwicklung in den ersten fünf Lebensjahren*. 4. Aufl. Berlin: Berlin Verlag

Elitot, Lise (2010): *Wie verschieden sind sie? Die Gehirnentwicklung bei Mädchen und Jungen*. Berlin: Berlin Verlag

Forward, Susan (1993): *Vergiftete Kindheit. Elterliche Macht und ihre Folgen*. 20. Aufl. München: Goldmann, S. 31 f.

Franzen, Jonathan (2020): *Wann hören wir auf, uns etwas vorzumachen? Gestehen wir uns ein, dass wir die Klimakatastrophe nicht verhindern können*. 4. Aufl. Hamburg: Rowohlt Taschenbuch

Fromm, Erich (2005): *Haben oder Sein: Die seelischen Grundlagen einer neuen Gesellschaft*. München: dtv

Fröhlich-Gildhoff, Klaus/Rönnau-Böse, Maike (2019): *Resilienz*. 5. Aufl. München: Ernst Reinhardt

Hagner, Michael (2010): *Der Hauslehrer: Die Geschichte eines Kriminalfalls. Erziehung, Sexualität und Medien um 1900*. Berlin: Suhrkamp Verlag

Hoffman, Kent/Cooper, Glen/Powell, Bert (2019): *Aufwachsen in Geborgenheit. Wie der »Kreis der Sicherheit« Bindung, emotionale Resilienz und den Forscherdrang Ihres Kindes unterstützt.* Freiburg: Arbor

Hurrelmann, Klaus/Albrecht, Erik (2020): *Generation Greta. Was sie denkt, wie sie fühlt und warum das Klima erst der Anfang ist.* Weinheim: Beltz

Juul, Jesper (2020): *Respekt, Vertrauen & Liebe: Was Kinder von uns brauchen.* Weinheim, Beltz

Kohn, Alfie (2015): *Liebe und Eigenständigkeit. Die Kunst bedingungsloser Elternschaft, jenseits von Belohnung und Bestrafung.* 4. Aufl. Freiburg: Arbor

Luhmann, Niklas (2002): *Das Erziehungssystem der Gesellschaft.* Frankfurt am Main: Suhrkamp

deMause, Loyd (Hrsg.) (2015): *Hört ihr die Kinder weinen. Eine psychogenetische Geschichte der Kindheit.* 14. Aufl. Frankfurt am Main: Suhrkamp

Maywald, Jörg (2019): *Gewalt durch pädagogische Fachkräfte verhindern.* Freiburg

Mead, Margaret (2006): *Der Konflikt der Generationen. Jugend ohne Vorbild.* 4. Aufl. Magdeburg: Klotz

Mertes, Lilli (2018): *Psychische Gewalt in der Eltern-Kind-Beziehung. Risikofaktoren und Erkennungschancen.* Hamburg: Diplomica-Verlag

Mierau, Susanne (2019): *Mutter.Sein. Von der Last eines Ideals und dem Glück des eigenen Wegs.* 2. Aufl. Weinheim: Beltz

Müller-Münch, Ingrid (2016): *Die geprügelte Generation. Kochlöffel, Rohrstock und die Folgen.* 5. Aufl. München/Berlin: Piper

Neubauer, Luisa/Repenning, Alexander (2019): *Vom Ende der Klimakrise. Eine Geschichte unserer Zukunft.* Stuttgart: Tropen

Omer, Haim/von Schlippe, Arist (2010): *Stärke statt Macht. Neue Autorität in Familie, Schule und Gemeinde.* 3. Aufl. Göttingen: Vandenhoeck & Ruprecht

Omer, Haim/von Schlippe, Arist (2016): *Autorität durch Beziehung. Die Praxis des gewaltlosen Widerstands in der Erziehung.* Göttingen: Vandenhoeck & Rupprecht

Perry, Bruce D./Szalavitz, Maia (2006): *Der Junge, der wie ein Hund gehalten wurde. Was traumatisierte Kinder uns über Leid, Liebe und Heilung lehren können. Aus der Praxis eines Kinderpsychiaters.* 9. Aufl. München: Kösel

Perry, Philippa (2020): *Das Buch, von dem du dir wünschst, deine Eltern hätten es gelesen (und deine Kinder werden froh sein, wenn du es gelesen hast).* 3. Aufl. Berlin: Ullstein

Powell, Bert/Cooper, Glen/Hoffman, Kent/Marvin, Bob (2015): *Der Kreis der Sicherheit. Die klinische Nutzung der Bindungstheorie.* Lichtenau: G. P. Probst Verlag

Reble, Albert (1999): *Geschichte der Pädagogik.* 19. Aufl. Stuttgart: Klett-Cotta

Rich, Nathaniel (2019): *Losing earth.* Berlin: Rowohlt

Ritz, Manuela (2008): »Adultismus – (un)bekanntes Phänomen: Ist die Welt nur für Erwachsene gemacht?« In: *Handbuch Kinderwelten. Vielfalt als Chance. Grundlagen einer vorurteilsbewussten Bildung und Erziehung.* Freiburg: Herder

Rosenberg, Marshall B. (2011): *Konflikte lösen durch gewaltfreie Kommunikation. Ein Gespräch mit Gabriele Seils.* 13. Aufl. Freiburg im Breisgau: Herder

Saalfrank, Katharina (2020): *Du bist ok, so wie du bist. Beziehung statt Erziehung: Was Kinder wirklich stark macht.* München: GU

Seichter, Sabine (2020): *Das »normale« Kind. Einblicke in die Geschichte der schwarzen Pädagogik.* Weinheim: Beltz

Stahl, Stefanie (2015): *Das Kind in dir muss Heimat finden. Der Schlüssel zur Lösung (fast) aller Probleme.* 15. Aufl. München: Kailash

Strüber, Nicole (2019): *Die erste Bindung. Wie Eltern die Entwicklung des kindlichen Gehirns prägen.* 6. Aufl. Stuttgart: Klett-Cotta

Strüber, Nicole (2019): *Risiko Kindheit. Die Entwicklung des Gehirns verstehen und Resilienz fördern.* Stuttgart: Klett-Cotta

Winkelmann, Anne Sophie (2019): *Machtgeschichten. Ein Fortbildungsbuch zu Adultismus für Kita, Grundschule und Familie.* Limbach-Oberfrohna: edition claus

DIE gute Mutter gibt es nicht!

Viele Frauen mit Kindern begleitet das Gefühl, keine gute Mutter zu sein. Susanne Mierau identifiziert vier große Konfliktzonen, die Müttern das Leben heute so schwer machen, und bietet entlastende Unterstützung, um den eigenen, glücklich machenden Weg als Mutter zu finden. Persönlich, leidenschaftlich und auf der Grundlage von Studien, Umfragen und Erfahrungsberichten vieler Frauen entwirft Susanne Mierau Kriterien, um ein individuelles Selbstverständnis als Mutter zu entwickeln, das zur eigenen Situation passt, entlastet und zufrieden macht. Weil es DIE gute Mutter gar nicht gibt.

»Ihr Buch kann ich Mamas (und Papas) nur ans Herz legen: Es bietet von der ersten bis zur letzten Seite Entlastung. Für alle.« Imke Weiter, Emotion

»Sich als Mutter nicht verrückt machen, sondern auf sich selbst hören – dazu ermutigt dieser schlaue Ratgeber.« Katharina Wantoch, Psychologie bringt dich weiter

Susanne Mierau
Mutter. Sein.
Von der Last eines Ideals und
dem Glück des eigenen Wegs
Klappenbroschur, 272 Seiten
ISBN 978-3-407-86563-2

www.beltz.de **BELTZ**

Der Schlüssel zum Verständnis von Kindern

Dieses Buch führt einfühlsam vor Augen, wie Kinder fühlen, worin sich ihr Fühlen von dem Erwachsener unterscheidet und welche Ursachen oder Auslöser Gefühle haben. Beschrieben werden zahlreiche Gefühle, die großen Raum im Leben von Kindern einnehmen, wie Liebe, Schuld, Scham, Einsamkeit und Gerechtigkeit. Die Autor_innen zeigen, wie Kinder beim Fühlenlernen unterstützt werden können, damit sie ihre Gefühle als Wegweiser durchs Leben zu nutzen wissen. Und was Erwachsene im Umgang mit Kindergefühlen brauchen, damit sie diese ernst nehmen und besser verstehen. Eine Pflichtlektüre für Eltern und pädagogische Fachkräfte.

»Das Herzensanliegen der Autoren ist der achtsame Umgang mit Kindergefühlen und was Erwachsene dafür brauchen. Ein sehr wertvolles Buch für Eltern, Pädagogen und Therapeuten.« Bausteine Kindergarten, 1/2018

Udo Baer und Gabriele Frick-Baer
Wie Kinder fühlen
Gebunden, 192 Seiten
ISBN 978-3-407-86662-2

www.beltz.de **BELTZ**

Was Verschickungskinder bis heute belastet

Warum wurden acht Millionen Kinder bis in die 1980er-Jahre in sogenannte Kindererholungsheime verschickt und kamen verstört oder traumatisiert zurück? Das Schicksal der Verschickungskinder war lange tabu. Es ist Zeit, die Tür in die Vergangenheit endlich aufzumachen.

Die Historikerin und Journalistin Hilke Lorenz hat mit vielen ehemaligen Verschickungskindern gesprochen, die erzählen, wie das während der Kur Erlebte – Heimweh, Einsamkeit, Zwang und Gewalt – sie bis heute prägt. Lorenz´ Recherchen decken auch das profitable Geschäft auf, das mit dem Verschicken von Kindern gemacht wurde, und wie die institutionelle Gewalt verschleiert wurde.

Was für ein ergreifendes und wichtiges Buch. Jeder, dem an einer humaneren Gesellschaft gelegen ist, sollte es lesen! Bas Kast, Bestsellerautor und Wissenschaftsjournalist

Hilke Lorenz
Die Akte Verschickungskinder
Wie Kurheime für Generationen
zum Albtraum wurden
Mit einem Vorwort von Herbert Renz-Polster
Gebunden mit Schutzumschlag, 304 Seiten
ISBN 978-3-407-86655-4

www.beltz.de **BELTZ**

Unsere Beziehungen als Schlüssel zu mehr Nachhaltigkeit

Der Zustand unserer Erde ist ein Spiegel unserer Gesellschaft. So, wie wir den Planeten ausbeuten, handeln wir auch in unseren Beziehungen: vorwiegend nutzenorientiert. Um wirklich nachhaltiger zu leben, müssen wir unsere Beziehungsmuster kritisch hinterfragen und zum Positiven verändern.

Dieses Buch macht Mut, das Thema Nachhaltigkeit aus einer neuen Perspektive zu betrachten. Es erinnert uns daran, dass eine nachhaltige Lebensweise tief in der menschlichen Natur verwurzelt ist und nicht nur unsere Beziehung zum Planeten Erde und zu unseren Mitmenschen stärkt, sondern auch die zu uns selbst.

Unsere Annahmen und Denkweisen sind veraltet und passen nicht mehr in unsere volle Welt. Thomas Bruhn und Jessica Böhme geben mit diesem Buch eine erfrischend neue Idee für unser Selbstverständnis als Menschheit und unser Wirken als Einzelne. Ein wichtiger Schritt im Sinne einer Neuen Aufklärung. Ernst Ulrich von Weizsäcker, Ehrenpräsident des Club of Rome

Thomas Bruhn und Jessica Böhme
Mehr sein, weniger brauchen
Was Nachhaltigkeit mit unseren
Beziehungen zu tun hat
Klappenbroschur, 256 Seiten
ISBN 978-3-407-86638-7

www.beltz.de **BELTZ**

Dran-denken ist auch ein To-do!

Ob sie wollen oder nicht: Immer noch erledigen Mütter einen Großteil der Familienarbeit, haben jedes noch so kleine To-do von Kindern und Partner im Kopf. Mental Load ist das Wort für die Last im Kopf, die Frauen grenzenlos stresst. Patricia Cammarata zeigt konkrete, erprobte Wege, um die Arbeits- und Verantwortungslast so aufzuteilen, dass es für die eigene Familie passt. Ein Buch für Mütter und Väter, die endlich gleichberechtigt leben wollen!

»Jedes Mal, wenn der Mann und ich Aufgaben neu verhandeln oder auch gemeinsam erledigen, denke ich: »Patricia wäre stolz auf uns!« Ich werde dieses Buch allen werdenden Familien und vor allem den Vätern schenken, denn es ist nachhaltiger und macht glücklicher als das zwanzigste ungeliebte Lappentier im Kinderzimmer.« Ninia »LaGrande« Binias, Autorin und Moderatorin

Patricia Cammarata
Raus aus der Mental Load-Falle
Wie gerechte Arbeitsteilung in der Familie gelingt
Mit Illustrationen von Teresa Holtmann
Klappenbroschur, 224 Seiten
ISBN 978-3-407-86632-5

www.beltz.de **BELTZ**

Jenseits von Rosa und Hellblau

Wir haben feste Erwartungen an die Geschlechterrollen, die Jungen zu erfüllen haben. Noch immer sollen sie stark sein, ab einem gewissen Alter lieber nicht mehr weinen und keine Röcke tragen. Der Feminist, Journalist und Vater Nils Pickert hat ein leidenschaftliches, gedanklich präzises und berührendes Plädoyer für die Freiheit von Geschlechterrollen in der Erziehung unserer Söhne geschrieben. Er beschreibt, wo diese Männlichkeits-Normierung beim Spielzeugkauf, auf dem Schulhof oder im Gefühlsleben stattfindet und wie sehr sie Jungen in ihrer Entfaltung schadet. Der Autor zeigt, wie sehr viele Jungen Fürsorglichkeit und Puppen lieben – und brauchen. Es gibt eine unendliche Vielfalt an Wegen, vom Jungen zum Mann zu werden. Wie Eltern ihre Söhne dabei unterstützen können, schildert Nils Pickert mit vielen Hinweisen und Beispielen.

»*Für mich ist* Prinzessinnenjungs *ein echter Augenöffner.*«
Christopher End, bindungsträume

Nils Pickert
Prinzessinnenjungs
Wie wir unsere Söhne aus der
Geschlechterfalle befreien
Klappenbroschur
254 Seiten
ISBN 978-3-407-86587-8

www.beltz.de **BELTZ**